国民阅读经典

旧制度与大革命

〔法〕托克维尔 著　高望 译

中華書局

图书在版编目(CIP)数据

旧制度与大革命/(法)托克维尔著;高望译. —北京:中华书局,2014.7
(国民阅读经典)
ISBN 978-7-101-10203-1

Ⅰ.旧…　Ⅱ.①托…②高…　Ⅲ.①法国大革命-研究②史评-法国-近代　Ⅳ.K565.41

中国版本图书馆 CIP 数据核字(2014)第 122102 号

书　　名	旧制度与大革命
著　　者	〔法〕托克维尔
译　　者	高　望
丛 书 名	国民阅读经典
责任编辑	傅　可　周媛媛
出版发行	中华书局 (北京市丰台区太平桥西里 38 号　100073) http://www.zhbc.com.cn E-mail:zhbc@zhbc.com.cn
印　　刷	北京天来印务有限公司
版　　次	2014 年 7 月北京第 1 版 2014 年 7 月北京第 1 次印刷
规　　格	开本/880×1230 毫米　1/32 印张 10¼　字数 180 千字
印　　数	1-10000 册
国际书号	ISBN 978-7-101-10203-1
定　　价	32.00 元

出版说明

在二十一世纪的当代中国，国民的阅读生活中最迫切的事情是什么？我们的回答是：阅读经典！

在承担着国民基础知识体系构建的中国基础教育被功利和应试扭曲了的今天，我们要阅读经典；当数字化、网络化带来的“信息爆炸”占领人们的头脑、占用人们的时间时，我们要阅读经典；当中华民族迈向和平崛起、民族复兴的伟大征程时，我们更要阅读经典。

经典是我们知识体系的根基，是精神世界的家园，是走向未来的起点。这就是我们编选这套《国民阅读经典》丛书的缘起，也因此决定了这套丛书的几个特点：

首先，入选的经典是指古今中外人文社科领域的名著。世界的眼光、历史的观点和中国的根基，是我们编选这套丛书的三个基本的立足点。

第二，入选的经典，不是指某时某地某一专业领域之内的重要著作，而是指历经岁月的淘洗、汇聚人类最重要的精神创造和知识积累的基础名著，都是人人应读、必读和常读的名著。我们从中精选出一百部，分辑出版。

第三，入选的经典，我们坚持优中选优的原则，尽量选择最好的版本，选择最好的注本或译本。

我们真诚地希望，这套经典丛书能够进入你的生活，相伴你的左右。

中华书局编辑部

二〇一二年四月

目录

The Old Regime and The Revolution

第二部

第三部

乔恩·埃尔斯特[①]的引言

《旧制度与大革命》是最好、最著名的历史著作之一。或许有人会反对说，它并非真正的历史题材，因为它没有叙事内容。在这部作品的开场白中，托克维尔本人声称："本书并非一部法国大革命史，关于那段历史，前人已进行过非常精辟的阐述，我不会考虑重复这项工作。本书在一定程度上是对大革命的研究。"他还在前言中说明，他打算继续撰写包含大革命本身的故事的第二卷。他的第二卷草稿相当引人入胜，我将在后面略微提及。

除非对"历史作品"这个概念有不必要的语言纯正癖，可能存在的反对理由才能成立。20世纪的法国历史学家经常比较"环境塑造的长期历史"与"个人经历的历史事件"，将关于制度和文化变迁的长时段研究与涉及行动和事件的短时段叙事相对照。《旧制度与大革命》的内容无疑跨越了较长的历史时期，从15世纪的查

---

① 乔恩·埃尔斯特（Jon Elster）曾经在巴黎第八大学、奥斯陆大学、芝加哥大学、哥伦比亚大学和法兰西公学院执教。他写作过的二十三部作品先后被翻译成十七种文字，包括《尤利西斯与塞壬》（1979年）、《酸葡萄》（1983年）、《理解马克思》（1985年）、《心灵的炼金术：理性与情感》（1999年）、《解释社会行为》（剑桥2007年）、《无私》（2009年）、《亚历克西·德·托克维尔：第一位社会学家》（剑桥2009年）以及《非理性》（2010年）。埃尔斯特教授是美国艺术与科学学院、挪威科学院、欧洲人文和自然科学院的成员，还是英国社会科学院的通信院士。——译者注（以下未标明"作者注"的注释均为译者注）

理七世（Charles VII）直到大革命前夕。举例来说，托克维尔揭示了资源丰富的贵族阶层如何缓慢地转变成软弱无能的统治阶级，外省的市镇如何逐渐失去了独立自主，最后只留下一个空壳。

除了长时段历史研究之外，读者还可以把《旧制度与大革命》当成结构性分析和社会学作品。由于“结构性分析”这个词可以有多种理解方式，有必要解释一下它在这里的用法。设想有一座用纸牌搭成的小房子，偶然的一阵强风会吹倒它。没有人能够预知这座建筑什么时候会被强风弄垮，也无法说出哪张牌会首先落下，但无可置疑的是，我们可以带着“接近必然的可能性”说，纸牌房子总会倒塌。类似的，2007年的次贷危机据说是“迟早会发生的事故”。我们可以按照同样的逻辑理解本书最后一章的标题“大革命如何在以往的环境中自然爆发”。正如我所解释的那样，托克维尔认为专制君主制度已经变成了纸牌搭造的房子。引发它崩溃的确切契机是有条件的，但是到了1750年（比方说），某种成为导火线的事件的发生已经“接近必然的可能性”。

在1894年写信给W. 波吉亚（W. Borgius）时，弗里德里希·恩格斯（Friedrich Engels）轻率地说道：“在因内战而耗竭的法兰西共和国，那个科西嘉人拿破仑（Napoleon）恰巧成为了必需的（nötig）军事独裁者，那是意外的机遇所致；然而历史事实证明，纵然没有拿破仑，也会有别的人来填补他的位置，一旦有需要，那个人就会立刻出现，例如恺撒（Caesar）、奥古斯都（Augustus）、克伦威尔（Cromwell）等等。”托克维尔并不赞同这种目的论形式的必要性。如果用德文写作，他会说引发大革命的某种事件是什么（notwendig）而不是什么（nötig）——是有因果关系的必然，而不是需要。与此同时，他打算在第二卷中继续研究成为导火线的特定事件。

与其他历史作品一样，《旧制度与大革命》也引出了这一问题：作者是正确的吗？就大量具体的事实而言，答案是否定的。吉尔伯特·夏皮罗（Gilbert Shapiro）和约翰·马尔科夫（John Markoff）在《革命的需求：1789年的陈情书的内容分析》一书中揭示，关于三个等级准备在大革命前夕递交的陈情书，托克维尔提供了许多未经证实的一般性归纳。弗朗索瓦·福雷（François Furet）在一篇有关托克维尔的文章“诠释法国大革命”中表示，对于1750年之前，托克维尔的处理有许多遗漏和错误，可是涉及大革命即将发生的那段时期，他却赞同著名的“托克维尔效应”（见下一段）。据他的观察，那仅仅是因为托克维尔对于晚近时期的知识比遥远的过去的知识丰富得多。

无论如何，《旧制度与大革命》中具有因果关系的有力论证超越了托克维尔应用这种论证的具体时间和空间，令我们获益匪浅。实际上它是一部社会学作品。与其他经典的历史著作一样，比如马克斯·韦伯（Max Weber）的《新教伦理与资本主义精神》和保罗·维尼（Paul Veyne）的《面包与马戏》(Bread and Circuses)[①]，它们都提供了可输出的因果机制，如今这种有因果关系的机制正是社会学家的工具之一。其中最有名的可能是“托克维尔效应”：革命在社会状况有所改善时发生，而不是（像马克思有时断言的那样）在状况变得更加糟糕时发生。另一个相关的思想也颇有成效：面对社会动乱，适度的压制和适度的让步都不起作用。从更加普遍的角度来看，“多数无知”这个概念同等重要：当只有极少数人相信一种既定的教条，而大多数人却以为大多数人都相信它的时候，人们就会对这一教条产生表面上的共识（这个概念在《论美国的民主》中已经出现过）。最后，人们可以援引“次佳”政治系统的概念——一种罪恶能够衍生另一种罪恶，因此即使排除了其中之一，政治系统的总体表现也会变差。下面我将接着讨论这些思想在《旧制度与大

① “Bread and Circuses”，泛指统治者为了笼络人心而施予小恩小惠。

革命》中的展开方式。

如果将《旧制度与大革命》视为社会学作品阅读，我们不禁会提出一些略微不合时代的问题。托克维尔是理性选择的理论家吗？抑或是功能主义者？他支持个人主义或者整体论的方法论吗？我们如何看待他与其他伟大社会思想家的相对关系，诸如马克思、杜尔凯姆（Durkheim）或者韦伯？虽然其他人可能会给出合理而有意义的答案，但我只能间接地回答这些问题。根据我的看法，托克维尔在《旧制度与大革命》中给自己设定的首要任务是从阶级斗争的政治心理学的角度来解释大革命。在分析大革命的前奏时，托克维尔与许多马克思主义作家一样，强调了贵族、农民与资产阶级三者彼此间的斗争。然而与他们不同的是，他把重心放在冲突的象征性和主观方面，而不是客观的经济关系。我将在下个部分引用一些例证。

《旧制度与大革命》还广泛地运用比较的方法，在这层意义上，它也是社会学作品。托克维尔不仅想解释大革命在法国发生的原因，而且想解释类似的大动荡没有在英国和德国发生的原因。在法国内部，他希望理解大革命为何首先在巴黎周边地区而不是其他地方爆发。在对国家内部和跨越国界的分析中，他用心理学方法展开描述是为了证明：尽管客观地讲，剥削和压迫在爆发革命的地区比较轻微，但这些地区的人民仍然感觉负担更加沉重。

为了安排《旧制度与大革命》的结构及其与计划中的第二卷的关系，一个可能有益的办法是采用劳伦斯·斯通（Lawrence Stone）的《英国革命的起因》中的术语，他在该书中区分了前提（1529~1629年）、催化剂（1629~1639年）与导火线（1640~1642年）。如果将这个模式应用于《旧制度与大革命》，参照我前面的评述，我们就可以说，前提条件使大革命成为可能，而不出所料地发生的某些事件或者行动引发了革命，在这层意义上，催化剂使之成为必然。本书第二部讨论到的前提条件是在1439~1750年间确立的。作为本书第三部主题的催化剂是在1750~1787年间发展起来的。计划撰写的第二卷的备注中所讨论的导火线，则是在1787~1789年发生的。

大革命的前提条件，可以用诗人弗朗索瓦·安德里欧（François Andrieux）对拿破仑所说的话来概括："你只能仰仗有抵抗能力的人。"一言以蔽之，托克维尔主张，一代接一代的法国国王成功地使贵族和资产阶级退化到政治无能的状态，以致当路易十六需要依靠他们对抗大革命的时候，他们什么都不能做，"再也没有什么能够约束政府，也没有任何东西能够支撑政府"。仅在法国西部——这里的贵族曾经抵制国王的传召拒绝前往官廷，他们帮助了国王，"有一封留存至今的某位总督的信件回答了这个问题。总督抱怨说，省内的贵族不愿意留在官廷履行职责，反而喜欢与当地的农民为伍。值得注意的是，这里提及的行省是安茹（Anjou），也就是后来的旺代（Vendée）。据说这些贵族拒绝向国王尽义务，可是后来整个法国只有他们拿起武器，捍卫君主统治……"

造成贵族如此软弱的一个重要原因是，免税特权导致了他们与资产阶级的隔离。托克维尔断言："在区别人群、划分阶级界线的全部方式之中，税赋不平等的危害最大，最容易在不平等之上制造孤立，并且使不平等和孤立都变得无可救药。"因为必须交纳不同的捐税，所以两个阶层几乎没有共同利益，也几乎没有机会联合行动。虽然托克维尔没有使用"分而治之"的说法，但从他的分析可以明显地看出，他正是由于这种策略而把错误归咎于国王："我前面描述的所有不幸的缺陷、错误和偏见，它们的起源、持续或者发展几乎都应当归咎于我们的大多数国王为了巩固专制统治而实行的分而治之的手段。"

然而，即使党派C可能从党派A与B的争斗中获益，这个事实也无法证明分而治之是故意的。第三党派偶然得益的可能性总是存在，即所谓的坐收渔利。实际上，托克维尔并未提供任何倾向故意的或者权谋论的证据。他对贵族免税权的起源的解释实际上遵循了相当不同的路径。他断言，“怯懦的”贵族阶层将免税权视为一种贿赂，用于换取国王在增加新税时无须召开三级会议的权利。“我敢断言，伴着国王约翰二世被俘、查理六世痴呆，国家由于无止境的混乱而疲弊不堪，从那时开始，国王就可以未经国民的同意而全面征税，同时怯懦的贵族阶层只要自己享有免税权，就任凭国王向第三等级征税，所有恶习和罪恶的根源在那时就已种下，它们毁坏并终结了旧制度的残余生命”。托克维尔还给自己的解释补充了另一个说明，他在评注中说，当查理七世第一次在全国范围设置军役税时，向贵族强行课税本来是危险的，“当国王第一次运用自己的权力尝试征税时，他意识到最初有必要选择一个似乎不会直接影响贵族的税种，因为在那个时代，贵族阶层是君主统治的危险的竞争对手，他们绝不会容忍有损自身利益的改革。于是国王选择了贵族可以免交的一种税：军役税”。

况且，贵族几乎不可能同意交纳有可能被用于反对他们的捐税。在第二卷的备注中，托克维尔引述了路易十六的财政大臣杜尔哥（Turgot）的话：“在查理七世统治下，法国开始增设支付军饷的永久性民兵组织，也是在这个时期，军役税成为了永久性的税种。”他还补充道：“既然设置领取军饷的部队的意图是克制贵族，或者至少是设法回避他们，那么可以十分自然地推论，为了给这个转变铺平道路，就无法要求贵族出钱反对他们自己。”这个简单的解释显然不符合某种说法，即国王赋予贵族免税权是为了逐渐削弱他们的政治权力。事实上，托克维尔把问题复杂化了，在某种程度上颠倒了因果关系，断言免税权是对权力损失的补偿：“在18世纪的英国，享有免税特权的是穷人，在法国却是富人。英国的贵族承担了最沉重的公共责任，以换取统治权；而在法国，贵族直到最后仍保留免税特权，以此作为失去统治权的补偿。"

甚至在免除军役税之前，贵族就已经享有了豁免权。新的政策还免除了贵族供养军队的义务，使免税的合理理由消失了。他们"从自己花钱打仗的沉重责任中解脱出来，然而他们的免税权仍然得以维持，事实上其范围还相当可观地扩大了。换言之，他们在卸下负担的同时又保留了补偿金"。这相当于违反了不言自明的契约。没有公益事业的责任，贵族阶层就失去了活力，变成了单纯的装饰品，"或许可以说，这是四肢依靠榨取躯干而获益。作为一个阶层，贵族享有的支配性权力日复一日地减少，但作为个体，贵族们却日甚一日地索取专享的封建特权，成为主人的首席奴仆"。免除供养军队的义务以及免税这双重特权是有毒的礼物，它引起扭曲的长期效应，既损害了授予特权的人又损害了接受特权的人，因为"你只能仰仗有抵抗能力的人"。

按照传统，贵族履行的公益责任不仅包括为国王供养军队，而且包括组织面向当地农民的公益事业、落实法律规定、维持秩序以及救济饥荒。他们停止履行这些义务，就是破坏了另一项不言自明的契约，这次与农民阶层有关，"假如法国农民仍然服从领主的管辖，他们大概就不会觉得封建权利是那么难以忍受"。正如王室的民兵组织在军事功能方面代替了贵族，王室的地方总督和他的总督代理在行政管理功能方面代替了封建诸侯。正如免税权加剧了资产阶级对贵族的妒忌，收回贵族的地方行政管理权加剧了农民对贵族的憎恨①。

这段严密的论证值得称赞，但有一个漏洞：地方总督（或者他

① 托克维尔偶尔使用"憎恨"(hatred)和"妒忌"(envy)时，仿佛这两个词所指的是同一种感情，这种倾向也许会让读者感到困惑。其实并非如此：憎恨表示消灭憎恨的对象的强烈愿望；妒忌表示消灭引起妒忌的客体的强烈愿望，而非该客体的拥有者。大革命的开端是摧毁特权，结局是杀死拥有特权的人，在分析这场革命时，这种区别显然很重要。

的总督代理）为什么、从何时开始、又是怎样取代封建诸侯掌握了地方行政管理权？事实上，《旧制度与大革命》中提及总督的所有地方都是讨论他们在18世纪的职能，并未提到这个官职在16世纪的设立。之所以实施“分而治之”的策略或许是因为一代又一代的国王蓄意吸引贵族，将之留在宫廷，从而逐渐削弱他们的地方势力。然而托克维尔直言不讳地否定了这个观点。他写道：“人们经常将贵族离弃乡村的现象归咎于某些国王和大臣的具体影响，明显的例子就是路易十四和黎塞留（Richelieu）。”他的反对理由是，“那时领导国家的那个阶层离弃了乡村，然而我们必须小心避免将这种现象归咎于某些国王的直接影响。导致这种遗弃的首要和持久的原因并非某些个人的意志，而是某些制度的缓慢而稳定的运作。证据就是，到了18世纪，当政府想要清算弊端时，却连抑制危害的扩大都做不到。随着贵族失去政治权利却没有其他人取代，随着地方自由的消失，移居的贵族越来越多。已经没必要再引诱他们离开家园，因为他们不再希望留在乡间。他们已经觉得乡村生活枯燥乏味”。然而所谓的“证据”并不恰当，因为纵然后来的国王们试图扭转那种趋势却没有成功，也无法证明那种趋势起初是由国王主动引发的。事实上，“已经没必要再引诱他们离开家园”这句话暗示了在过去的某些时期这样做是有必要的，然而过程的具体细节依旧模糊不清。

在托克维尔对贵族阶层的衰落的记述中，关于王室的故意行动的重要性分析也许存在歧义，不过无论如何，在他解释城镇的衰落时就没有任何歧义了，“路易十一取消了地方政府的自由，因为他害怕其民主特性。路易十四虽然没有那种恐惧，却还是摧毁了地方政府的自由。证据就是任何城镇只要付钱，他就愿意把这些自由卖给他们。事实上，他的意图本来不是废除自由，而是拿自由做交易，就算他确实废除了自由，也并非故意为之，而是纯粹出于财政考虑的权宜之计”。换而言之，国王废除地方政府的自由是为了卖官鬻爵，但是从他的观点来看，通过让城镇赎买自由赚取的财政收入同样是可观的。对于城镇而言，就是要在政治衰退与财政破产之间进行选择。假装的自治权不起作用，“人民并不如我们可能设想的那样容易受到徒有其表的自由的愚弄，各地人民都对城镇事务失去了兴趣，在自己家园的城墙之内如同局外人一般生活”。

在分析大革命之前的资产阶级的分裂时，托克维尔提出了新见解。谈及为了争夺行会和职业的优先权而产生的偏执行为时，他断言：“这些构成法国社会的无数小团体，每个都只为自己考虑……此外更加奇怪的是，所有这些人在彼此疏离的同时，却又变得如此相似，如果迫使他们交换一下位置，就无法再识别他们。更有甚者，如果谁能够探测他们的思想深处，他就会发现，使这些相似的人彼此隔离的琐碎障碍，在他们自己看来既损害公共利益又违背常识；在理论上他们已经憧憬齐心协力。每个人都拘泥于自己的特殊地位，仅仅是因为其他人也在彰显各自的特殊，只要没有人索取自己的特殊利益，不追求超越一般水平，他们融合成一个整体的一切条件均已具备。”这段话阐明了“多数无知”的机制。资产阶级发生分裂的原因是每个小团体都错误地相信，其他人想要的只是增进自己的特殊利益。

贵族阶层和城镇的衰落，加上使资产阶级互相隔离的各种因素，大革命的前提条件齐备了。“托克维尔效应”概括了这些前提中最重要的条件，即主观的不满（由此产生革命或者造反的可能性）与不满的客观理由可以反相关。关于这一悖论，托克维尔提供了两个共时性版本和一个历时性版本。在第二部的开头，他提出了为何大革命在法国而不是德国发生的问题。不知为何，“在负担实际上最轻微的地方，旧制度的枷锁显得最不堪忍受”。对这个悖论的解答是，德国的贵族仍旧履行行政管理的职能，这使他们侵占封建利益的行为显得合理。

在本书第三部中托克维尔指出，在法国可以观察到该悖论的另一个共时性版本，“后来成为这场革命的主要中心的那些地区，恰恰是法国的进步最明显的地方”。大巴黎地区（Île-de-France）①享有较多的个人自由和较轻的税负，却爆发了革命；法国西部的负担较重，却成为了对抗革命的堡垒。“如果研究以前的大巴黎财政区留下的档案文件，就能轻易地看出，正是在巴黎周边的地区，旧政体发生了最快最深刻的改革……与此形成对照的是，从卢瓦尔河（Loire）流域直到河口，在普瓦图（Poitou）的沼泽和布列塔尼（Brittany）的荒野，旧政体保存得最完整。恰恰在那些地方，内战的战火开始燃起并蔓延，那里的人民对大革命的抵抗最持久、最激烈。于是，或许会有人说，法国人处境越好，就越感到不堪忍受。”

这种共时性的悖论背后的机制不甚清楚。如同我们看到的，旺代地区的贵族“喜欢与当地的农民为伍”，由此他们比离开领地的领主更加忠诚。与此同时，这些地区的农民承受的封建负担比大巴黎地区的人更加沉重。这两种机制共同作用的净效大概可以偏向任一个方向。然而我认为，托克维尔之所以明确地叙述说处境较好的人更加不满，是因为他混淆了共时性的悖论与历时性的悖论。在前面引用的片段的后续文章中，他继续重申了悖论，这可能是整部作品中最著名的陈述——“当人的处境日益恶化时，未必总会导致革命。最常见的情形是，人民毫无怨言地忍受最暴虐的法律，仿佛无知无觉，而当负担减轻时，他们却开始最激烈地拒斥那些法律。革命所摧毁的那个政权几乎总是比它之前的那个政权更好，根据历史经验，当一个坏政府着手改革的时候，常常就是它最危险的时刻。”

这显然是一段关于历时性的陈述，却误导读者将其等同于紧接前面的共时性的悖论。如果我们集中考虑历时性的悖论，就能通过

① “Île-de-France”，直译为法兰西岛。

它着手处理更大的问题，即政府如何应对实际或者可以预见的危机。宽泛地说，我们可以区分出四种反应：未雨绸缪、让步、适度的压制和严厉的压制。明智的指导原则是未雨绸缪，在大众确切地阐述自己的需求之前迎合他们的需求，或者答应提供比他们的要求更多的东西。托克维尔在 1848 年 5 月 26 日写信给拉德诺（Radnor）爵士时断言，“削弱或者推迟革命的唯一方法，是在被迫那样做之前，尽力改善人民的处境”。路易十五和路易十六都非常缺乏这种思维优点。而且正如我们即将看到的那样，甚至连未雨绸缪的措施也可能造成事与愿违的后果。

就当时而言，那位国王也缺乏施行严厉的压制所必需的坚决与果断。虽然托克维尔没有提及路易十六讨厌后来杀死了他的臣民这件有名的事，不过他援引 18 世纪君主制度的更加普遍的趋势，证明了“雷声大雨点小”那句拉丁谚语，“在 18 世纪的君主统治下，刑罚的形式很恐怖，但是惩罚几乎总是温和的。它偏向恐吓而不是伤害人，或者在一定程度上，可以说是出于习惯和漠不关心的专横和暴力，而气质缓和了专横暴力”。虽然这段评论针对的是刑事审判，但也可以解释成国王相对于严厉的手段更喜欢适度的压制。因此在让步与适度的压制之间，就剩下了行政管理。

半吊子的措施容易造成事与愿违的后果，这是托克维尔式观点的基本思想。当你企图兼得鱼与熊掌的时候，往往会得到最坏的结果。首先来考虑适度的压制，“在一场革命的开端，这种措施（只给予自由的幻影，而不是实质性的自由）必定失败，只会徒然激怒人民，却无法满足人民”。此外还有，“那时政府用半吊子的措施强制约束教会的敌人，结果非但未能削弱他们的力量，反而助长了他们的势头……对作家实施政治迫害，只能引起抱怨，却不足以激起畏惧。他们遭受的约束与管制足以激起抵抗，不是能够镇压他们的沉重枷锁”。

接着来考虑让步或者温和的改革。如前所述，托克维尔主张人民“毫无怨言地忍受最暴虐的法律，仿佛无知无觉，而当负担减轻的时候，他们却最激烈地排斥那些法律”。如果每一项要求都得到了满足，那么还会突然涌现更多需求，直至超出系统的容量，终于破坏了系统。然而我们必须追问：为何一次让步会导致得寸进尺的要求？笼统地说，可能的原因是它引起公民们的信念或者偏好的变化，抑或两方面都变化。

一方面，答应某个要求可以提供关于行政机构决断的新信息，并鼓励人们相信，进一步的要求也会得到积极的回应（我们的时代也有这样的实例，1989 年 6 月波兰的首届自由选举之后，苏联没有干涉，从而给匈牙利的反对党人传递了苏联也不太可能干涉他们的信号）。在《旧制度与大革命》中，托克维尔并未诉诸这种机制，但是在第二卷的备注中他援引了它，主张 1788 年 9 月国王召回巴黎高等法院是君主制度再也无法回头的临界点。“国王……召回高等法院并废除了印花税法和领地税……如果他希望保留旧君主制度下的王位，这些恰恰是他不应该做的事情。从那一刻开始，各种各样的让步就变得必不可少了。”

另一方面，改革在满足某种特定的愿望的同时，也可能致使休眠的或者潜在的愿望随即出现。这是托克维尔的主要答案，“人们长久而耐心地忍受祸害，因为那似乎是无法避免的，然而消除祸害的可能性一旦出现，它就变得难以忍受。因此每次消除弊端，结果只是暴露出其他的弊端，令人们感到更痛苦。虽然弊病确实消除了，对弊病的敏感度却增加了”。一旦除去了一种祸害，其他祸害就显得也可以消除，因而变得无法容忍。认知方面的改变（祸害并非无法避免）会引发动机方面的改变（它难以忍受）。人们经常引用托克维尔的观点，论证状况的改善会导致主观期望值更加迅速地增加，但那不是对他的观点的准确诠释。托克维尔的论点是，当前境况的客观改善会让人们在主观上感到当前的境况显得更糟糕，而不是导致对未来的期望值过高，然后令人们感到失意。

《旧制度与大革命》第三部的第五章没有像通常所理解的那样讲述“托克维尔悖论”，而是提出了本书原创的另一种自相矛盾的效应。其中托克维尔讨论了未雨绸缪的措施，亦即在大革命之前的数年里减轻人民苦难的尝试。即便这些措施本身或许是明智的，执行它们的方式却大有疑问。特权阶层公开指称自己对农民的困境负有责任，仿佛他们的意图是制造混乱而不是防止混乱，“这相当于逐一列举每个人遭受的不幸，激怒他们，又向他们指明罪魁祸首，透露那些人的人数很少，不足为惧，鼓励受害者报复，煽动他们内心深处的贪婪、妒忌和憎恨”。而且在提及他们打算帮助的人时，他们还使用蔑视性的语言，仿佛人民不能理解他们所说的话，这种侮辱又加剧了受到伤害的感知，“而且相当怪异的是，在关心人民利益的引人注目的表述中，他们又偶尔公然加入轻蔑的表述……上吉耶纳（Haute Guyenne）的省议会热情地为农民请愿，同时却称呼农民为‘粗野愚昧的生物，喜欢惹是生非，生性粗俗无礼、没有修养’。甚至连为人民做过很多事的杜尔哥，他的措辞也大致类似”。因此未雨绸缪至少与旨在改善国民处境的应对性措施一样，构成了大革命的催化剂。

如前所述，托克维尔在《旧制度与大革命》中并未讨论引发大革命的导火线。不过我们发现，第二卷的备注中有大量关于大革命推动力的深刻评论。我只简短地概述其中三条。

托克维尔强调了在多菲内（Dauphiné）行省[格勒诺布尔（Grenoble）附近]发生的事件的巨大重要性。1788年，具有极大影响力的维济耶（Vizille）议会史无前例地实现了三个等级的统一行动，“维济耶议会在某种意义上给所有人传递了一个重要而有形的信号，这种新的联盟曾经出现过，并且显示过它可能造成的影响。

这是最后一次，在阿尔卑斯山中的一个小小行政区的一个偏远角落发生的事件，后来对整个法国造成了决定性的影响。它让人们开始注意以前只有极少数人察觉到的事情，让每个人都看到了权力之所在，因而在顷刻间决定了胜利”。三个等级的联合的效应（或者迹象）之一，是在选举三级会议的代表时采取了“交叉投票”的方法。根据这种方法，给定等级的代表是由三个等级的成员共同选择的。托克维尔断言，假如这种选举制度得到普遍采用，三级会议也许会发现更容易达成一致，“如果必须采取共同投票的方式，不幸的是在多菲内实行的办法未能推广到全国，因为那里的三个等级的代表是由三个等级共同选出的，这本来或许有利于达成协议”。多菲内的先锋效应很重要，然而其他选区几乎都没有采用交叉投票，结果削弱了它的影响。

在第二卷的备注中，托克维尔再次主张，路易十六用半吊子的措施对付旧王朝的“廷臣”（即最高法院）和三级会议，结果反而加快了大革命的来临。在与最高法院斗争时，政府“使用的暴力达到了令人愤怒的程度，却从未达到令人恐惧的程度”。托克维尔还提及了“对于掺杂着不彻底的暴力和鄙视的权力的态度”。最后，国王“带头（在三级会议）投票的希望却没有批准，结果刺激第三等级发动攻击，并允许特权阶级抵抗”。由于国王任凭形势陷于不确定之中，每一方都自私自利，又自欺欺人地相信解决方案会对自己有利。1789 年 6 月 23 日，路易十六企图将他的意志强加给议会，从那时起，议会“非但没有因屈服于政府的温和压力而意志消沉，反而被激怒和唤醒了，越来越倾向于采取主动进攻的态度”。

托克维尔还讨论了精英阶层导致自我毁灭的分裂。教士在陈情书中抱怨领主侵占他们佃户的资产，引述了这段控告之后，托克维尔补充道：“其他一些陈情书（包括教士所写的）也含有同样的精神和成为神父的农民的苦楚。稍后我们将看到，教士也遭到来自贵族阶层的类似的强烈毁谤。然而这两个等级不得不学习为共同的事业努力。”他在写给自己的札记中说：“等写到等级冲突的时期，我会清楚地表明瓦解有多么令人眩晕。事实并非中产阶层单方面向贵族阶层宣战，而是较小的贵族攻击了显赫的贵族，地位较低的教士攻击了地位较高的教士。”特权阶层之间和阶层内部的冲突本来可以让政府坐收渔翁之利，但是在那之前，他们已经变得危险而致命，以至要推翻政府，“各个社会阶层的互相憎恨（和）妒忌……可以是专制统治的最大燃料。可是要加上限制条件，即这种憎恨和妒忌只不过是苦涩而平静的情绪，只足以阻止人们互相帮助，却不足以刺激他们起来战斗。一旦阶层之间开始发生暴力冲突，政府就必定会崩溃”。

《旧制度与大革命》并非仅仅是关于一个世界性历史事件的前提条件和催化剂的历史研究。它还表现了托克维尔的个人哲学，显而易见地还有他对自由这一高于一切的政治价值的执着。本书的初版时间是 1856 年，那时是路易·拿破仑（Louis Napoleon）的第二帝国时期，托克维尔憎恶它对公民和政治自由的压迫。在计划续写的第二卷里，他还打算讨论路易·波拿巴的伯父拿破仑一世。托克维尔对拿破仑的侄子只感到轻蔑，但他既对拿破仑的天赋表达了高度的赞赏，又对他利用天赋镇压自由的做法表达了彻底的厌恶。

按照本杰明·富兰克林（Benjamin Franklin）的说法，“那些愿意放弃最基本的自由以换取一点点暂时的安全的人，既不配享有自由亦不配享有安全”。如果用财富替换安全这个词，托克维尔应该会同意。而且他会使用更强烈的表述方式：那些为了财富放弃自由的人，终将一无所获。“(我)认为单凭物质回报不会引起对自由的真诚热爱，因为物质报酬的前景经常几乎无法察觉。确实，就长期而言，自由必定会给维护自由的人带来舒适的生活和福祉，经常还会带来财富。然而有些时候，它会暂时阻碍人们利用这些益处。在别的时候，只有专制统治能确保人们短暂地享受。仅仅为了物质利益而重视自由的那些人，从未长久地保有过自由。”自由的益处本质上是对自由本身的热爱的副产品。

托克维尔敏锐地意识到了普遍的权利和自由与不正常的特权之间的差异。现代的权利观念暗示，如果某个人拥有做某件事的自由或者权利，那么所有人都有做那件事的自由或者权利。与此相对，在旧制度下，人只能享有“一种不正规的、时断时续的自由，而且总是受到阶层之分的限制，总是受到特例和特权的观念的束缚，它们允许人民几乎像反抗专横权力的行使一样公然违抗法律，却几乎不能保证全部公民拥有最自然和最必需的权利”。尽管这种自由是“受到限制和扭曲的……混乱而病态的”，但它仍然是抵御王权政府的独裁专制统治的次佳选择。纵然是以反常和病态的形式，旧制度的确包含了一些制约专制权力的机制，“这种怪诞而有缺陷的任命公职的方式，反而代替了抵御权力无限的中央政权的政治保障。它就好似不合规范、构造拙劣的堤坝，分散了政府的力量，缓和了冲击……法院用不合常规的方式干涉治理，经常扰乱处理公共事务的正常秩序，这样有时却保护了个人的自由。这就是所谓的以恶制恶”。

大革命摧毁了通向中央集权和专制主义的一切障碍。达到目的之后，人们“从废墟中回收中央集权并恢复了这种制度。因为在它重新建立的同时，曾经制约它的一切仍未复原，结果从刚刚推翻君主统治的国家内部，突然出现了一个比法国历代国王所执掌的政权规模更大、更完备、更专制的政权”。大革命的悲剧在于，它的主要演员为自由进行了令人钦佩的斗争，却又在此过程中为比他们推翻的政体更残暴的政体创造了条件。

托克维尔的作品总是令读者着迷，这在很大程度上要归功于既覆盖着这层悲剧意味又天衣无缝的历史分析。他对反讽的精巧运用，进一步增强了这种吸引力。精英阶层在真诚地希望减轻百姓的苦难的同时，又公开表示轻蔑他们。为了证明这个观点，托克维尔举了这样一个例子："据伏尔泰（Voltaire）的秘书说，夏特莱夫人（Mme Duchâtelet）毫不介意地在仆人面前脱光衣服，因为没有不容置疑的证据证明贴身男仆也是人。"为了说明贵族的虚伪，他详细叙述他们"通常简单地称呼总督为'先生'，但是我注意到，他们在写请愿书时却像资产阶级那样必定称呼总督为'阁下'（我的大人）"。还有许多有趣的引文提供了其他实例，比如假发师由于国民会议将优先权授予面包师而感到愤慨，特权等级愿意"放弃不平等税制带来的利益"，只要他们能够保持免税的"表象"。此外，托克维尔经常用警句的公式化表述概括关键的思想，这始终令读者惊奇。阅读他的作品如同享受思想的盛宴。

需要补充的是，可以说托克维尔还从内部了解革命。1830 年的七月革命期间，他作为半参与者观察了革命的暴力。7 月 30 日，在写信给未婚妻也就是他未来的妻子玛丽·莫特莱（Marie Mottley）时，他描述自己恐怖地看到"法国人正在没完没了地切断对方的喉咙"。后来在 1848 年的革命期间，他发挥了非常活跃的作用。虽然没有担任军队职务，但他更近地观察了在街道上甚至议会内发生的战斗和小规模冲突，5 月 15 日人群侵袭国民议会（他是成员之一）的时候他就在场。他专注于那些事务的方式是存在主义的。1849 年 3 月，他向一个朋友抱怨说："现在财产和生命不再面临危险，可是我无法对任何事情产生兴趣。这是革命的祸害，它就好像赌博一样，养成情感上的习惯，使我们热爱革命本身，而与革命造成的损益无关。"

托克维尔的《回忆录》涉及的时期是 1848~1851 年，其中充满了小插曲和敏锐而深刻的见解。在这里只提及两点。其一，他记录说光荣的革命法典"容许谋杀和大规模破坏，却严格禁止盗窃"。

他还注意到，阿尔封斯·德·拉马丁（Alphonse de Lamartine）[①]试图“在不熄灭革命火焰的同时控制山岳派[②]，以便国家为了提供安全保障而保佑他，但又不至于感到太安全而忘记他”。

这两项观察记录都在《旧制度与大革命》第二卷的备注中有所呼应。他十分信赖（或许信赖过头了）安茹的代表与那个选区的选民之间的通信，其中有1789年7月13日的这样一段陈述：“在骚乱中，犯下一般刑事罪的囚犯逃走了；人民反对释放他们，宣称罪犯没资格与自由的制造者混在一起……如果一个武装人员犯了某种卑鄙的过错，他的同志们就立刻把他送进监狱。”他评论道，“这尤其符合法国人的作风”。在同一批通信中，还有一封1789年7月的信件，代表们对选民们说，“我们必须缓和运动的暴力激情，同时又不至于扼杀有益的动荡”，他引述这段话来说明自己的主张，即“国民议会既想控制大火，又害怕扑灭它”。

毫无疑问，托克维尔对革命事件的个人经历影响并有助于他对大革命的研究。他很可能比过去和现在的任何人都更理解革命的动态变化。

---

① 阿尔封斯·德·拉马丁（1790~1869年），法国作家、诗人、政治家，政见温和，在1848年的动荡期短暂地管理过政府，帮助建立第二共和国，竞选失败后退出政坛专事写作。

② 此处的山岳派是指法国1849年立法选举时左翼民主社会主义者，其名称来源于大革命。

前言

本书并非一部法国大革命史，关于那段历史，前人已进行过非常精辟的阐述，我不会考虑重复这项工作。本书在一定程度上是对大革命的研究。

1789年，法国人做出了史无前例的努力，试图切断过去与未来的联系，可以说是在自身的历史与期望的未来之间掘出一道鸿沟。为此他们不惜采取任何预防措施，避免将旧日的东西带进新环境。他们不愿效仿先人，为了打造理想中的未来，给自己强加各种各样的约束。为了让自己变得面目全非，他们不遗余力。

在这项非凡的事业中，法国以外的人民普遍相信他们是成功的，法国人自己最初也如此相信，可是我一向认为这与事实相去甚远。我确信，用于指导摧毁旧制度的大革命的绝大部分感情、习惯和思想，正是从旧制度传承得来的，法国人却不自知；尽管并非有意为之，他们却在旧世界的断壁残垣之上构建起了新社会。因此，为了准确理解大革命及其成就，我们的目光必须从今日的法国暂时移开，着手研究那个已被埋葬、不复存在的法国。这就是本书试图完成的工作，可是这项任务比我原先设想的更加困难。

关于君主统治的最初几百年，中世纪和文艺复兴时期的历史，前人已进行过广泛而全面的研究，撰写了厚重的著述，我们从中不仅可以学到不同历史时期发生的事件，而且可以了解当时盛行的习俗和法律，以及令政府和国家生机勃勃的精神。然而迄今为止，从未有人同样深入细致地研究过18世纪的历史。我们以为自己相当了解那个时代的法国社会，因为我们熟悉那些熠熠生辉的表面现象，对最有名的风云人物的生平细节了如指掌，因为我们读过那些关于当时伟大作家的著作的聪明或雄辩的评论。然而谈到公共事务的管理方式、各种机构的实际运作情况、不同社会阶层的相互关系、依旧无人关注的那部分人群的境况和感受，以及舆论和习俗的真正基础，我们最多只有一些混乱的认识，而且经常遭到误导。

我力求深入旧制度的核心，它在时间上距离我们很近，但由于大革命的遮蔽而变得模糊不清。为此我不仅阅读过18世纪的著名作品，还设法学习了大量不知名亦不应该知名的作品，它们或许正因为相当缺乏文采，反而更好地揭示了那个时代的真实本性。我仔细研究了公共文告，它们透露了法国人在大革命即将来临之际的意见和偏好。三级会议以及后来的各省议会的会议记录给我提供了大量启示。此外，我还充分利用了三个等级在1789年起草的陈情书。这些陈情书的原始手稿总共有数卷之多，它们将作为古老法国社会的遗嘱继续留存，这是其愿望的至高表现，亦是其最终意志的真实反映。它是历史上无可比拟的文献，不过我没有就此满足。

在政府机关正常发展的国家里，无论是思想、愿望、不满或苦衷，还是利益和激情，几乎迟早都会暴露在政府的审视之下。通过浏览政府的档案文件，我们不仅可以非常准确地了解政府的运作情况，而且可以对整个国家的状况形成大致的概念。现在外国人如果获准接触塞满内政部及各辖区的纸板箱的全部机密函件，很快就能比我们自己更了解法国。本书的读者将会发现，在18世纪，法国政府的组织已经高度集中化，非常强大而且异常活跃。它不断地给某个项目提供援助、设置障碍或者批准授权。它许下了很多承诺，也给予了很多东西。它通过无数途径发挥影响力，不仅涉及公共事务的一般管理，而且影响着每个家庭的命运和公民的私人生活。此外，由于政务在暗中运作，人们不惮对政府泄露最私密的疾患。我耗费大量时间，研究了巴黎和一些行省留存的档案记录①。

不出所料，我在那里找到了活生生的旧制度，它的所有思想、激情、偏见和惯例都完整无缺，仿佛每个人都以自己的风格畅所欲言，表达自己最私人的想法。于是我获得了关于古老法国社会的许多想法，这些想法与当代人不同，因为我目睹了当代人闻所未闻的证据。

随着研究的进展，我一再惊讶地发现，如今法国的许多显著特征也存在于那个时代的法国。我发现了许多本以为来自于大革命的情绪，许多本以为只属于革命的思想，还有据称是那场运动遗留给我们的无数习惯。我随处看到今日的社会深深植根于古老的土壤的证据。我越接近1789年，就越清晰地感知引起大革命的精神的萌芽、诞生和发展。大革命的全貌在我眼前逐渐展现。它的气质和特征已经可以预测；它早已形成。从中我不仅发现了指引其最初阶段的逻辑，而且发现了造成其长期后果的预兆，后者或许更加重要。大革命分成两个截然不同的阶段：在第一阶段，法国人似乎想要废除一切过去的东西；在第二阶段，他们似乎想重新找回一部分已经被抛弃的东西。旧制度的许多法律和政治传统在1789年突兀地消失了，但在数年之后又重新出现，如同某些河流潜入地下，又在远一些的地方再次涌出地面，旧的河水在新的河床上流淌。

本书的主旨是试图解释，那个时期的欧洲几乎到处都在酝酿革

---

① 我详尽地利用了几个较大的总督辖区（intendance）的档案文件，特别是图尔（Tours）的，这个位于法国中部的巨大财政区有一百万以上的居民，相关的资料非常完整。我还要感谢一位年轻能干的档案管理员格兰梅森（Grandmaison）先生。我满意地发现，包括大巴黎地区在内的其他财政区的资料证明这个王国各地的情况几乎都是如此。

命的风暴，为什么这场大革命唯独在法国而不是其他地方爆发？为什么革命在它打算摧毁的那个社会里完全自发地产生？最后，为什么古老的君主制度会如此突然而彻底地垮台？

不过，根据我的构想，这部作品还要涉及更多内容。如果时间和精力允许，我打算通过大革命的兴衰变迁，追踪并观察那些熟悉的、与我一样在塑造他们的旧制度下生活过的法国人，看看历史事件如何转变他们却没有改变他们的本性，尽管特征有所变化，但我们仍然可以认出他们的旧日面貌。

我的探索将从1789年的大革命的序幕开始，那时对于平等和自由的热爱尚在法国人的内心共存；那时他们希望建立的不仅是民主的制度而且是自由的制度；那时他们不仅打算摧毁特权，而且试图确认各种权利并将它们奉为神圣。那个时代充满青春、热情、自尊、慷慨和真诚的激情，尽管存在错误，却会永远被人们铭记，在今后的漫长岁月里，它将使那些企图腐败堕落、奴役人类的人难以安眠。

除了简短回顾大革命的过程，我将试图指出是哪些事件、错误和失策导致法国人放弃了原来的目标，舍弃了自由，只追求一个狭隘的愿望：成为世界霸主[①]的平等仆人。我将说明从那以后，一个比大革命推翻的那个政府更加强大而且专制得多的政府如何攫取并集中一切权力，如何压制人们曾经付出如此高昂代价换来的所有自由，代之以徒具形式的赝品自由。这个政府剥夺了选民受教育、组织集会和选择的权力，却把选民的投票权标榜为"人民主权"，并在征税时把议会的默认或者屈从美化成"自由表决"。这个政府一边继续借助"革命"的庄严名义，一边剥夺了国民的自治权利和最重要的法律保障，以及思想、言论和写作的自由——换言之，就是法国人在1789年赢得的最宝贵、最崇高的成果。

① 指拿破仑。

本书计划写到（在我看来）大革命大功告成、新社会终于诞生为止。然后我将考虑社会本身。我将努力辨别出新旧社会的类似之处和不同方面，以及我们在这场巨大动荡中失去了什么、又得到了什么。最后，我将简单地展望未来。

第二卷的一部分梗概已经写好，但是太粗糙，还不值得公之于世。我有时间完成它吗？谁能预料呢？个人的命运比国家的命运更加无常。

我希望在写这部作品时不带偏见，但是我无法断言在动笔时没有激情。一个法国人在谈论他的国家或者思考他所处的时代时，几乎不可能无动于衷。我承认，在写到旧社会的各种片段时，我从未完全忽视新社会。我不仅试图诊断病人罹患的致命疾病，而且想找出可以挽救病人生命的办法。我像医生一样，仔细检查坏死的器官，希望发现生命的法则。我努力描绘的社会写照不仅是绝对准确的，而且可能是有教育意义的。因此每当在祖先身上发现那些如今我们极度缺乏却又颇为重要的勇敢美德——真正独立自主的精神、对崇高的渴求、对自身和事业的信仰，我就会尽量加以强调。与此类似，每当在过去的法律、思想以及道德观念中发现曾经侵蚀了旧王朝、至今仍然在侵害我们的弊病的迹象，我就会竭尽全力揭露它们，以便让读者在知道已经造成的损害之后，较好地理解它们可能在未来造成的恶果，避免重蹈覆辙。

如今维系人际关系的不再是种姓、等级、行会或者家庭的纽带，因此人们很容易过度关注个人的利益，过度倾向于排他地思考自己，退回狭隘的个人主义，遏制所有的公德。专制统治不仅没有与之对抗，反而使这种趋势愈加无法抗拒，因为它使公民丧失了一切共同的激情、一切相互的需求、一切协作行动的机会，以及一切达成共识的必要。在某种程度上，公民们都被禁闭在私人生活范围内。他们已经习惯于互相保持一定距离，专制统治又使他们孤立。人际关系本已变得冷漠疏远，专制主义又雪上加霜。

在这种类型的社会里，任何东西都不固定，每个人都因为恐惧和欲望不断地苦恼，害怕沦落到社会等级的底层，又被欲望驱使着向上爬。金钱已经变成了区分社会阶层和贵贱尊卑的主要标志，由于它的流动性变得非比寻常，不停地在不同的人之间转手，它正在改变个人的身份地位，提高或降低家庭的地位，实际上没有人能摆脱它的束缚，人们都在不顾一切地不停攫取或者保有金钱。因此，如今最普遍的热情是用任何可能的方式获取财富的欲望，对生意的嗜好、对利润的喜爱，以及对物质上的舒适和愉悦的贪欲。这些激情轻易传遍了所有阶层，甚至包括那些以前与之无缘的局外人，如果不加阻止，它们很快就会使整个民族萎靡堕落并蒙受耻辱。不过正是专制统治的本质要素激发和传播这些令人衰弱的激情，转而又促成专制统治如愿以偿。它们转移了人们对公共事务的注意力，占据人们的想象力，使人们一听到革命这个词就浑身战栗。专制统治本身有能力产生保密状态和提供庇护，以其阴暗助长贪婪，任凭不知羞耻的人们聚敛不义之财。如果没有专制统治，这些自私的激情也许会更强烈，在专制制度之下，它们就会占据支配地位。

对于这种类型的社会天生具有的缺陷，只有自由能够有效地对抗，避免社会滑向灾难的边缘。正是独立自主的状况使公民们深陷孤立的泥潭，只有自由能够救出他们。只有自由能够迫使人们走到一起，互相交流、互相理解、互相劝说，在处理实际事务时联合行动，从而温暖彼此的心灵。只有自由能够帮助人们摆脱对物质财富的崇拜和个人事务带来的琐碎烦恼，使他们感觉到高于自己和近在咫尺的恒久不变的存在。只有自由能够用更高尚、更强大的爱的激情替代物质上的舒适，提供比获取财富更值得追求的目标，让人有真正的抱负。最后，只有自由能够带来光明，使我们看清并判断人类的恶习与美德。

没有自由的民主社会也可能富裕、文雅、外表华丽甚至高贵辉煌，并且依靠同质化的群众变得强大。我们也许可以在这样的社会里发现许多个人的美德，诸如好父亲、诚实的商人、可敬的地主。甚至有可能偶然出现善良的基督教徒，因为基督教的真正故乡不是这样的尘世，而且基督教信仰的最荣耀的成就，是在最坏的腐朽堕落的环境中、在最卑劣的政府统治下造就了有道德的人民。极端衰落的古罗马帝国也到处都有这样的人。但是我可以冒昧地断言，伟大的公民永远不会在这样的社会出现，遑论伟大的人民，我还可以不怕反驳地主张，只要平等与专制统治继续结合在一起，心灵和精神的一般水准就会稳定地不断降低。

二十年前我就表述过这样的想法。从那以后，没有发生过让我改变这一想法或者说法的事情。既然在自由受欢迎的时代我已经表达过对自由的高度赞赏，那么在这个其他人抛弃自由的时代，有什么理由指责贯彻初衷的我不合时宜呢？

此外，请读者明鉴，在这个特定的问题上，我与大多数对手的差异并没有他们猜想的那么大。任何有灵魂的人，假如相信自己的民族具有明智地运用自由所必需的优点，他是否会卑下到宁可受同胞的异想天开的支配，也不愿意遵守自己参与制定的法律？我想答案是否定的。连专制君主也不会否认自由是出色的东西，只不过他们希望自己独占自由，坚持认为其他人完全微不足道，不配享受自由。因此人们的意见分歧不在于是否应当拥有自由，而在于应当带着较多还是较少的尊重统辖他的同胞。所以我们可以严密而准确地说，一个人对专制政府的喜好与那个人对自己国家的轻视程度是严格成正比的。若要接受对法国的这种看法，请允许我稍微再多加考虑。

若说我为本书付出了大量的劳动，我想这不算自吹自擂。仅仅简短的一章就耗费了一年以上的研究时间。由于太多的注释或许会塞满书页，较好的做法似乎是在正文中保留少量注释，把其他的放到全书末尾，并标明相关的页数。在这些尾注里读者可以看到事例和证据。如果任何人认为本书有充分的参考价值，我还可以提供更多例证。

第一部

第一章　在大革命爆发之初，众人对它的看法褒贬不一

法国大革命的历史最适于提醒哲学家和政治家们必须保持谦逊，因为历史上从未出现过如此伟大、如此影响深远、经过充分酝酿却又出乎预料的事件。

甚至连天才的腓特烈大帝（Frederick the Great）也未能意识到革命的来临。他接触到了预兆，却忽视了它。事实上，他的行动就是符合大革命精神的。他是革命的先行者，在某种意义上还可以说是革命的代言人。然而他没有看见从地平线上逐渐迫近的风暴。终于发生的革命具有非比寻常的新特征，与过去的一般革命截然不同，因此人们最初未能察觉。

在法国之外，大革命引起了全世界的好奇心。它使各国人民隐约感到新时代正在来临，并激起了变化和改革的模糊希望，可是没有人确切知道革命将带来什么。不祥的预感令群众忐忑不安，王公贵族和大臣们却连模糊的预感都没有。起初他们以为大革命只是一种周期性发作的疾病，所有民族的体质都容易受其侵害，它唯一的影响不过是给邻国的扩张政策提供新机会而已。即使这正巧道出了大革命的真相，他们也是无意的。1791 年，德意志各邦国的君主在皮尔尼茨（Pillnitz）开会，公开宣布法国君主制度正面临的威胁也是欧洲的全部旧政权共同面临的，它们与法国一样岌岌可危。然而他们私下的想法并非如此。那时的秘密文件透露，他们的这些宣

言只是一种狡猾的托辞，用来掩盖他们的真实意图，或者加以粉饰以掩人耳目。

王公贵族和大臣们相信，法国大革命只是在局部地方发生的骚乱事件，转眼就会平息，它提出的唯一严肃的挑战只是如何从中获取最多利益。为此他们在暗中策划布局，准备行动，结成了秘密同盟。为了瓜分预期的猎物，他们开始竞相争夺，彼此关系破裂、联合，寻找共同点。实质上他们考虑了一切可能性并做了准备，可是唯独没有预料到真正发生的事情。

由于历史经验和政治自由的长期实践，英国人的预见比较准确，他们透过未来厚重的面纱认识到一场大革命即将发生。但是他们没有分辨出它的形式，也不知道它即将对英国的命运以及尚属未知的世界的命运产生怎样的影响。革命前夕阿瑟·扬（Arthur Young）[①]正在法国旅行，他意识到革命即将爆发，但是对它的重大意义却一无所知，以致怀疑革命有可能导致特权的增加。他写道："至于贵族和教士等级，如果革命使他们得利，我想它造成的损害就大于益处。"[②]

埃德蒙·伯克（Edmund Burke）[③]头脑敏锐，大革命才刚开始就激起了他的反感，他痛恨革命，可是连他也一度犹豫不决。他最初的预测是大革命将逐渐削弱法国的力量，最后毁灭法国。他说："我

① 阿瑟·扬（1741~1820年），英国农业经济学家，1767年起考察英国、法国等地的农村，根据当地的农业状况写出了一系列游记，其中《法国游记》包含研究大革命前和大革命初期城乡社会状况的宝贵资料。

② 引文见于阿瑟·扬的《法国游记》（伦敦：乔治·贝尔父子出版公司，1906年），98页。

③ 埃德蒙·伯克（1729~1797年），英国政治家、作家，辉格党领袖之一，坚决反对法国革命，曾发表《法国革命思考》（1790年）。

们可以设想，法国的军事力量将在未来的某个时候彻底消失，下一代人将重复那句古老的格言：我们听说，高卢人也曾经能征善战。”

当局者迷，事件亲历者的判断不比旁观者更准确。在大革命爆发前夕，法国人对即将发生的事情毫无清晰的概念。在无数份陈情书中，只有两份指出了人民的不安。人们畏惧的是王权政府——当时仍被称作“宫廷”——保留权力优势的可能性。法国人担心的是三级会议太软弱而且太短命。人们害怕受到暴力威胁的伤害。这种可能性尤其令贵族惊慌。很多陈情书都表达了“瑞士卫队应该发誓永远不用武器对付平民百姓，即使发生暴动或叛乱”的意见。人们以为，如果让三级会议自由地工作，就能轻易清除所有弊害。改革所需的工作繁多，不过应该不难完成。

然而大革命继续沿着自己的路线前进。怪物抬起了头，它奇特恐怖的面目随即暴露出来。它在摧毁了政治机构之后，又废除了民事机构；它首先改变法律，然后是道德观念、风俗习惯甚至语言；在撕碎政府组织之后，又侵蚀了社会的根基，最终向上帝本人发起挑战。然后这场大革命越过国界，开始利用前所未有的手段、崭新的战术和致命的准则，即威廉·皮特（William Pitt）[①]所称的“舆论武装”。一股前所未有的力量横扫各个帝国的防线，推翻国王，蹂躏一个个民族，——更令人意想不到的是，与此同时，它甚至把人民争取到了自己这边！欧洲的王公贵族和政治家们最初以为它只是寻常的历史插曲，它却意外地成为全新的现象，与以往发生过的一切截然不同，却又如此骇人听闻、如此难以理解，以致人类的精神无法把握。有些人认为，这种未知的力量似乎既不需要给养又不容忍反对，无人能够阻止它，它也无法自制，最终将导致人类社会完

---

① 威廉·皮特（1759~1806 年），英国政治家。任首相期间曾组织反法联盟，并与拿破仑作战。

全崩溃。有些人将大革命视为魔鬼在世间的权势的可见迹象。1797年，德·梅斯特（De Maistre）[①]先生说过："法国大革命有撒旦的特征。"与之相反，还有人透过大革命看到了上帝的仁慈计划，认为上帝希望改变法国以至世界的面貌，甚至创造出新人类。在那个时期的许多作家身上，我们都可以发现宗教式的恐惧心理，就好像萨尔维（Salvianus）[②]看见野蛮人时体验到的恐怖。伯克把这种思想变成自己的看法，他惊呼道：

> 法国不仅失去了旧政权，还失去了一切类型的政府秩序，作为君主国的法兰西陷落了，考虑到周边强国的性情，在一般思考者看来，它或许更像是怜悯或者侮辱的对象，而不是给人类带来灾难和恐怖的源头。然而从遭到谋杀的君主制度的坟墓里，却冒出了一个庞大、可怖、未成形的鬼怪，它那可怕面貌远远超出人类的任何想象，压倒了人类的坚毅精神。这个骇人的怪物朝目的地径直奔去，不惧怕危险，不因悔恨止步，鄙弃一切普遍准则和一切常规手段，遇到不明白它怎么可能存在的人，就把他们全部打倒。[③]

这场革命确实像同时代人所感知的那样异乎寻常吗？确实如他们猜想的那样史无前例、深刻地扰乱了世界吗？它的真正意义是什

---

① 德·梅斯特（1753~1821年），法国政治家、作家和哲学家，著有《法兰西论述》（1796）和《论教皇》（1819）等书，鼓吹君主制和教皇权，坚决反对大革命。

② 萨尔维（约390~484年），历史学家和基督教护教论者，主要作品有《论上帝政府》。

③ 引文见于埃德蒙·伯克的《向法国督政府的弑君者提议和平的四封信》，编者爱德华·约翰·佩恩（Edward John Payne）（牛津：克拉伦登出版社，1892年），7~8页。

么？它的实际特征是什么？这场陌生而恐怖的革命的长远影响是什么？确切说来，它摧毁了什么？又创造了什么？

研究和解答这些问题的时机已经到了。我相信，在如今这个时代，我们正好可以最准确地感知和判断那个重大历史事件。我们距离大革命足够遥远，曾经蒙蔽了革命者的激情已经消逝，同时我们距离大革命又足够近，可以感同身受地体会和理解引导革命的精神。往后的人们很快就会难以兼顾两方面，因为一旦取得成功，革命的初衷就会被抹消，胜利反而会使革命本身变得难以理解。

第二章　根据一些人的想法，大革命的基本原则和最终目标并非摧毁宗教权威和削弱政治权威

法国大革命期间，人们首先采取的行动之一是攻击教会，在革命引发的激情之中，最早燃起又最后熄灭的是反宗教的激情。甚至当追求自由的热情不复存在，法国人不得不为了安宁忍受奴役的时候，他们依旧在反抗宗教权威。拿破仑（Napoleon）能够征服大革命的自由天性，可是他制服反基督教精神的努力却徒劳无功。甚至在我们这个时代仍旧有人相信，对上帝傲慢无礼就可以补偿对无名小吏卑躬屈节的损失，他们抛弃了大革命的信条中最自由、最高尚、最值得自豪的部分，却以为排斥宗教就是忠于大革命的精神，并为此自吹自擂。

然而如今我们可以轻易地看出，反宗教的斗争只是这场伟大革命的一个附属的侧面，在其全景中只是一个转瞬即逝的突出特征，是大革命前的各种思想、激情和特殊环境的暂时性产物，它为革命做好了铺垫，但不代表革命精神本身。

人们认为18世纪的哲学是大革命的主要起因之一，这是正确的，18世纪的哲学确实含有强烈的反宗教性质。然而我们必须注意到，18世纪的哲学包含两个泾渭分明、彼此分离的部分。

其中之一由新的或者说再次复兴的主张组成，涉及社会地位、民事与政治的法律原理，如人类生来平等，因此应该废除一切种姓、

等级和教职的特权，人民主权至上、社会权力无限、规则的统一性等等。所有这些信条不仅是法国大革命的起因或目标，而且可以说构成了大革命的主旨。在后世的人看来，它们是大革命最基本、最持久、最真实的成就。

18世纪哲学的另一面则是猛烈地抨击教会。哲学家们抨击教会、教士、机构、等级制度和教义，为了更彻底地摧毁这一切，他们试图暗中破坏基督教本身的根基。但是，由于18世纪哲学的这个部分植根于被大革命清除的旧环境中，它注定与环境一起消失，并被大革命的胜利埋葬。为了澄清我的意思，现在只要补充一句话，因为我想在后面的章节继续讨论这个重要的课题：激起如此狂热仇恨的基督教，主要是一种政治制度，而不是一种宗教信条。它招致憎恨，不是因为教士声称彼岸的世界由他们统治，而是因为他们是这个尘世的地主、封建领主、教区什一税征收者和行政管理者；不是因为教会在人民准备建立的新社会中没有容身之地，而是因为在即将土崩瓦解的旧社会中，它占据了最有特权、最有势力的地位。

真相随着时间的流逝逐渐显露，每时每刻都在我们眼前得到证实：随着大革命的政治成果得到巩固，反宗教的努力就全部落空了；随着大革命矛头所指的古老政治制度被彻底摧毁，特别令人厌恶的权力、势力和等级被相继铲除；作为它们失败的最终标志，连它们曾经激起的仇恨都消退了，教士也同随着教会一起没落的一切事物划清界限，于是教会的势力逐渐开始复兴，并再次确认了对人们精神世界的影响力。

此外，切勿以为这是法国所独有的现象。法国大革命以后，整个欧洲的基督教会几乎都经历了复兴的过程。

如果认为民主社会与宗教信仰天生敌对，那就大错特错了。无论基督教还是天主教，都没有与民主精神完全对立的教义，许多内容甚至有利于民主。上千年的历史经验确实显示，宗教本能始终植根于人民内心，具有最持久的生命力。濒临消亡的宗教总是在人民心中找到最后的避难所，如果某种制度既倾向于顺应人民的思想和感情，却又必然造成否定宗教的持久影响，那才是咄咄怪事。

我可以断言，前面所说的关于宗教权力的内容，甚至更加适用于社会权力。

大革命击垮了过去维持社会等级制度的全部制度，颠覆了界定人类行为的全部规则习俗，目睹这些的人们就情有可原地臆断，大革命的终极结果不是摧毁特定的社会秩序，而是全面摧毁一切秩序，不是推翻某个特定的政府，而是推翻社会权力本身，进而得出必然的结论：大革命在本质上是无政府主义的。然而我可以冒昧地断言，那只是误导人的虚假表象。

大革命开始之后不到一年，米拉波（Mirabeau）[①]秘密写信给国王："对比新的事态与旧制度，就会发现带来安慰和希望的第一线曙光。国民议会所通过的最重要的法律中，多数都明显有利于君主制政府。取消最高法院和三级会议行省，取缔有组织的教士、特权阶级和贵族集团，难道这些不是意味深长的重要举措吗？如果黎塞留[②]听到由单一等级的公民构成社会的想法会觉得正中下怀，那是因为均质的表面方便君主行使权力。在实行专制统治的一些朝代，政府都试图加强国王的权威，然而他们的努力还不如大革命在短短一年中所做的那么有效。"这就是有能力领导革命的人对于大革命的解读。

① 米拉波（1749~1791 年），大革命初期的著名政治家、演说家，曾当选三级会议第三等级代表和制宪会议成员，参与起草《人权宣言》，主张君主立宪。在大革命中扮演两面派角色，既为革命推波助澜又暗中与国王勾结。

② 黎塞留（1585~1642 年），路易十三的首相，枢机主教，加强中央集权专制统治，鼓励航海殖民，通过三十年战争提高了法国国际地位。

法国大革命本来的目标不是单纯地改革现存的政府，而是废除既存的社会结构，因此它同时承担着各种任务，既要攻击所有已确立的权力，暗中破坏所有已获公认的势力，抹消传统，更新道德观念和习俗，又要设法洗脑，使人们摆脱以前那些构成尊敬和服从的理论基础的思想观念。这造就了大革命独特的无政府主义特征。

但是，如果清理掉这些散落的残片，就会看到一个巨大而统一的中央政权，它吸纳并耗尽了所有零碎的权威和势力，即曾经分散于社会各处的大量次要的权力、等级、阶层、职业、家庭以及个人。自古罗马帝国衰亡之后，世界上再未存在过能与它相提并论的政权。大革命创造了这种新的权力形式，或者更确切地说，在大革命制造的废墟中，这种新权力自动诞生了。新建立的政府可以说比较脆弱，但是比它推翻的政府要强大百倍，它的脆弱和强大是由相同的原因导致的，我们将在适当的时候具体说明。

透过摇摇欲坠的旧制度废墟上扬起的尘埃，米拉波察觉了这种简单、和谐而壮观的权力形式。当时群众仍然没有看见这个庞然大物，不过随着时间的推移，它的好处逐渐暴露在所有人眼前。如今各国君王都对它十分着迷。君主们都羡慕甚至嫉妒它，不仅是那些借助大革命上台的人，甚至那些性质迥异、敌视革命的人也纷纷效仿。他们都在各自的国家努力废除各种特权和豁免权。他们致力于融合不同的社会阶层，使彼此的社会地位趋于平等，用官僚代替贵族，用全国一致的法律规章取代地方特权，用统一的政府强行取代多样化的权力机构。他们投身于革命事业，不懈地努力，如果遇到障碍，偶尔还会借用大革命的办法和准则。他们懂得，在必要的时候应该教唆穷人反对富人，挑拨平民反对贵族，煽动农民反对领主。对他们而言，法国大革命既是祸害又是导师。

第三章　法国大革命如何成为以宗教革命的方式推进的政治革命及其原因

过去所有反宗教的革命和政治革命都局限于它们发生的那片土地，法国大革命却没有自己的疆域。不仅如此，它的影响在某种意义上可以说是抹去了地图上既有的一切边境线。它不受法律、传统、性格和语言的区别制约，使有些人联合，又使另一些人对立，有时让同胞变成敌人，有时又让陌生人成为兄弟。或者，不如这么说，它超越了特定的国籍或者民族，创造了一个理智上的共同的祖国，可以接纳任何国家的人作为它的公民。

纵然寻遍全部历史记录，也不会发现任何一场政治革命具有这种性质，只有某些宗教革命与之相似。所以，如果类推法可以帮助我们理解法国大革命，那么将宗教革命与之进行对比肯定是最合适的。

席勒（Schiller）在《三十年战争》中正确地评论道，16 世纪伟大的宗教革命使以前彼此一无所知的人民之间的距离忽然缩短了，共同的宗教情感促使他们紧密地团结起来。事实上，当法国发生内战的时候，英国人曾经与法国人并肩作战，在波罗的海最偏远的地区出生的人曾经深入德国腹地，保护那些他们从未听说过的德国人。那时所有的对外战争都带有内战的某些侧影，而所有的内战都有外国人参与。为了新的利益，人们忘记了民族的旧利益；原则问题取代了领土问题。外交的所有规则都变得交错混杂，一片混乱，令当时的政治家不时大吃一惊，懊恼不已。这正是1789年之后在欧洲发生的情况。

因此，法国大革命是以宗教革命的方式推进的政治革命，并带有宗教革命的某些特征。那么二者具体有哪些相似的特点呢？法国大革命同宗教革命一样传播范围广泛，超越国界，而且通过说教和宣传运动吸引人。一场政治革命激励人们改变宗教信仰，人们在国外与国内一样充满热情地宣传和从事革命，这真是新奇的现象。法国大革命让世人看到了许多史无前例的事情，其中这种现象想必是最新奇的。不过我们不能到此为止，让我们再深入探究一下，大革命与宗教革命的这种类似效应是否源自于潜在的类似的原因。

典型的宗教所关注的对象是人本身，忽视了特定国家的法律、习俗和传统也可能对人类的共同本性造成影响。宗教的主要目标是全面调整人类与上帝之间的关系，并从总体上规定人与人之间的权利和义务，而不考虑社会的组织形式。宗教设置的行为规则主要涉及父子、主仆、邻居之类的关系，与国籍或者时代的区分并无多少关联。宗教植根于人性，因而能够被所有人共同接受，适用于所有地方。所以宗教革命往往拥有广大的舞台，与政治革命不同，几乎不会局限于一个国家抑或一个种族的领域内。仔细考虑这个课题就会发现，一种宗教越抽象、越普遍，就越能广泛地传播，不受法律、气候和人的限制。

古希腊罗马时代的非基督教信仰，或多或少都与各个国家的政治制度或者社会状况相关，其教义反映了特定民族甚至城邦的特点，因此通常局限于领土单位内，很少传播到边境线之外。非基督教有时也会引起不宽容和宗教迫害，但是异教徒改变宗教信仰实质上不为人知。因此在基督教出现之前的西方世界，从未发生过重大的宗教革命。基督教轻易地克服了阻止各种异教传播的障碍，迅速征服了数量相当可观的群体。在很大程度上，基督教的胜利应当归功于它摆脱了与具体的国家、政府形式、社会状态、时代或者种族的联系，超过其他任何宗教。我想这样说不算是冒犯这一神圣信仰。

法国大革命的推进方式恰好与宗教革命相同，不同的只是宗教革命涉及的是彼岸，而大革命涉及的是现世。宗教的“人”是一般意义上的概念，与国家和时代无关，正如大革命从抽象的角度看待“公民”，不属于任何特定的社会。它的目标不是决定法国公民的特定权利，而是人类在政治领域中的一般权利和义务。

涉及社会秩序和治理形式的问题时，法国大革命总是尽力寻求最普遍适用，或所谓最自然的解答。正因为如此，全世界的人都能够理解大革命，并且能够立刻在数百个地方仿效它。

由于大革命的目标似乎是人类的新生，而不仅仅是改造法国，它点燃的激情超过了历史上最暴力的政治革命。它鼓动了改变信仰的热情，掀起了一场宣传运动，具有类似宗教革命的特点，因而令同时代的人惊恐不已。或者可以这样说，它本身变成了一种新型的宗教，尽管不够完善，既没有上帝和礼拜，又没有关于来世的承诺，但它仍然像伊斯兰教那样，其士兵、使徒和殉道者遍布全世界。

不过必须指出：法国大革命的方法并非史无前例，它开发的思想也并非前所未有。纵然在最黑暗的中世纪，也始终存在煽动改革的人，试图援引人类社会的普遍法则去改变地方性的习俗，援引人类的天赋权利去反对国家的政治体制。然而那些努力全部失败了。18 世纪时在欧洲引燃燎原之火的火种，在 15 世纪却被轻易扑灭了。这类做法激发革命的必要条件是社会状况、习俗和道德观念已经发生某些变化，人们的精神已经准备接受这些思想。

在有些时代，人与人之间的差异非常大，以至他们无法理解普遍适用的法则这个观念。而在另一些时代，即使这种法则只是含糊不清的概念，人们也能即刻认出它，并趋之若鹜。

法国大革命最特殊的产物并非它利用的方法或者制造的思想。它最大的新奇之处在于，如此众多的民族同时满足了条件，可以有效地运用这些方法，轻易地接受这些准则。

第四章　为何欧洲各国建立的制度几乎完全相似，以及那些制度如何全面衰落

来自北方的部族推翻古罗马帝国并最终建立了近代国家，他们在人种、国家和语言方面各不相同，唯一的相似之处是都处于野蛮状态。在古罗马帝国的领土上定居之后，他们互相厮杀了很多年，当大规模的混乱终于结束，欧洲渐渐稳定，他们发现自己制造的废墟已将彼此隔离开来。由于文明实质上已经毁灭殆尽，公共秩序荡然无存，社会关系变得充满不愉快且险恶，欧洲社会分裂成了无数泾渭分明的小社会，彼此隔离并互相敌对。然而在一片支离破碎的混乱之中，忽然出现了一致的法律。

新制度并非仿效罗马的产物。事实上，它们与罗马的制度格格不入。后来人们正是利用罗马法更改并废除了它们。新法律的形式与其他法律体系完全不同。它们互相对称呼应，合起来构成了一个秩序井然的法律体系，其严密和统一程度甚至不亚于现代的法律规章。然而这些精深的法律是为半野蛮社会设计的。

这些法律制度如何构想出来并传播普及，最终在整个欧洲确立了自己的地位？我不打算在这里探讨这个问题。可以确定的是，这种法律体系在中世纪就已经传遍了欧洲大陆的几乎每个角落，在许多国家，它还排除其他法律占据了支配地位。

我有机会研究过法兰西、英格兰和德意志各邦国中世纪时期的政治制度。研究越深入，我就越惊异地发现，这些不同国家的法律具有

引人注目的相似性，而且尽管这些民族各不相同，基本上互不相干，却能够制订出如此相似的制度。它们在具体细节上固然始终存在几乎千变万化的差异，但是各国法律的基础都是相同的。当我在日耳曼的古老法律中发现某种政治制度、规则或者力量时，就会预先知道，只要继续研究，就能在法国和英国找到实质上类似的东西，而且事实一向如此。这三个民族中的每一个，都有助于我更好地理解其他两个。

法国、英国和德国的政府全都遵循同样的行动规范，立法机构由同样的要素构成，并被授予同样的权力。划分社会的是同样的方式，在各种阶层之间存在着同样的等级制度。贵族的地位是同一的，他们具有同样的特权、同样的特征、同样的态度：不同国家的贵族没什么区别，到处是相同的人。

城市的构造彼此雷同，统治乡村的方式也大致相似。各国农民的境况大同小异，他们拥有、占据和耕种土地的方式一致，承受着同样的负担。从波兰边境至爱尔兰沿海，领主的财产和法庭、贵族的封地、地租、税赋、徭役、封建义务以及行会，一切都基本相同，有时甚至连名称都一样。更引人注目的是，这些类似的制度都来源于同一种精神。我想可以合理地断言，14 世纪欧洲的社会、政治、行政、司法、经济以及文教制度或许比如今更加相似，尽管如今的文明似乎已经开辟出了所有可想到的途径，扫清了所有可能的障碍。

我的意图不在于解释欧洲的古老体制是如何逐渐衰落然后崩溃的。我只想指出，到了 18 世纪，旧体制已经到处濒临瓦解。宽泛地说，这种衰败在欧洲大陆东部不甚明显，在西部比较明显，不过整个系统的老化甚至衰朽随处可见。

我们可以通过档案追溯中世纪旧制度的逐渐衰落。那时每个庄园都存有账簿，即所谓的“土地产权册”，数百年来，它一直记录着封地的边界、有待出租的土地、应收的地租、应服的劳役以及当地的习俗。我曾经见过 14 世纪的土地产权册，它们条理分明、清楚准确、充满智慧，堪称杰作。随着时间慢慢接近现代，虽然教育水平总体上进步了，记载反而变得越来越模糊、杂乱，既不完整又混淆不清。看来尽管市民社会获得了启蒙，政治社会却倒退到了野蛮状态。

欧洲的旧体制在德国保留了较多的原始特征，这一点超过法国。然而即使在德国，在其基础上建立的一些制度也已经完全不复存在了。若要估量时间的破坏性，最好的方式是考察残存下来的事物的状况，而不是寻找失去的东西。

城市自治制度曾经在 14 世纪使德国的主要城镇转变成富裕开明的小共和国，该制度直到 18 世纪仍然存在，但那时已经缩减成了徒具形式的空壳。过去设置的自治法律已经有名无实。市政官依旧叫做市政官，而且似乎还在履行以前的职责，可是市民参与公益事业的积极性、干劲和爱市热情，城市自治制度曾经激发和培养的创造力旺盛的人类美德，已经全部消失不见了。古老的惯例也许还保持着原来的形态，内部却完全缩水了。

从中世纪留存至今的所有权力都患有同一种疾病，它们全都显得虚弱而死气沉沉。不仅如此，即使是不属于中世纪的东西，只要与那个时代的法规发生关联，就会沾染上它的弊病，迅速失去生命力。举例来说，贵族阶层就染上了老年痴呆症。政治自由曾经在中世纪颇有成效，可是如果保留它在中世纪的典型特征，现在似乎就无法产生任何成果。省议会未能改良古老的政治法规，妨碍而不是推动了文明的进步。它们好像与新时代精神格格不入，丝毫不受时代变化的影响。因此它们失去了民心，把人民推向了君主。年代的久远无法让制度受到尊重，恰恰相反，它们越古老就越没有信誉。最奇怪的是，它们越堕落，造成的危害就越小，激起的仇恨却越大。旧时代一位赞同旧制度的德国作家曾经说："社会的现状似乎已经让所有人都觉得可耻，甚至是他们轻蔑的对象。可是人们对旧事物一概给予负面的评价，实在令人惊讶。喜新厌旧的习惯已经渗透进家庭，在家庭内部播下了麻烦的种子，甚至连家庭主妇也急不可耐地想换掉那些古董家具。”需要指出的是，这个时期的德国与法国一样，社会兴旺繁荣，正在稳步发展。但是请读者注意下面这一点睛之笔：一切欣欣向荣、积极活动、富有成效的事物都是新的，而且都是与旧事物完全矛盾的。

举例来说，这个时期的君主制度与中世纪的君主制度不再有共通之处，它们运用的权力不同，占据的地位不同，显示的精神不同，激发的崇拜感情也不同。国家的行政机构在各个方面扩张，在地方权力的废墟之上确立了自己的地位。分等级的政府官僚集团逐渐取代了贵族的统治。所有这些新权力所利用的方法和遵循的规范都是中世纪的人们闻所未闻或者拒绝接受的，而且只适用于联系中世纪的人们简直无从想象的社会形态。

初瞥英格兰的人或许会以为，欧洲的旧法规依旧在那里实行，事实并非如此。只要忽略那些旧名称和古旧的形式，你就会发现，封建制度实质上早在 17 世纪就已经被废除了。不同阶层互相通婚，贵族阶层消失了，贵族政治变得开放，财富决定其权力。此外，法律面前人人平等，纳税义务也平等了，人们有自由出版和公开辩论的权利。这些新原则在中世纪都不存在。正是由于逐渐巧妙地引入了这些革新，这个古老的国家才能够在恢复生机的同时免于瓦解，既维持古老的形式又焕发新的活力。英格兰已经在 17 世纪完全成为现代国家，其内部仅仅残存了少量中世纪的遗迹，可以说只是经过防腐处理的供品而已。

先简短概述法国以外的情况是有必要的，这是有助于理解下文，因为我敢说，如果不研究法国之外的事情，就永远无法真正理解法国大革命。

第五章 法国大革命的真正成就是什么

前面几章的目标仅仅是说明主题并作铺垫，以解答我在开头提出的问题：法国大革命的真正目的是什么？它内在的本质特性究竟是什么？它为何以那种方式发生？它达成了什么事业？

有些人错误地认为，大革命的目的是将人类从宗教信仰的桎梏中解放出来。但无论表象如何，法国大革命本质上是社会和政治革命，而非宗教革命。与那些人的看法相反，在政治制度范畴，它的效果不是通过某种方式固定混乱状态，使之永久持续——借用某位主要反对者的说法就是“把秩序强加给”无政府状态，而是倾向于增进公共权威的力量和特权。还有一些人以为，它的任务是改变文明的性质或者阻止文明的进步，甚或从本质上改变我们西方社会赖以存续的根本法则，那都是无稽之谈。在不同时期和不同地点发生过一些偶然事件，顷刻之间改变了大革命的面貌，但是如果抛开那些事件，单独考虑大革命本身，我们就能清楚地看到，它的独特成果是废除了数百年来统治欧洲大多数民族的政治制度（通常被称为封建制），在地位平等的基础上，用一种更简单、更一致的社会和政治秩序取而代之。

仅此就足以构成一场天翻地覆的革命，因为除了这个事实，这些旧制度仍然在欧洲的所有宗教和政治法则内部根深蒂固地存在——且不说混合交织在一起，从它们之中还衍生出了大量的思想、情感、习惯以及道德观念。在这层意义上，旧制度是构成社会整体的不可分离的部分，要全部摧毁它们，好比摘除一个器官，会引起剧烈的动乱。这使大革命显得更加伟大。它实际上只摧毁了一部分，却仿佛摧毁了一切，是因为它毁掉的东西与其他一切紧紧联系在一起。

我将在后面表明，无论大革命有可能多么激进，它的创新性仍然比人们普遍设想的小得多。准确地说，大革命的成果是彻底摧毁了——或者说正在摧毁，因为它至今还在持续——源于贵族和封建制度的旧社会的每个方面，包括与旧制度有任何关联的事物，甚至是带有旧制度的哪怕最细微的印记的事物。从旧世界中保留下来的只有那些与旧制度格格不入、或者可以独立于旧制度存在的东西。至少大革命绝不是偶然的事故。它的确出乎所有人的预料，但是它仅仅是一个长期过程的顶点，有十代人为此做出了贡献，最后它以暴力的形式突然结束了。纵然大革命未曾发生，或迟或早，旧社会的建筑也会全部倒塌，只不过是一点点逐渐崩溃，而不是在一瞬间全部土崩瓦解。大革命突然了结了全部工作，没有过渡、没有预防、没有顾忌，在短时间内完成了原本需要长期积累才能实现的事业。大革命的功绩就在于此。

令人惊讶的是，如今看来如此浅显的事情，却蒙蔽了当时的所有人，连那些最具洞察力的观察者也被弄糊涂了。

伯克向法国人问道："你们想纠正政府的不正之风，这没有错，可是何必从头开始呢？为什么不坚持古老的传统？既然往昔的自由失而复得，为什么还不满足？如果你们没有能力理解出自己祖先的政治法规，为什么不将目光转向你们的邻居？在我们英国，可以找到全欧洲普适的古老法则……"伯克未能看到眼前的真相，即大革命的目标其实正是要废除普适的古老法则。他没有意识到，只有这一点才是问题的核心与关键。

但是，既然欧洲各地都在酝酿革命的风暴，到处都隐约出现威胁，为什么这场革命偏偏在法国而不是在其他国家爆发呢？为什么法国革命具有的某些典型特征，在其他地方却没有出现或者仅出现一部分？这些问题确实值得进一步探讨。这将是本书第二部分的主题。

第二部

第一章　为什么法国人民比其他国家的人民更加厌恶封建特权

大革命的基本目标是要根除中世纪制度的一切残余，可是在那些中世纪制度保留最完整、人民受其暴政折磨最严重的国家却没有爆发革命，最早爆发革命的反而是人民对暴政感受最少的国家。也就是说，在负担实际上最轻微的地方，旧制度的枷锁显得最不堪忍受。这种现象初看起来很令人费解。

直到 18 世纪末，在德国几乎仍没有完全废除农奴制的地区，与中世纪一样，大多数人民依旧被束缚在土地上。腓特烈大帝和玛丽亚·特蕾莎（Maria Teresa）[①]女王的军队中的士兵几乎全部是农奴出身。

1788 年，在德意志的大多数邦国，农民不能离开领主的土地，擅自离开的农民不管跑到哪里都会被追捕并被强制遣返。农民必须服从领主的裁判，领主监督农民的私生活，处罚纵酒懒惰的人。农民无权改变职业，无法提高地位，如果没有主人的同意，甚至不能结婚。他们的大部分时间都用于为主人服务，年轻时必须在主人的庄园内劳动若干年。强制农民为领主服徭役的惯例仍然完整地保留

① 玛丽亚·特蕾莎（1740~1780 年）是哈布斯堡王朝最后的嫡系统治者，奥地利女大公、匈牙利和波西米亚女王（1740~1780 年在位），实行开明专制，推行过一系列重要改革。

着，在有些邦国，无偿劳动的时间长达每星期三天。农民承担的工作包括重建和保养领主的房屋、把领地的农产品运到市场出售、替领主驾驶马车、传递信件等等。虽然农奴可以拥有土地，但是所有权远远不是完整的。他们必须听从领主的监管，以某种方式耕种他们的土地。农民无权随意出售或者抵押自己的地产。在有些情况下，他们被迫卖掉农产品，在另一些情况下，领主又禁止他们销售。对农奴而言，干农活是强制的任务。他们甚至不能将遗产全部留给子女，其中一部分通常要交给领主。

我无须翻遍已废止的旧法律书去寻找这些规章。在法国大革命爆发之际，腓特烈大帝的继承者颁布了由他拟订的法典，其中就有这些规则。

类似的情况在法国早已不复存在。农民们可以随意去任何地方、买卖东西、讨价还价和工作。农奴制度的最后残余已经消失，只在东方新近征服的一两个省份才留有一点遗迹。在其他地区，农奴制度已经完全绝迹，它的废除是太遥远的往事，以致没有人记得具体的年代。近年来的研究证明，早在 13 世纪，诺曼底（Normandy）就已经不实行农奴制了。

然而在人民的地位方面，法国还发生了另一场截然不同的重大变革：农民不仅不再是农奴，而且变成了土地拥有者。人们对这一事实仍然缺乏认知，可是我们将看到，它造成了如此重大的后果，所以请读者允许我暂时离题，进一步探究这件事。

长期以来，人们认为土地资产的分割是从大革命开始的，并且仅仅是大革命的产物。然而各种各样的证据显示，事实恰好相反。

至少在大革命之前二十年，农业协会已经在强烈反对过度细分土地的做法。大约在同一时期，杜尔哥（Turgot）[①]说过："遗产被

---

① 杜尔哥（1727~1781 年），法国政治家、古典经济学家，重农学派的代表人

分割成太多份，以至只够养活一个家庭的一小块地要分给五六个孩子。结果这些孩子及他们的家族仅仅依靠土地就无法生活。”几年以后，内克尔（Necker）[①]也说过，法国农村的小地产主数量极其庞大。

在大革命之前数年，有一份递交给总督的秘密报告，其中有这样一段话："人们正在以令人忧虑的方式平均分配遗产并细分土地，由于每个继承人都想分到一杯羹，每块土地都被没完没了地分割、再分割。”这难道不是今天的写照？

我费了很大精力，尽量复原旧政权下的土地清册，取得了部分的成功。1790 年的设置土地税的法律规定，所有教区都要准备一份境内现有地产的清单。这些清单大多数都散佚了。不过我在某些村庄设法找到了清单，并与我们这个时代的纳税清册比较，结果发现 1790 年时的地产主的数量多达如今的一半甚至三分之二。考虑到从那时起法国的总人口只增加了四分之一以上，这个数字相当异乎寻常。

农民对地产的热爱古今皆同，在那个时代就达到了极点，土地所有权点燃的激情也已经到了白热化的程度。“如今土地的售价超过了实际价值，”当时的一位优秀的观察者写道，“因为所有居民都热衷于拥有地产。在其他国家，下层等级的积蓄都是用于私人或者公共基金的投资，而在法国，却是全部用于购买土地。”

阿瑟·扬第一次造访我们这个国家时看到了许多新奇的事物，其中给他留下最深印象的是土地在农民中间的分配情况。他猜测农

（续上页注）物，经济自由主义的早期倡导者之一。曾任路易十六财政总监，推行税收和行政改革，失败后被免职。

① 内克尔（1732~1804 年），瑞士日内瓦银行家，曾任路易十六的财政总监，倡导财政改革。

民拥有法国的一半土地。"我从未听说过类似的事情，"他经常这样说。确实，只有在法国和紧邻法国的地区才会见到这种情况。

在英格兰，也有些农民拥有土地，但是人数已经大大减少。在德意志，如我们所知，在每个时代和每个地区，都有一些自由的农民拥有完整的土地所有权。在关于日耳曼习俗的现存的最古老的记录中，可以找到管理农民地产的特殊法律，它们大多还很怪诞。但是这种类型的地产一般都是例外而不是常规，这些小地产主的人数也相当有限。

18 世纪晚期，德国有些地区的农民拥有自己的土地，几乎与法国农民一样自由，这些地区主要分布在莱茵河沿岸。正是在这些地区，法国革命的激情传播得最迅速、影响最强烈。与此相反，在没有类似情况的地区，德国农民受革命的影响最小。这一点值得注意。

可见，若说土地资产的分割是从大革命开始的，那只是在附和一种常见的错误看法。事实上这种情况早就发生了。大革命确实出售了属于教会的全部土地以及贵族的大部分土地，但是如果有人耐心地重复我已经做过好几次的工作，查阅那些拍卖土地的记录，就会发现大多数地产的买主是已经拥有其他土地的人，因此只是土地的主人改变了，土地拥有者的数量并未增加很多，与人们的猜想相去甚远。内克尔的措辞虽然太戏剧化，却正确地道出了事实：小地产主的数量已经"极其庞大"。

法国大革命的影响不是分割土地，而是暂时解放了土地。实际上这些小地产主在开发土地时受到非常多的束缚，被迫承担大量无法摆脱的义务。

这些农民的负担无疑是沉重的，不过恰恰是本来可能减轻负担的情况，令负担显得不堪忍受。与欧洲其他国家相比，法国拥有土地的农民可以说摆脱了领主的管辖。这是另一种革命，与使农民变成土地所有者的革命一样伟大。

旧制度仍然相当接近我们，因为我们可以在日常生活中遇到在旧制度下出生的人，然而它仿佛已经在历史的黑夜里销声匿迹了。一场彻底的革命将我们与旧制度隔开，起到的效果如同几个世纪的流逝；未被革命摧毁的东西也陷入了隐晦不明的状态。于是，今天几乎没有人能够准确地回答这个简单的问题：1789 年之前，法国的乡村是如何管理的？其实只有研究那个时代的政府档案而不是书籍，才能准确而具体地给出解答。

我经常听说，贵族已经有很多年不再参与行政治理，但他们继续彻底支配乡村，领主统治着农民。这似乎是错误的观点。

在 18 世纪，政府官员管理教区的全部事务，他们不再是领主的代理，也不由领主委派。其中一些人由本省总督任命，另一些人是由农民选举出来的。这些官员的职责是分配税赋、修缮教堂、建造学校以及召集和主持教区大会。他们监督管理公共资产的使用，以公众的名义进行检举和提起公诉。领主不仅不再掌管这些次要的地方事务，甚至不再监督它们的执行。如同下一章将说明的那样，所有的教区官员都由中央政府监管或者控制。而且领主基本上不再是国王派驻教区的代表，不再充当国王与居民的中间人。他们也不再主持执行全国适用的普通法、召集民兵、征收税赋、颁布国王的敕令或者分配赈济等事务。这些责任和特权全都交给了其他人。领主实质上只是一个居民，仅仅由于享有免税权和特权而与其他居民分隔。他们拥有不同的地位，而非不同的权力。所以总督在写给属下的信里煞费苦心地说，领主仅仅是首席选民而已。

如果我们的注意力从教区转向行政区，就会发现形势是一样的。无论是作为个人还是整体，每个地区的贵族都不管理本行政区的事务了。这是法国独有的现象。在其他国家，古老的封建社会仍然有一部分未经任何改变：土地的所有权与人民的统治权还联系在一起。

在英格兰，主要的土地拥有者既是管理者又是统治者。在德意志的有些邦国——包括普鲁士和奥地利，国王成功地摆脱了贵族对国家一般事务的监督，但是他们允许贵族保留管理乡村的大部分职权。纵然在有些地方，国王有能力监视领主的行动，他们也没有取代领主的职位。

事实上，长久以来法国贵族对公共事务的管理一直没有重大影响，只有一个领域例外，那就是司法。主要贵族还保留着权利，可以让法官以他们的名义裁决某些案子，他们还不时发布治安规章，在自己领地范围内适用。但是王权逐渐削减和限制了领主司法权，使之成为王权的附属，以致那些仍然行使司法权的领主将其视为一种收入来源，而不再是权力。

贵族享有的其他特殊权益同样如此。它们的政治作用已经消失，只有金钱的部分保留了下来，而且在有些情况下，其重要性还大大增加。

在这里我只想讨论那些产生财政收入的特权，其专属名称是封建权利，因为它们对于人民的意义尤其重大。

如今很难说清这些权利在1789年时总共有多少，因为它们数量庞大，种类繁多，其中一些已经消失或者转型了。因此即便在当时，描述它们的词汇的含义就含糊不清，我们要理解它们就更加困难。不过如果我们查阅18世纪研究封建法的专家的作品，再勤奋地研究地方的习俗，就会觉得豁然开朗，所有仍然存在的封建权利都可以简化成几种主要的类型。此外的确还剩下许多种权利，不过它们仅仅是孤立的现象。

在大多数地方还残存着为领主服徭役的遗迹。尽管道路通行费大多已经减少或者被取消了，但几乎在每个省份都能发现收取道路通行费的一些实例。全国的领主都强制征收集市费和市场税。领主在整个法国享有独家狩猎权。一般而言，只有领主才可以建造鸽房和养鸽子。各地的领主几乎都强迫农民在他们的磨坊磨面粉，用他们的机器压榨葡萄。在领地范围内，任何时候买卖土地都要向领主交税，即所谓的土地转移和变卖税，这种税是普遍征收的，而且负担沉重。最后，整个法国的土地拥有者都必须向领主交纳地租、年贡以及现金或者实物税，并且不能赎买。这些封建权利名目众多，不过有一个共同的特点，即它们都在某种程度上与土地或者农产品挂钩，都损害了耕作土地的农民的利益。

教会领主也享有同样的权益，因为尽管教会与封建制度的起源、目的和性质不同，最终却密切地联系在一起。虽然教会机构仍然是封建体系的局外人，二者从未完全合并，但教会机构却深深地渗透进后者，镶嵌在它内部了。

因此，根据在教会中的职责与地位，主教、咏礼司铎和修道院长都拥有封地，可以收取地租。女修道院坐落的村庄或者地区通常就是它的领地。在法国仅剩的保留农奴制的地区，修道院拥有农奴。它可以命令农民服徭役，征收集市费和市场税，经管烤炉、磨坊、榨汁机和种牛，向农民收取使用费。此外，在法国与整个基督教世界一样，教士享有征收教区什一税的权利。

不过在我看来，关键的问题是，在当时的欧洲相同的封建权利到处存在——基本上完全相同，而且在欧洲大陆的其他国家，封建权利的不公平程度远远超过法国。在这里我只以徭役为例。在法国，它罕见而且负担轻微，但在德国，它仍然普遍而且负担沉重。

此外，我们的祖先最反感起源于封建制度的许多权利，认为它们不仅违背公平正义，而且对文明有害，可是它们同样在某种程度上存在于英格兰：什一税、不得转让的地租、终生租税、土地转移和变卖税，按照 18 世纪的有点夸张的说法，它们是“土地奴役”。至今，其中几种权利在英格兰依然存在。尽管如此，英国还是发展出了世界上最先进、最高产的农业，英国人民也很少意识到它们的存在。

那么，为何同样的封建权利在法国激起了人民如此强烈的憎恨，甚至在憎恨的对象消失之后还根深蒂固？原因一方面是法国农民已经变成了土地所有者，另一方面是他们已经从领主的控制下完全解放出来。此外还有许多因素，不过我认为主要原因是这两点。

如果农民自己没有土地，那么无论封建制度强加给地产所有者多少负担，他们都会无动于衷。既然只是一介农夫，什一税又有多重要呢？他只要从地租中扣除什一税就可以了。既然没有地产，地租多少与他有什么关系？既然是替别人耕种田地，对土地经营的剥削与他有什么关系？

况且，假如法国农民仍然服从领主的管辖，他们大概就不会觉得封建权利那么难以忍受，因为他们会觉得特权只是国家法规造成的自然结果。

如果贵族阶层不仅拥有特权而且拥有权力，直接进行统治和行政管理，他们的特殊权利其实更大，同时却不引人注目。在封建时代，人们看待贵族阶层就与我们今天看待政府的方式一样：人民接受它强加的负担，是为了换取它提供的保障。贵族拥有令人厌恶的特权和名目繁多的专利，但是贵族要维持公共秩序、行使审判权、执行法律、扶贫济困以及主管公共事务。一旦贵族阶层停止承担这些责任，他们的特权就显得愈加繁重，最终连它们本身的存在意义也变得无法理解了。

请读者想象一下 18 世纪的农民，甚或你们了解的现在的农民：虽然他们的处境改变了，可是他们的心态却从未改变。且看我引用的资料所描述的典型农民，他狂热地爱着土地，投入全部积蓄购买更多地产，不惜付出任何代价。为了获得新的土地，他必须先交税，不过不是交给政府，而是给附近的地主，那些地主几乎与他一样无权无势，对公共事务没有影响。当他终于得到想要的土地，他就投入全部心力，把希望与种子一起播下。这一小块属于自己的田地让他的内心充满自豪和独立的感觉。然而现在那些邻人再次出现，强迫他离开自己的土地，在其他地方替他们无偿劳动。如果他试图保护自己的劳动果实不受邻人的糟蹋，他们会阻止他。他们等在河流渡口，向他索取通行费。然后他又在市场遇到他们，必须先向他们交税才能卖自己的农产品。他回到家，打算把剩下的粮食留着自己吃——那是他在自己的地里亲手种植、亲眼看着成熟的粮食，可是他必须租用那些人的磨坊磨面粉，用那些人的烤炉烤面包。他那一小块田地的收成有一部分变成了交给那些地主的租金，而且租金是永久性的，永远不能清偿。

无论他做什么，都会遇到这些令人恼火的邻居，他们干扰他的快乐，妨碍他的工作，侵占他的劳动成果。就算他搞定了那些人，又会出现另一群穿黑袍的人，抢走他的大部分收获。请设身处地想一想这位农民的境遇、需求、性格和感情，如果可以，不妨估算一下他的内心累积了多少憎恨和妒忌。

封建制度不再是政治制度，却依旧是一种最大的民事制度。虽然它的影响减弱了，却激起了比过去更大的憎恨。因此当摧毁了一部分中世纪的制度之后，剩下的那些制度惹人厌恶的程度确实大大增加。

第二章　为什么中央集权属于旧制度，而不是像有些人所说的那样属于大革命或者是帝国的产物

在法国还有政治议会的那个时代，我曾经听到一位演说者提及中央集权，称赞它是“大革命的出色成就，令整个欧洲羡慕”。我承认中央集权制是一项出色的成就，确实令欧洲人羡慕，但是我主张它并非大革命的成就。恰恰相反，它是旧制度的产物，我还要补充说，它是旧制度的政治体制经历大革命之后唯一幸存的部分，因为只有它能够适应大革命所创造的新社会。有耐心仔细阅读本章的读者会发现，可用于论证我的论点的证据绰绰有余。

首先请读者允许我暂时忽略所谓的三级会议行省，[①]亦即自治省——或者说至少表面上部分自治的省。

三级会议行省位于王国的偏远地区，人口大约占法国总人口的四分之一，其中只有两个省拥有真正的省自治权。稍后我将说明，中央政府在什么程度上迫使这些省与其他省服从相同的规则。

这里我将主要关注那些在当时的行政语言中被称作财政区行省[②]

① 三级会议行省是直到旧制度末期还保留三级会议的省份，其中的四个大省份是：勃艮第、布列塔尼、朗格多克、普罗旺斯。

② 财政区行省，又称国王领地省或选举省，与三级会议行省不同，拥有隶属国王的财政管理权和财政机关。

的省份，虽然它们的选举不如其他地区普遍。巴黎的周边全部属于大巴黎财政区，它们组成一个整体，不仅是法国的心脏，而且是最繁荣的地区。

初看起来，法国的旧行政制度给人的印象是彻底分化：规则和职权多种多样，确实是权力的大杂烩。行政机构与官员到处都是，官员们互相隔离，彼此互不隶属，他们加入政府都是依靠花钱买来的某种无法回收的权利。他们的职责经常有所重复或者彼此干扰，互相不合作的官员处理密切相关的事务，结果总是发生摩擦和冲突。

法庭不直接行使立法权。在其管辖范围内，法庭有权颁布并实施行政管理的规章。有时法庭质疑中央行政机构，直截了当地指责政府的政策，甚至拘捕代理官员。地方的法官在他们居住的城市或乡镇颁布治安法规。

城镇的体制多种多样。地方行政长官有各种不同的名目，其权力的来源也各不相同：在某地是市长，在某地是执政官，在别的地方又是市府参事或者行政理事。有些官员是由国王任命的，另一些是由旧领主或者拥有那片封地的亲王选择的。其中一些人是由当地公民选举的，任期一年，还有一些人是花钱购买永久性的统治权力。

这些是旧政权的残余。然而在残余内部，却逐渐涌现或者进化出了某种相对较新的事物，这就是我现在要描述的。

在王国的中央，王座的近旁，形成了一个格外强大的行政机构——御前会议，权力以新的方式集中于此。

御前会议的根源在古代，不过它的功能大多是近代的产物。它身兼数职：它是最高法院，因为它有推翻普通法庭的任何判决的权利；它又是高级行政审理委员会，拥有受理上诉的权力，裁判权限高于其他法庭。它作为政府的委员会，还具有在国王管辖之下的立法权，可以提出和讨论大多数法律，并设置和分派税收。它作为高级行政审理委员会，有权确立指导政府代理官员的一般规则。它决定所有重要事务，并监督所有下级机构的工作。政府的所有事务最终都要提交御前会议，推动政府运作的全部动力来源于它。但是御前会议本身没有裁判权。做出决定的是国王自己，虽然从形式上看是由御前会议发布决定。它似乎可以行使审判权，可其实就像高等法院抱怨过的那样，它的成员只是顾问而已，即所谓的“告发者复审”。

御前会议的成员不是大领主，而是社会中下层出身的普通人、前任总督或者其他在实际事务方面有功绩的人，国王可以随时撤换他们。

御前会议通常谨慎而悄无声息地行动，尽管有权却始终保持低调。因此它本身不引人注目，或者说，在近在咫尺的显赫王权面前黯然失色。它的权力无孔不入，同时却又默默无闻，以致在历史上很少有记录。

整个国家的行政由一个机构直接管理，同样地，内部事务也全部委托给一个官员代理，那就是总监。

如果查看旧制度时代的年鉴，就会发现每个省都有特设的大臣，但是仔细查阅行政机构的记录就会立刻发现，各省的大臣很少有机会发挥作用，相对而言是无足轻重的人物。总监管理各省的日常事务，逐步掌握了决定一切涉及金钱的事务的权力，可以说几乎控制了整个国家的公共行政。他的角色不停变换，有时是财政大臣，有时是内政或者商业大臣，或者公共工程大臣。

实际上中央行政机构在巴黎的代理人只有一个，它在各省的代理人同样也只有一个。在18世纪，仍然有一些大领主带有省长的头衔。他们通常是世袭的，是古老的封建王权的代表。他们仍然拥有荣誉，但是不再拥有任何实权。统治的实权全部掌握在总督手中。

总督都是平民出身，来自自己管理的省之外，年富力强，盼望功成名就。总督并非依靠选举、门第或者购买官职获得权力，而是由政府从中央行政法院的下级成员中间选拔，随时可以撤换。他从那个组织分离出来，又是它的代表，因此按照那时的行政语言，他被称作“派遣专员”。行政法院本身的所有权力几乎都交给了他，从初审开始，他就行使那些职权。总督与中央行政法院一样，既是管理者又是执法者。他与所有大臣保持通信联系，在每个方面，他都是中央政府的意志在外省的唯一代理人。

每个行政区设有名为总督代理[①]的官员，他是由总督任命的下属，也可以随时撤换。总督通常是新受封的贵族，而总督代理必定是平民。不过他在指派给自己的小小地区内是整个政府的代表，正如总督在较大的地区或者财政区代表政府一样。总督代理是总督的下属，正如总督是大臣的下属。

达尔让松（d' Argenson）侯爵在回忆录中记述，有一次约翰·劳（John Law）[②]对他说：“我从来不敢相信我在担任财政总监的时候亲眼所见的事。法兰西王国居然只靠三十名总督治理，没有最高法院、等级会议和省长。三十名检审官[③]被派遣到各省，人民幸福还是不幸、繁荣还是贫困，全部取决于这三十个人。”

这些官员权力非常大，但是与封建旧贵族阶层的残余相比，还是黯然失色，湮没在古老的余晖中。因此同时代的人几乎没有注意到总督，尽管他们的影响已经无处不在。在社会上，贵族享有更高的地位、更多的财富和尊敬，这些优势与旧制度联系在一起。在政

---

① 总督代理，17 世纪末由总督设置，负责财政区内各项事务，是总督下属。

② 约翰·劳（1671~1729 年），苏格兰金融家，以推行纸币闻名，在路易十四死后的摄政时期创办私人银行，控制法国海外贸易，曾任财政总监，后由于投机和滥发货币导致破产逃亡，死于威尼斯。

③ 检审官是中央行政法院的成员，总督大部分来自这个文官团体。他们大多是穿袍贵族，一般来说，尚武的传统佩剑贵族不待见他们。

府中，贵族聚集在国王周围，构成了宫廷。统率舰队、指挥陆军的都是贵族。简而言之，贵族不仅给同时代人留下了最强烈的印象，而且吸引了后代的注意力，这样的事例非常多。如果任命大领主担任总督，他会觉得受到了侮辱。哪怕是最贫穷的世袭贵族，也不屑于接受总督职位。在他们眼里，总督是外派权力的代表，是被中央政府委派去治理中产阶层和农民的新人，在社会上默默无闻。然而正如约翰·劳所说的，他们统治了整个法国，下面将具体说明。

让我们从征税权开始，因为它在某种意义上包括了其他一切权力。

众所周知，有些税款由包税人征收。为此御前会议与金融公司谈判，设定契约的条款，并调整征收的方法。其他一切税赋，例如军役税、人头税和二十分之一税，都是由中央政府的代理官员设定并直接征收，或者在他们的全权监督下征收。

御前会议每年都通过一项秘密决议，规定军役税及其派生的多种税赋的数额，并在各省之间摊派。于是军役税逐年增加，可是人民事先却一无所知。

军役税是老税种，评估课税基数和具体的征收工作过去一直委托给地方官，他们或多或少独立于政府，因为他们的权力来源于出身或者选举，或者是花钱购买的官职。这些代理人包括领主、教区税务员、法国财务主管，还有财政区的直接税间接税征收官。这些掌权者在18世纪依旧存在，不过其中有些人已经与军役税完全无关，而另一些人仅仅发挥非常次要或者完全从属的作用。无论是哪种情况，权力都由总督及其代理完全掌握。实际上，只有总督有权在教区之间分配军役税，命令和监督收税者，延迟或者减免征收。

其他一些税种——比如人头税——是近年的产物，因此古老权力的残余不再是政府的障碍。政府可以排除被统治者的干预而单独行动。税额由总监、总督和御前会议决定。

现在让我们从金钱转向人的问题。

有些人惊讶地发现，在大革命和其后的年代，法国人面对军队征兵的重负竟如此逆来顺受。但是请记住，法国人长久以来已经习惯了征兵。在革命征兵之前，民兵组织已经存在，而且造成的负担更重，虽然规定征募的小分队的人数比较少。农村的年轻人被迫定期用抽签的方式决定哪些人应征到民兵军团中服役六年。

既然民兵组织是相对比较现代的制度，旧的封建权力对它便没有兴趣。于是它的运作只得全部委托给中央政府的代理人。御前会议指定新兵小分队的总人数以及在各省招募的比例。总督决定每个教区招募的新兵人数。总督代理主持抽签，听取免征申请，选择允许哪些人留在家乡、哪些人离开，最后将征召的新兵交给军事当局。免征的唯一途径是向总督和御前会议申诉。

此外，除了三级会议行省，其他一切公共工程，包括那些纯属地方性用途的工程，都必须由中央政府的代理人批准和管理。

独立的地方当局确实存在，比如领主、财政局、公路检验官，他们可以参与相关方面的地方行政事务，但是在大多数地方，这些旧权力甚至几乎完全无所作为，只要简单地浏览一下当时的行政公文就可以找到证据。所有交通要道，甚至连接城镇的道路，其修建和维护资金都是来自一般税收。御前会议决定路线并制订计划。总督监管工程师的工作，总督代理征召执行计划的劳工。只有乡村小路留给地方旧政权支配，结果那些道路始终无法通行。

不管过去还是现在，桥梁与道路工程部一直是中央政府管理公共工程的主要代理人。尽管时代变迁，这方面却几乎一成不变，特别引人注目。桥梁与道路工程部有一个委员会和一所学校。它派遣的督察员每年都走遍整个法国。它的工程师按照总督的命令主持管理所有的建筑工程。旧制度下的许多机构得以在新社会中留存，远比人们一般设想的要多，不过即便形式上的组织得以保留，它们的名称绝大多数也都在转变过程中消失了。只有桥梁与道路工程部的名称和机构都保持原样，这是罕见的情况。

中央政府的代理人承担了执法和维持各省秩序的责任。警察大队的小分队遍布整个王国，全部由总督指挥行动。总督依靠这些警察，必要时还动用军队应付意料之外的危机，比如逮捕流浪者，镇压乞丐，平息因粮食价格波动而频繁爆发的骚乱。政府曾经召唤被统治者帮助完成这部分任务，不过后来再也不那样做了，除非是在通常有城市警卫队的地方，由总督挑选警卫队的士兵并任命军官。

司法机构保留并且经常运用颁布治安管理条例的权力，但是它们只适用于一部分地区，事实上通常只在一个地方有效。御前会议可以毫无例外地废除这些管理规章，当制订者是下级机构时，它们总是遭到废止。与此同时，御前会议每天都颁布用于整个王国的通用法规，其中一些是处理法院管理范围之外的事务，另一些也是处理相同的事务，但是方式不同。这些规章被那时的人称作御前会议政令，它们数量巨大，而且随着大革命的临近稳步增加。实际上在大革命之前的四十年间，法国的政治组织或者社会经济的每个方面都受到过御前会议政令的影响。

在古老的封建社会，领主纵然拥有很大权力，却也同时承担了很大义务。赈济自己领地内的穷人是领主的责任。在1795年的普鲁士法典中，我们可以找到欧洲的这种古老法律的最后遗迹，其中规定："领主应当保证贫穷的农民接受教育。在可能的范围内，他应当给没有土地的附庸提供谋生的手段。如果有人陷入贫困，他应当提供援助。"

类似的法律在法国早已不复存在。因为领主过去的权力遭到了剥夺，他就摆脱了过去的义务。没有任何地方当局、议会、省或者教区联盟代替领主的位置。法律不再迫使任何人承担照顾农村穷人的义务。中央政府草率地单独承担了那些责任。

御前会议每年从总税收中分拨给各省一定数额的钱，然后总督再分配给教区，用于救济穷人。贫困的农民不得不向总督求助。如果遇到饥荒，要由总督下令给人民分配小麦或者大米。御前会议每年指定在某些地方建立用于开展慈善的贫民习艺所，让最穷的农民在那里工作，挣一点微薄的工资。我们很容易想象，这种偏远地方施舍的救济经常是盲目的或是出于心血来潮而为，必定远远不够满足需求。

在拯救农民的苦难方面，中央政府并未给自己设置界限。政府设法教农民致富的技能，帮助他们致富，必要时还采取强制手段。为此政府通过总督和总督代理，不时散发农艺小册子。此外还建立农业协会，承诺颁发奖金，投入大量金钱兴建苗圃并推广农产品。更有效率的办法或许是减轻农业负担，或者缩小农民的不平等，然而似乎任何人都没有产生这种想法。

在一些事例中，御前会议企图强迫人民设法致富，不顾他们的意愿如何。他们发布过无数命令手工业者采取某种办法以及制造某种产品的法令。因为总督人手不够，无法监督这些规定的执行，于是政府就向各省派遣工业总监察去协助总督。

御前会议还发布过禁止种植某些作物的法令。有时甚至因为认为土壤贫瘠而下令把葡萄藤连根拔掉。由此可见政府已经越俎代庖，从统治者变成监护人了。

第三章　为什么如今被称作行政监管的制度属于旧制度

封建制度被消灭之后，城镇自治的自由仍然在法国存在。虽然领主不再管理乡村，城镇却保留了自治权利。直至 17 世纪末，这种城镇依旧类似于小型的民主共和国，官员由全体人民自由选举，并对人民负责；市政活动是公开而积极的；市民们为共有的权利感到自豪，十分珍惜独立自主的生活。

直至 1692 年，自由选举才第一次被全面废止。从那以后，市政职位变成了捐纳官职，因为国王向每个城镇的少数居民出售统治其他居民的永久权利。

这种变化的代价是牺牲城镇的繁荣与居民的自由。虽然在法院方面，由于良好的司法系统的主要条件是法官必须完全独立，因此这种转变常常是有益的，但是如果涉及行政管理本身，卖官鬻爵就必然造成严重损害，因为管理的最高要求是责任感、等级观念和热情。在这一点上君主制的旧政府没有任何错觉：它小心谨慎，绝不将强加给城镇的政治制度运用于自身，不出售总督和总督代理的官职，以免他们变得贪污腐败。

况且这种真正革命性的变化不是由任何政治意图引起的，从历史角度看，这一事实值得最大程度的轻蔑。路易十一限制了地方政府的自由，因为他害怕其民主特性。路易十四虽然没有那种恐惧，却还是摧毁了地方政府的自由。证据就是任何城镇只要付钱，他就愿意把这些自由卖给他们。事实上，他的意图本来不是废除自由，而是拿自由做交易。就算他确实废除了自由，也并非故意为之，而是纯粹出于财政考虑的权宜之计。相当奇怪的是，这场游戏居然持续了八十年。在此期间，国王有七次向城镇出售选举官员的权利，一旦人们尝到了甜头，国王就收回这种权益，然后再重新出售。这种政策的动机始终不变，而且在多数情况下，国王也对此直言不讳。1722 年的敕令的开篇是这样说的："财政方面的迫切需要使我们不得不寻找缓解财政压力的最可靠手段。"办法确实可靠，然而对于负担这种奇特税赋的人而言，它是灾难性的。"我震惊地发现，各个时期用于赎买市政官职的金额如此巨大，"1764 年时，一位总督写信对总监说，"这些资金本来可以用于有益的规划，为城镇带来利益，结果人们只感到中央政府强加的重负以及授予这些官职的特权。"在我看来，这是旧制度最可耻的特色。

如今我们很难精确地描述城镇在 18 世纪时的治理情况。尽管市政权力的来源不断地改变，正如刚才看到的，过去的体制和地方的惯例在每个城镇都留有一些残余。或许法国不存在两座完全相同的城市，但是这种多样性会导致误解，掩盖了根本上的类似。

1764 年，政府试图强加一项城镇管理的普通法。于是总督按照每个城镇的办事方式递交了报告。我阅读了其中一部分调查报告，发现各地都遵循基本相同的方式处理市政事务。差异只存在于表面，是形式上的，实质上的情况各地相同。

城镇的治理通常委托给两个议会。所有大城市和大多数小城市都是如此。

第一个议会由市政官员组成，人数各地不同。它被称作城镇政务会，是行政权力机构。当国王允许选举或者城镇有能力赎买官职时，议会成员通过选举产生，行使暂时的权力。与此相反，当国王决定卖官并成功出售时，他们便用金钱交换永久性的职权。但是官职未必能成功出售，因为在中央的统治下，地方职权日益衰落，这种商品就随之贬值了。不管是哪种情况，市政官员都没有薪水，不过他们总是享有某些免税权和特权。他们之间没有等级顺序，因为行政管理是集体性的。单独的某个官员不能掌管公务也不承担责任。市长是城镇政务会的主席，但不是城市的行政管理者。

第二个议会是所谓的国民会议，在选举仍旧存在的地方，它选出城镇政务会的成员并继续参与主要的市政事务。

15 世纪时，国民会议常常包括当地的每位居民。根据前面提及的调查中的一份报告的说法，这种惯例“符合我们祖先的大众精神”。那时市政官员由全体市民选举。有时官员还与市民商议其他事务，他们要对市民负责。直到 17 世纪末，有些地方依旧存在这种情况。

到了 18 世纪，国民会议不再由全体市民组成。它几乎总是采取代议制。然而我们需要仔细思考一个事实，即任何地方的国民会议都不再由群众选举，不再充满大众精神。每个地方的议会都由贵族组成，其中有些人是由于个人的权利而获得成员资格，另一些人是行会或者团体委派的代表，他们在有限的授权之下代表该群体的利益。

随着时代的推移，在国民会议中具有成员资格的特权显贵的人数增加了。行会的代表人数逐渐减少，或者停止派代表参加，于是只剩下构成团体的代表。换言之，会议成员只包括城市精英阶层，[①]几乎不再有手工业者。市民并不如我们设想的那样容易受到徒有其表的自由的愚弄，各地市民都对城镇事务失去了兴趣，在自己家园

① 法文原文是“资产阶级”(Bourgeois)，为了避免与“资产阶级”一词后来的用法混淆，在这里将其翻译成“城市精英阶层”(urbanelite)。根据《罗贝尔词典》的解释，旧制度时期的资产阶级是指“不属于教士或者贵族阶层，不从事体力劳动而拥有财产的人”。

的城墙之内如同局外人一般生活。热爱家乡的精神曾经在中世纪创造过许多奇迹，官员们不时企图重新激起那种精神，结果却总是徒劳，市民对他们的呼吁置若罔闻，似乎对最重要的问题也完全漠不关心。在有些城镇，官员觉得必须维持自由选举的表象，就试图劝说市民去投票，可是市民固执地选择弃权。历史上那些着手摧毁自由的统治者，最初都尝试维持形式上的自由，几乎毫无例外。从古罗马奥古斯都时代至今始终如此。他们希望通过这种方式，将公众认可所固有的道德力量与专制权力独具的优势结合起来。然而这些尝试几乎全部以失败告终，因为他们很快发现，当真实的自由不复存在，就不可能长期维持这种愚民的假象。

因此到了 18 世纪，各地的自治政府都已经堕落成了小型的寡头执政集团。少数家族为了私人目的控制所有公共事务，避开舆论耳目，不对市民负责。这种疾病感染了整个法国的城镇行政机构。所有总督都报告过这种弊端，可是他们唯一想到的补救措施是让中央政府更多地管辖地方政权。

然而现状已经很难改善。国王不时发布敕令修改全部城镇的行政法规，除此以外，御前会议在总督的推动下经常发布独断专行的规章，推翻特定城镇独具的法律，而且事先没有进行调查，有时该城镇的居民都不了解情况。

受到这种法令影响的某个城镇的居民们评论道："本地每个等级的公民都对这项措施感到震惊，没有人预料到会发生这样的事。"

城镇不能设置关卡收取通行费，不能征收捐税，不能抵押或者出售资产，不能提起诉讼，除非通过总督的报告并由御前会议下达命令，否则无权租赁、管理或者利用财政收入的盈余资金。所有公共工程的预算必须得到御前会议的批准，工程要按照命定的方案进行。工程的合同由总督或者总督代理制定，并且通常由政府委派的工程师或者建筑师监督工程建设。那些相信法国今日的一切都是新事物的人看到这种事实也许会十分惊讶。

实际上中央政府对地方行政管理的影响更深，甚至超过了这段记述可以暗示的程度。它的权力所及的范围比它的权利广泛得多。

在18世纪中期，总监写给所有总督的一封便函里有这样一段话："你们要密切关注城市议会中发生的每件事。你们要一丝不苟地准备详细的报告，记录议会审议的全部内容，附上你们的建议后递送给我，而且要赶在有人采取任何行动之前。"

总督与总督代理的通信显示，政府确实干预了所有城镇的事务，事无巨细都要插手。任何事情都要征询中央的意见，它对任何事情都有坚定的主张，甚至节日庆典也属于它的管辖范围。有时政府坚决要求主持公共娱乐活动，下令燃起灯火照亮室内。有位总督曾要求地方卫队的成员交20里弗①罚金，因为他们在唱赞美诗的时候缺席。

因此城镇官员意识到自己人微言轻。其中有些人写信向总督说："阁下，我们最谦卑地请求您赐予我们慈善和保护。我们将竭尽全力不辜负您的恩泽，服从阁下的命令。"另外一些人仍以华丽的头衔"本城贵族"自称，却写信给总督说："尊敬的大人，我们从未违逆过您的意志。"

城市精英阶层要统治，市民要自由，这就是他们所做的准备工作。

如果城镇的彻底降服可以挽救它们的财政，那也就罢了！然而它们不能。有人主张，如果没有中央集权，城镇早就破产了。我不知道这种观点是否正确，但是中央集权未能防止城市的破产，这一点无可置疑。那个时代的行政管理历史充满了混乱的记录。

---

① 法国古代货币单位，1里弗等于1法郎，不过当时外省的币值不统一。后文的但尼尔和苏分别是法国旧时代的银币和铜币。

如果从城镇转向乡村，我们会发现不同的权威和不同的政治形式，但是它们同样是中央的附庸。

在中世纪，每个村庄的居民都构成一个独立于领主的群体，我很了解相关证据。领主利用这种群体，统治他们并监督他们的行动，但是其成员共同拥有某些财产，可以选举自己的领袖，用民主的方式管理自己。

在所有封建制国家以及所有法律中带有封建制残余的国家，这种古老的教区体制依旧存在。其痕迹遍布整个英格兰，直到大约60年前，它还继续在德国流行，腓特烈大帝的法典中就有清楚的证据。甚至在18世纪的法国，也可以发现它的痕迹。

我从某个总督辖区[①]的档案开始着手研究旧制度下的教区，当时我惊讶地发现，这些贫穷的、受征服的社区具有北美乡镇的一些给我留下过深刻印象的特征，以前我误以为那些特征是新大陆独具的。二者都没有成员固定的代议机构，没有严格意义上的议会。二者都是在作为整体的社区的指导下，由独立行动的官员管理。二者都不定期召开全体会议，所有居民共同选举官员并做出重要决定。简而言之，二者的相似如同一个活人与一具尸体的相似。

实际上，这两种群体具有共同的起源，尽管命运各不相同。

中世纪的农村教区远离封建制度的束缚，拥有绝对的自治权，因而变成了新英格兰的市镇。法国的农村教区摆脱了领主，却受到国家的强力控制，因而变成了下文描述的样子。

在18世纪，各省的农村教区官员的人数和头衔各不相同。旧文档显示，当地方生活最活跃时，地方官员的人数最多；当地方生活陷入停滞状态，官员人数便随之减少。到了18世纪，大多数教

① 总督辖区，是旧时代的法国最重要的行政区划。它与财政区同义，但后者偏重于财政区划。1789年时法国共有34个总督辖区。

区中只剩下两类官员：税务员和市政理事。这些市政官员通常还是通过选举产生，或说应该是通过选举产生，但是他们已经全部变成国家的工具，而不是社群的代表。税务员遵照总督的直接命令征收军役税。市政理事受总督代理的日常监管，代表后者处理与公共秩序或者政府相关的所有事务。他们是总督代理的首席代表，负责民兵组织、公共工程以及所有普通法的执行。

我们已经看到，领主与这些治理的具体细节保持疏远。他甚至不再留心监督，也不协助治理。不仅如此，以前他努力维护自己的权力，但随着权力逐渐丧失，如今他觉得权力微不足道。结果，假如有人邀请他参与地方治理，他反而会觉得自己的尊严受到损害。虽然领主不再统治，不过他在教区内的存在和特权仍然妨碍教区建立一个好的政府以代替他的作用。领主如此与众不同、与其他人无关，以至破坏或者削弱了一切规则的权威。

如同我将在稍后表明的那样，领主的存在迫使略有财富或者教养的人几乎全部迁移到了城镇，乡村中除了领主之外，只剩下一群粗俗愚昧的农民，以他们的身份处境，完全无法管理公共事务。杜尔哥的这句话是正确的："教区到处都是茅屋，住满了同样消极被动的居民。"

18 世纪的行政公文里面充斥各种抱怨，投诉教区税务员和市政理事无能、懒惰又无知。大臣、总督、总督代理甚至贵族都对这种状况十分不满，可是谁都没有追根溯源探究原因。

直到大革命前夕，法国的农村教区还保留了一些民主的治理形式，那是在中世纪曾经具有的特征。在选举行政官员或者讨论某项群体事务的时候，教区就会敲钟召唤农民集合到教堂门口，穷人和富人都有资格参与。当然，在这样的会议上没有协商研讨，也没有投票表决。但是每个人都可以发表自己的意见，为此还指定公证人，将这个露天论坛的发言写入会议记录。

这种自由徒具其表，缺乏与它相匹配的任何真实的权力，只要认识到这一点，我们就能看出在农村教区这样小的尺度上，最专制的规则如何与最极端的民主的某些形式结合在一起，因没有注意其荒谬而引起嘲笑，并且恶化了农民受压迫的状况。教区的民主会议确实是表达意愿的渠道，但是它与城镇政务会一样，没有权利随意行动。如果没有得到许可，它甚至不能说话，因为它没有召开会议的自由。召开会议前它必须先得到总督的明确允许，并且按照当时的说法要“悉从尊意”。即使会议达成了全体一致的意见，如果没有御前会议的许可，也不能擅自征税、购买、出售、租借或者起诉。修理被风损坏的教堂屋顶，或者重建神父住宅倒塌的墙壁，都必须征求御前会议的决断。从距离巴黎最远的农村教区到最近的教区，都受到这种规则的约束。我曾经看到一些实例，有些教区甚至为 25 里弗的支出申请御前会议的许可。

当然，居民们通常保留着普选权，可以选举本地官员。但是在大多数情况下，总督会指派一位候选人，然后这位候选人就得到一小群投票者的一致赞成而当选。在其他情况下，总督会推翻自发选举的结果，亲自任命税务员和市政理事，并无限期延迟任何新的选举。这类行为的例证数不胜数。

难以想象还有比这些地方官员所面临的命运更残酷的了。总督代理是中央政府的级别最低的代理人，总督可以随意使唤他们。他经常强迫他们交罚金，有时还把他们关进监狱。其他国家依然存在保护公民免受专横权力迫害的机制，这里却没有任何保障。1750 年有位总督说：“我下令逮捕了一些有不满情绪的社区首领，命令他们承担骑警队的费用。这样很容易就降伏他们了。”因此在普通人眼里，教区的公职不是荣誉而是负担，为了逃避任命，他们使出形形色色的花招。

话说回来，农民们依然珍惜古老的教区政体残留下来的最后遗迹，时至今日，他们真正理解的唯一的公共自由就是教区的自由。教区自由也是农民们真正感兴趣的唯一的公共事务。有的人十分愿意将整个国家的治理交给一个独裁统治者，同时却犹豫不决，不愿意在本村的管理方面没有发言权——这就是最空洞的政治形式残余的分量。

前面所说的关于城镇和农村教区的情况，几乎可以适用于一切独立自主的、拥有集体资产的社会团体。

旧制度下的形势与如今完全一样：法国的任何城市、乡镇、村庄或者无论多么小的村落，以及任何地方的收容所、工厂、修道院或者学校，都没有独立管理自己事务的权利，也不能按照自己的意志支配自己的资产。过去与现在一样，法国的政府监护着所有公民，即使还没有清楚明白地造出“侮慢”这个词，侮慢的事实已经存在了。

第四章　为什么行政司法和公职官员豁免权属于旧制度

法国的普通法院附属于政府的程度之低超过欧洲的其他国家，但是出于同样原因，欧洲的其他国家也不像法国那样普遍地求助于特别法庭。这两点之间的联系之密切超出了人们的想象。实际上国王不能掌控法官的命运，既不能将他们撤职或者调遣，又不能用一般的提拔手段笼络他们。简单地说，国王无法用名利或者恐惧支配他们。国王很快注意到这种独立性是贯彻自己意志的阻碍。因此与其他国家相比，法国的国王更积极地拒绝让普通法院审判对王权有直接重大影响的案件，并在普通法院之外设置了为国王个人服务的特别法庭，它更加服从国王，既给臣民提供了某种公正的表象，又不会迫使国王害怕真相。

在有些国家，包括德国的某些地域，普通法院从未像法国的那样独立于政府，因而国王没有采取那样的预防措施，行政法官也从未存在过。那里的国王已经拥有足够的权力，所以没必要派遣专员，亦即法国所谓的行政法官。

如果读者费心阅读法国国王在君主政体的最后一个世纪中颁布的敕令和宣告，以及御前会议在同一时期发表的政令，就会发现政府在做出一项决定之后，通常总是要规定，该命令可能引起的任何质疑或者诉讼，都必须交给总督和御前会议专门处理。常见的行文是这样的：“此外国王陛下命令，由于执行此命令及其附属条款而引起的一切争议，均应提交给总督判断，并服从御前会议的裁决。禁止我们的法庭和法官受理相关案件。”

在参照古老的法律或惯例处理的案件中，这种预防措施无效，于是御前会议就屡屡凭借被称作调案的程序进行干预，将普通法院受理的牵涉政府利益的案件移交给自己处理。御前会议的记录中充满了利用这种特殊程序的命令。例外逐渐变成了常规，既成事实转变成了理论。它没有成为法律原则，却在运用法律的人的头脑中变成了确立的信条，一种关于治理国家的技巧的准则：凡是牵涉公共利益或者由行政法令的诠释而引发的案件，普通法院都没有裁判权，普通法院的唯一作用是审理涉及私人利益冲突的案件。在这个领域我们没有做任何事，只是想出了一个准则；这种思想正是在旧制度下形成的。

在那个时代，关于税务的诉讼大多由总督和御前会议专属的法庭审理。涉及交通规章、公共运输、公路路政、河流航运等方面的诉讼也这样处理。大致地说，凡是涉及官方当局利益的案件，一律由特别行政法庭审理。

为了无止境地扩大这种特别司法权，总督们煞费苦心。他们既要使总监保持警觉，又要刺激御前会议行动。其中一位官员提出的启动调案程序的理由值得记录下来，他说：“普通法院必须服从固定的法规，因而不得不制裁违法行为，但是御前会议总是可以为了利益扭曲法规。”

与这种原则一致，总督和御前会议经手处理的案件经常与行政关系很小或者完全无关。有个贵族与邻居发生争执，对法官的裁决不满意，就要求御前会议干预此案。询问总督的时候总督回答道：“虽然此案只牵涉私人问题，裁判权应该属于法院，但是只要国王陛下如此决定，他就有权裁判任何案件，并且没有说明理由的责任。”

任何下层平民用某种暴力行动扰乱社会安定，通常就会通过调案程序被押送给总督或者宪兵队的长官审讯。谷物价格过高的时候经常爆发骚乱，这类案件大多都是通过调案的手段处理。于是总督亲自选择一定数量的大学毕业生，组成一个类似于辖区法庭的机构，以便审理刑事案件。我看到过以这种方式作出的判决，处罚人们在平底大船上服苦役，甚至处以死刑。直至17世纪末，总督作为法官审判刑事案件的状况仍然普遍存在。

现代法学家向我们保证，自从大革命以来行政法律已经取得了很大进步，他们说："以前司法与行政权力混合在一起。但自那以后，它们之间的区别确定了下来，已经重新各司其职。"为了正确地理解这些职权方面的进步，我们永远不能忘记，虽然旧制度时期的司法权一再越过其职权的自然界线，但是它从未完全覆盖职权所涉及的领域。如果只看到这种现象中的一个方面，对于这个问题就会形成不完全和歪曲的看法。有时政府会允许法庭发布行政规章，这明显超出了司法权力的范围。有时政府又禁止法庭审理真正个人性质的诉讼，将其排除在固有的权限范围之外。我们确实已经纠正了旧制度时期的不恰当做法，将法院驱逐出行政领域，但是与此同时，正如我们所见到的那样，政府一再侵入司法的自然领域，在那里为所欲为，却不知无论在哪个方面权力的混乱都是危险的，或许后一种混乱更加危险，因为法院介入行政管理事务仅仅损害到效率，而政府干涉法院却令人腐败堕落，容易让人们变得既有革命性又过度屈从。

在过去六十年间，法国永久采纳过九或十部宪法，其中有一部明确规定，未经事先授权，普通法院不能审讯任何政府代理人。这项条款显然太巧妙了，以至在那部宪法被推翻之后，有人把它从废墟里抽取出来小心地保存，其后又费力保护它，以免被革命摧毁。行政管理者习惯上仍然将这项条款赋予他们的特权称作1789年的伟大战果之一，可是他们弄错了，因为君主统治下的旧政府几乎与今天的政府一样，兢兢业业地庇护官员们，尽力避免让他们像普通的公民那样陷入在法庭上替自己的行为辩解的不愉快境地。两个时代之间唯一的实质性区别是：在大革命之前，政府必须凭借不公正和专横的措施保护它的代理人，而大革命之后，政府已经有合法的权力允许官员违反法律。

在旧政权下，每当法院试图起诉中央政府的某位代表，通常御前会议就下一道命令把被告带走，把他交给御前会议指定的派遣专员审讯，理由正如当时一位国务委员所写的那样，行政官员遭受这类攻击，容易使普通法院的法官形成反对他的偏见，从而连累国王的权威，使其受到损害。这种类型的调案并不罕见，而是每天都发生，它们不仅与政府最重要的官员有关，而且适用于最微不足道的代理人。只要与政府部门有丝毫关联，就可以什么都不害怕——除了政府本身之外。有一个工头受雇于桥梁与道路工程部，负责监管徭役的细节工作，有农民指控他虐待。御前会议介入了这个案件，首席工程师在送给总督的秘密便函中写道："该工头的行为确实应该受到谴责，但是没有理由任凭别人处理这个案件，因为对于桥梁与道路工程部而言最重要的是，牵涉到徭役问题时普通法庭既不应当听取也不应当受理对工头的投诉。如果这次开了先例，憎恨有问题的官员的工人就会不断发起诉讼，公共工程就会受到妨碍。"

还有另一个案例，一个政府承包商从邻居的地盘拿走了建筑物资，总督本人给总监写信时这样评论这件事："如果放任普通法院审判政府的承包商，就会损害政府的利益，其程度无论怎么夸张都不为过，因为普通法院的原则与政府的原则永远不可能一致。"

这段话写下的时间恰好是一个世纪之前，却好像是出自我们这个时代的行政官员之手。

第五章　中央集权如何能够在旧政权之下暗中钻营、取而代之却没有摧毁旧政权

现在让我们简短地总结一下前面三章的内容：一个位于王国中央的机构控制了整个国家的行政管理；同样的大臣掌管几乎所有的国内事务；每个省都有一名长官处理全部具体事宜；没有次级行政机构，或者说，如果没有事先授权，任何类型的机构都不能自主行动；特别法庭审理一切涉及政府利益的案件，并保护所有政府代理人。这不就是我们熟悉的中央集权吗？那时的正式机构不如今天的那么容易辨识，其程序不那么规范，其存在不怎么稳定，但二者是性质是相同的。从那时过渡到今天，不需要再增加或者减少任何实质性的要素。只要排除掉在它周围伴生的东西，显露出的原型就与今天的一样。

后来在上百个不同的地方都有人模仿过我刚才描述的大多数制度，但是在那个时代，它们是法国特有的制度，我们很快就会看到，它们对法国大革命及其后果产生了何等重大的影响。

但是在封建社会的瓦砾堆中，这些设计新颖的制度何以可能在法国确立起来？

这是一项需要耐性、技巧和时间的任务，仅凭武力和不受约束的权力是无法完成的。大革命爆发时，法国旧政体的大厦几乎完好无损。可以说，人们只是在它的基础上建造了新的大厦。

没有迹象表明，在实施这项艰难的任务时，旧制度下的政府是按照深思熟虑的计划行动的。它仅仅是服从本能，任何政府都会在本能的驱使下尝试彻底控制一切，虽然政府的代理人多种多样，这种本能却始终不变。因此它保留了旧势力的古老名称和荣誉，却逐渐剥夺了它们的实际权力。它没有把人们从各自的职位上赶走，而是暗中把他们引开。它利用人们的惰性和自私获益，取代他们的位置。它利用所有的恶习积弊，从不试图纠正，而是取而代之，最后它实际上排挤了几乎全部的旧势力，代之以总督这个唯一的代理人，这个头衔在旧制度产生时还不存在。

对于旧制度的这项大事业，只有司法权是个障碍，但是中央政府终于再次把握住了权力的实质，留给其对手的只有权力的幻影。它没有将高等法院排除在行政领域之外，而是逐渐扩展自己的权限，占满整个领域，直至几乎不再有剩余的空间。在某些例外的环境下，如遇到饥荒，公众的激动情绪给有野心的地方法官提供了舞台，在短时间内，中央政府就会允许高等法院暂时掌握控制权，引起一阵风波，在历史上流传。然而不久之后，中央政府就无声无息地重新占据了原来的位置，慎重地夺回了统治权，又开始控制一切人和事务。

如果我们密切观察高等法院反抗王权的斗争，就会发现它们的冲突几乎总是发生于政治领域，而不是行政管理领域。引发争执的通常是新的税赋。换言之，这两个敌手争夺的不是行政权而是立法权，尽管双方同样没有那个权利。

随着大革命日益迫近，这种争斗变得更加普遍。公众的愤怒越激化，巴黎高等法院就越广泛地干涉政治，与此同时，随着中央政权及其代理积累了经验和技巧，高等法院在行政管理方面所起的作用越来越小；它的作用日益接近古罗马的保民官，而不是行政管理机构。

此外，时间有规律地替中央政府开拓新的行动领域，而法院缺乏灵活性，不能进入新领域，因为出现了各种没有先例的新问题，对其用法院的常规程序无从处理。社会在飞速进步，不断产生新的需求，而对中央政府来说，每种新需求都是新的权力来源，因为只有它能够满足这些需求。特别法庭的管理范围是固定的，中央政府的职权范围却是可变的，而且随着文明本身的发展稳步扩张。

即将发生的大革命开始在法国各地动摇人们的精神，激发无数新思想，只有政府能够回应它们。在推翻政府之前，大革命促进了新思想的发展。中央政府完善了自身以及其他一切事物。在研究档案材料时，这一点尤其引人注目。1780 年的总督和总监与 1740 年的总督和总监再无丝毫相似之处。行政机构已经被改造了。政府代理人依旧存在，驱动他们的精神却改变了。随着中央政府变得更加规范严谨且包罗万象，它自身也变得更加系统化，消息更加灵通。它掌握了全部控制权，同时压迫变少了，引导变多了。

大革命的最初成果是摧毁了君主制度的巨大机构，但是 1800 年它又恢复了。虽然人们经常说，1789 年的行政管理的原则在当时和其后获得了胜利，但事实完全相反：旧制度的原则取得了胜利，从那以后全部复兴并且留存至今。

如果有人问我，旧制度的这部分如何完整无缺地融入了新社会，我会回答说，中央集权在大革命中仍未消亡，是因为它本质上就是大革命的开端与标志。我还要补充说，一个民族如果在其内部摧毁贵族政治，就将自己推向了中央集权。然后加速推动这个趋势就比抑制这个趋势容易得多。国家的所有权力都有合而为一的倾向，只有付出大量努力才能使它们保持分散。

因此，尽管民主革命摧毁了旧制度的很多机构，但它巩固了中央集权，这是必然的结果。在大革命制造的新社会中，中央集权自然而然地找到了自己的位置，以至人们很容易误以为它是大革命的成就之一。

第六章　旧制度之下的行政管理

只要阅读过旧制度时代的总督与上级和下属的通信，必定会惊讶地发现过去与现在的制度如此相似，以至那个时代的行政官员与如今的行政官员也差相无几。他们好像越过大革命的鸿沟彼此联系。我可以说，服从他们管理的人民也一样。立法对人的精神产生的影响力是对此最好的写照。

大臣们已经产生了一种欲望，想亲自详细审查政府事务的一切细节，在巴黎监视一切。随着时代发展，行政管理的方法逐渐完善，这种欲望也在增强。到了18世纪末，即使在某些最偏远的省区的最偏僻的角落开设一个慈善工坊，也必须得到总监的关注，由总监亲自监管该计划的全部开支，选择地址并起草管理规章。如果建造了济贫院，必须向总监汇报收容的乞丐的姓名以及他们进入和离开的确切时间。接近18世纪中期时，达尔让松先生如此写道："必须由大臣处理的具体事务数量极大。如果没有他们，什么都做不了，只有通过他们，才能办成事情。如果他们的知识范围不及他们的权力那么广泛，就不得不将全部工作交给办事员，于是办事员成了真正掌权的人。"

总监不仅要求收到政府事务的报告，而且要求收到关于公民个人的琐碎小事的报告。总督于是转向总督代理寻求答案，然后逐字逐句地转述他们提供的报告，仿佛他亲自了解过情况。

为了在巴黎指挥一切，了解全国各地的事务，必须发明无数种新的控制手段。书面文件的数量已经极其庞大，行政程序自然异常迟缓，例如一个教区申请重建教堂的塔楼或者修理内殿，我从未见过在一年之内获得批准的，通常情况下需要两年或三年才能得到许可。

连御前会议也注意到了这个问题，它在一份政令（日期为 1773 年 3 月 29 日）中写道:“拘泥于正式的行政手续,导致无限期的延误,只会引起正当的抱怨。”随后又补充说：“然而这些正式手续是必不可少的。”

我曾经以为，只有今天的官员才将数字统计作为一门嗜好，可是我错了。在旧制度末期，总督经常收到印刷的简短表格，他们的工作只是让总督代理和教区的市政理事填写这些表格。上交给总监的报告内容包括土地的性质、农作物的种植、农产品的种类和产量、家畜的数量以及当地的工业和风俗。与现在的专区区长和市长在类似情况下提供的情报相比，通过这种方式获得的情报几乎同样详尽而不可靠。在提交的报告中，总督代理对自己管理的人民的性格通常不会给出正面的评价。常见的评语是这样的，“农民天生懒惰，除非是为生计所迫，他们不愿意干活”。在行政官员中间，这种经济理论相当流行。

在行政语言的措辞方面，两个时代之间的相似也引人注目。两个时代的文体同样缺乏文采、空洞无物、含糊其辞又疲软无力。千篇一律的平庸抹消了每个作者的个性。现在的专区区长与过去的总督的语言如出一辙。

然而 18 世纪行将结束时,狄德罗（Diderot）和卢梭（Rousseau）的与众不同的文风已经广泛传播深入人心，影响了普通的语言，这两位作家的作品中充斥的多愁善感传染了行政官员甚至金融家。行政语言的风格通常十分枯燥乏味，这时却变成了甜言蜜语，几乎可以说温和亲切。有位总督代理向巴黎的总督抱怨说，“在履行职责时他经常对痛苦感同身受，敏感的心灵被刺痛了”。

那时政府像现在一样给教区分配某些慈善赈济，条件是居民自己提供一些捐款。如果捐款数额充足，总监就在分配清单的页边空白处写上“好，表示满意”；如果捐款大大超过充足的标准，他就会写上“好，表示满意和感动”。

行政官员几乎全部是资产阶级，已经形成了本阶级的精神、传统、道德、荣誉感和自尊心。它相当于新社会的贵族，已经完全成形、生机勃勃。现在只需等待大革命替它准备舞台。

无论是贵族还是资产阶级，凡是试图脱离政府控制在公共事务中发挥作用的人，一律是政府仇恨的对象，这已经是法国的行政格局的典型特点。无论多么微不足道的团体，只要流露出不要政府协作独立结成组织的意图，就会令政府惧怕。任何自由的社团，无论规模多小、无论其目标是什么，都会令政府烦恼。政府只允许由它主持的、按照它的意志挑选成员的社团继续存在。甚至大型的工业公司也不能让政府满意。简单地说，政府的意图是不允许公民以任何方式介入对官方事务的监督。它宁可贫瘠，也不要竞争。但是为了安慰受奴役的法国人民，必须容许他们有程度很小的放纵，因此政府允许他们十分自由地讨论关于宗教信仰、哲学、伦理甚至各种普遍和抽象的政治理论。只要连地位低微的行政官员也能够免受批评指责，政府乐意容忍人们攻击作为社会基础的基本原则，甚至讨论上帝本身。因为政府以为这些事情与自身无关。

18 世纪时的法国报纸被称作“公报”，其内容多数是四行诗而不是辩论文章，可是政府已经带着妒忌的心态盯上了这尚不成气候的力量。政府纵容书籍的出版，却对报纸相当严苛。由于无法将报纸全部取缔，政府就企图利用它专门替自己服务。我发现过一份 1761 年的发给全国所有总督的通告，它宣布国王（路易十五）决定，从今往后《法兰西公报》将由政府统一监管。“陛下希望这份报纸的内容有趣，并确保它超越其他报纸。因此你们应定期寄送一份快报，记载发生于你们地区的可能引起公众兴趣的一切事情，特别是关于自然科学或博物学的，以及非同寻常的有趣事情。”通告附有一份简章，介绍说新报纸比它取代的旧报纸内容更丰富、发行更频繁，订阅费用却更低。

总督拿到这些文件后，就致函总督代理命令他们照此执行，但是总督代理起初回复说，他们没有任何情报。于是大臣写了新信件，严厉地控诉该省官员迟钝无能，“陛下命令我通知你们，这是他的旨意，要求你们以最严肃的态度处理此事，向你们的代理下达最明确的指令”。这次总督代理遵命行动了：其中一位报告说，有个偷运私盐的犯人被处以绞刑，他表现出了很大的勇气；另一位报告说，有个妇女生了三胞胎的女婴；第三位报告说，当地遇到了一场可怕的暴风雨，但是没有造成损害。还有一位声称他已经竭尽全力，却没有发现任何值得汇报的事情，不过他会亲自订阅这份如此有用的报纸，并准备推荐所有体面人士也订阅它。然而这些努力好像收效甚微，因为我们看到在另一封信件里大臣说：“仁慈的国王亲自了解各项措施的细节，以便改进报纸的内容，并希望让这份报纸获得应有的优越性和名誉，可是情况严重不符合他的期待，对此国王表示相当失望和不悦。”

显然历史就像是美术馆，那里到处都是复制品，原版却寥寥无几。

此外，我们必须认识到，法国中央政府从未仿效过欧洲南部的政府，它们控制一切似乎只是为了让到处都变成不毛之地。法国政府对于自己的事业往往表现出充分的智慧，并且总是异常积极地行动。然而它的积极经常徒劳无功，甚至反而有害，因为它企图做力所不及的事情，或者超出任何人的控制范围的事情。

法国政府很少进行或者很快就放弃最必需的改革，没有坚持不懈的努力这些改革就不可能成功，然而政府只是徒劳地折腾，不断修改某些规章和法律。在它的领域内，任何事物都不得安宁。政府以惊人的速度一个接一个地制订新规则，以至下级官员们面对如此频繁发布的命令经常不知所措，很难猜测上级要求的是什么类型的服从。市政官员们向总监抱怨说，中级立法极度不稳定，"仅仅是频繁变动的财政法规，就足以耗尽终身任职的官员的全部时间，迫使他只顾研究新出台的法规，疏忽了自己的正常职务"。

即使法律没有变化，执行法律的方式也每天都在改变。如果没有看过旧政权的行政机构留下来的机密文件，就无法想象那些执行法律的人最后竟然是如此蔑视法律，那时政治议会或者报纸都不复存在，无法节制或者约束恣意妄为、独断专行且反复无常的大臣们及其官署。

御前会议的政令几乎都援引以前的法律，它们经常是最近制定和颁布的，却没有执行。事实上，国王的敕令、宣告或者郑重地登记在册的专利在实际执行时都要经过无数次更改。总监与总督之间的通信显示，政府无数次批准过不符合自己命令的特例。尽管很少破坏法律，政府每天却用这种方式扭曲法律，以便适应特殊情况并完成自己的任务。

有位总督写信给大臣时，提及某个政府承包商申请免交通行费的事，"毫无疑问，如果严格按照我刚才引用的敕令和政令办事，这些通行费就不能免除，王国的每个人都必须缴纳。但是精通这些问题的人都明白，这些强制性措施与它们规定的处罚一样，纵然几乎存在于有关设置税赋的全部敕令、通告和政令中，也从未妨碍我们批准例外"。

一言以蔽之，旧制度的规则死板，实行却不严格。这是它的特征。

如果有人通过考察那个时代的法律来判断它的政府，就会犯下最愚蠢的错误。我找到过发布于 1757 年的一份通告，宣布任何人如果写作或出版敌视宗教或现有秩序的文章，一律判处死刑。书商或者商贩销售的商品中如果有此类书刊，将一律同样惩处。难道我们倒退回了圣多米尼克（Saint Dominic）[①]的时代？其实不然，那正是伏尔泰的时代。

我们经常听到有人抱怨法国人不尊重法律。哎，他们什么时候才能学会尊重法律？公平地说，在旧制度时期，法律观念从未在人们头脑中占据应有的位置。每个请愿者都自信地坚决要求别人为了他的利益违反已确立的法规，仿佛是在要求别人尊重法律一般，其实只有官方想拒绝人们的请求时，才会拿法律当借口。人民仍然完全顺从官方当局，但是这种服从只是习惯使然，而非出于自己的意志。如果由于某些原因人民被唤醒了，哪怕最小的刺激也会立刻导致暴力，然后平息暴力的也几乎总是暴力和专横的镇压，而不是法律。

18 世纪时，法国中央政权尚未建立起后来那种健全而有力的政治体制。然而它已经摧毁了一切中间权力，于是在中央政权与个人之间只剩下巨大的空白，因此在远观的公民个人看来，中央政权就是社会机器的主体部分，是公共生活的唯一和必需的代理。

诋毁旧政权的作品就是最好的证据。随着长期潜在的隐患在大革命之前开始现出征兆，各种各样关于社会和政府的新理论也纷纷涌现。改革者的目标形形色色，他们的方法却始终相同。他们企图借助中央政府扫清一切，然后按照自己设计的新计划进行重建。每个人都觉得只有国家能够胜任这个任务。他们主张，国家的权力应当与特权一样不受限制。他们只打算说服政府恰当地运用它的力量。

---

① 圣多米尼克（1170~1221 年），中世纪天主教托钵僧的第二大团体多明我修道会（道明会）的创始人，主张苦修，罗马教廷委派他设立了宗教裁判所。

老米拉波[①]非常迷恋贵族阶层的特权，他直截了当地把总督描述成僭越者，断言如果单靠政府任命地方法官，正义的法庭很快就会退化成“派遣专员的帮派”。正是这位贵族将信任全部寄托在中央政府的行动上，指望依靠政府实现他的幻想。

这些思想并未局限于书本上的理论。它们渗透进人民的思维，与道德观念混合在一起，影响了他们的习惯，并且遍及每个地方，直至深入日常生活。

如果没有国家的参与，谁都无法想象能够完成任何重要的规划。农民通常最执拗地反对政府指手画脚，可是连他们都相信，如果农业技术没有改进，政府就应该承担主要责任，因为它没有提供充分的建议和帮助。曾经有农民写信给总督，他恼怒的语气令人联想到大革命：“为什么政府不委派检查员，每年在各省巡回检查农作物的状况，教农民怎样改进种植方法，讲解怎样饲养牲畜，告诉他们怎样喂肥那些动物、怎样在市场上售卖以及哪个市场最好？政府应该给检查员支付工资。种植出最好庄稼的农民应当得到表彰。”

检查员和奖章！英国萨福克郡（Sufflok）的农夫可不会有这种念头！

大多数人认为，现在只有政府才能维持公共秩序。人民只害怕骑警队，而地主只信任骑警队。对双方而言，警察不仅是守卫秩序的主要力量，而且是秩序本身。吉耶纳(Guyenne)的省议会这样陈述：“大家有目共睹，只要骑警队出现，就足以威慑那些最不肯顺从的人。”因此每个人都希望有一支骑兵中队驻守在家门口。总督辖区的档案里面充斥着这类要求。似乎没有人怀疑，主人可能潜藏在保护者背后。

---

① 老米拉波（1715~1789 年），大革命早期的著名领袖米拉波伯爵之父，重农学派代表人物之一，经济学著作有《人类之友或人口论》《捐税理论》。

法国的流亡贵族抵达英国后，印象最深的发现是英国没有这种民兵组织。他们十分惊讶，而且有时为此蔑视英国。其中有位可敬的法国人，他所受的教育未能帮助他对自己目睹的事情有思想准备，他写道："英国人遭到抢劫后居然会自夸自赞，告诉你至少他的国家没有骑警队，这是千真万确的。此外，任何扰乱治安的事情都会令他们恼怒，可是他们又会同意释放监禁中的煽动叛乱的犯人，理由是法律条文的重要性超过其他方面的考量。"他接着补充道："诚然，并非每个人都有这些错误的思想。有些明智的人持有相反的观点，从长期角度看，明智的观点必定会占优势。"

英国人的这些奇怪思想也许与英国的自由有些关联，而这位法国人从未想到过这种自由。他宁愿用比较科学的措辞解释自己的观察结果："这个国家气候潮湿，缺乏生机勃勃的风，有助于形成阴郁的性格气质，人民比较愿意处理严肃的问题。因此英国人民天生对治国之道感兴趣，而法国人民宁愿推诿搁置此类事情。"

既然政府取代了天道的位置，法国人遇到个人需求问题时，自然就要乞求政府的援助。于是我们发现，请愿书卷帙浩繁，表面上是以公共利益为基础，实际上处理的只是涉及个人私利的琐碎事情。或许只有在储存这些请愿书的纸板箱里，旧制度社会的全部阶层才会混合在一起。阅读这些请愿书是令人忧郁的工作：农民们请求补偿他们的住房或牲畜的损失；富有的地主请求帮助他们开发土地赚取更多利润；工业家向总督申请特权，免于讨厌的竞争。制造业者向总督抱怨生意不好，恳求他向总监申请帮助或者贷款，那也是常见的现象。此外，似乎有一个账户是专为这种目的设置的。

贵族有时也是主要的请愿者。他们在恳求别人时腔调也很傲慢，若非如此，几乎看不出他们的贵族身份。对很多贵族而言，二十分之一税，或百分之五税是他们的依赖锁链中的主要环节。御前会议每年根据总督的报告设定贵族们纳税的份额，因此他们通常向总督申请延期或者减免税额。我看过无数这类请愿书，其作者几乎全都是有头衔的贵族，还有不少是大领主，他们声称自己的收入不足或者收成欠佳。这些贵族通常简单地称呼总督为“先生”，但是我注意到，他们在写请愿书时却像资产阶级那样必定称呼总督为“阁下”(我的大人)。

在这些请愿书里，有时贫穷与傲慢以一种可笑的方式混合在一起。有位贵族写信向总督说：“我的庄园竟要与平民的家庭一样严格按照百分之五的税率纳税，您那仁慈的心绝不会允许这种事发生。”

饥荒在 18 世纪相当常见，遇到食物短缺的情况，每个财政区的人民都向总督求助，仿佛他们以为只有总督能够提供粮食。事实上，每个人遇到任何困境都会责怪政府，仿佛连那些最无可避免的灾难——包括气候异常——都是政府的责任。

19 世纪初，中央集权制度在法国奇迹般地轻易复兴，不过我们应当不再惊讶。1789 年的法国人已经推翻了这座大厦，但是在那些破坏者的灵魂中，其基础依然完整无缺，因此它得以在原有的基础之上飞速地重建起来，并且比过去更加坚固。

第七章　在欧洲的所有国家之中，为何法国的首都获得了相对外省的最大优势并且最完全地吸收了整个国家的精华

首都相对于国家的其他部分具有多少政治优势，并非取决于地理位置、规模抑或财富，而是取决于政府的性质。

伦敦的人口规模相当于某些小王国，可是迄今为止它从未对大不列颠的命运施加过至关重要的影响。

美国的公民都无法设想纽约人能够决定美利坚合众国的命运。事实上，连纽约州的公民也不会设想单凭纽约市的意志就能决定政策。尽管今天纽约的居民人数与大革命爆发时巴黎的居民人数相等。

与王国的其他地区相比，宗教战争时期[①]的巴黎与1789年的巴黎一样人口稠密。可是那时它不能独自做出任何决定。在投石党运动（Fronde）[②]时期，巴黎仍旧只是法国最大的城市。然而到了1789年，巴黎已经成为法国本身。

1740年，孟德斯鸠（Montesquieu）写信对一个朋友说："法

---

① 法国天主教与新教胡格诺教派（即加尔文教）在1562~1598年（另一说为1559~1594年）连续展开八次宗教战争，又称"胡格诺战争"。最后亨利四世颁布宗教宽容的"南特敕令"，胡格诺教派获得信仰自由，战争结束。

② 1648~1653年，路易十四尚未成年、马扎然执政时，由巴黎高等法院引发的反对专制王权的政治运动。

国只有巴黎以及一些偏远的外省，因为巴黎还没有时间吞噬它们。”1750年，个性怪异却不时表现出深刻智慧的米拉波侯爵曾经不指名地提及巴黎：“首都是必要的，但是如果头变得太大，身体就会中风，进而导致一切消亡。那么，如果把外省贬低成中央政权的直接附属，以某种方式把外省居民视为二等公民，如果剥夺他们赢得利禄的手段，断绝他们谋取功名的职业门路，从而将全部人才吸引到首都，这样会造成什么后果？”米拉波将这种现象描述成无声的革命，它夺走了外省的领导者、商人以及那些通常所称的“才智之士”。

仔细阅读过前面章节的读者想必已经了解这种现象的成因，这里就不再重复，以免消磨读者的耐心。

政府察觉了这种革命，但是它担忧的主要是物质方面最具体的表现，即城市的扩大。目睹巴黎的规模与日俱增，政府害怕如此巨大的城市可能很难恰当地管理。主要在17、18世纪，国王颁布了大量法令，打算阻止城市的扩张。那时的国王一方面试图将整个国家的公共生活集中于巴黎及其周边地区，另一方面却希望首都保持较小的规模。他们禁止建造新房屋，即使要造新的建筑也必须使用最昂贵的办法，以最不引人注目发展已经指定的地点。当然，这些法令本身表明，尽管国王不断下令，但巴黎从未停止成长。在路易十四时代，全权的君主曾经有六次企图阻止巴黎发展，却都以失败告终；那些敕令从未打断过巴黎的持续扩大。巴黎的优势地位的发展甚至比城墙扩张的速度更快。确保首都获得支配地位的，并非在城墙之内发生的事情，而是在巴黎之外的变化。

与此同时，法国各地的地方自由都消失了。独立生活的迹象在任何地方都不复存在。区分各个省份的特征日益模糊不清。旧式公共生活的最后痕迹也被抹去了。然而这不是因为国家陷入了衰弱状态。恰恰相反，明显的运动随处可见，只不过现在巴黎变成了它背后的动力源。例证很多，在这里我只举一个例子。大臣的关于书籍出版贸易的报告显示，在16世纪和17世纪初期，外省的城市曾经有规模可观的印刷机构，后来那些印刷业者要么逐渐消失，要么陷入衰退不再工作。毫无疑问，18世纪末与17世纪末相比，各种各样的出版物的数量多得多，然而如今思想的唯一来源是中央。巴黎已经完全吞噬了外省。

法国大革命爆发时，这场最初的革命已经全部完成。

著名旅行家阿瑟·扬离开巴黎时，三级会议刚召开不久，巴士底狱的暴风雨即将来临。他惊异地发现，他在首都的见闻与外省的情况形成了鲜明对照。巴黎喧嚣忙乱，每时每刻都有新的政治小册子出版，甚至达到了每星期92册。扬说，他即使在伦敦也从未见过这样的出版狂潮。可是在巴黎之外，他只看到惰性和沉默。没有政治小册子，也没有报纸。不过外省的平静只是暂时的，人们已经被唤醒，准备随时行动。公民们有时集会，是为了听到从巴黎传来期待中的新闻。每到一个地方，扬就询问人们打算做什么。“回答到处相同，”他写道，居民们都说“我们只是外省小镇，必须观望巴黎的行动”。他接着写道：“如果不知道巴黎的想法，他们甚至不敢有自己的意见。”①

令人惊异的是，制宪会议竟然轻而易举地摧毁了法国的全部旧行省，其中有些省份比君主制度更古老，它将法国划分成井然有序的83个行政区，仿佛是在划分新大陆的处女地。欧洲的其他国家对此感到无比的惊讶和恐怖，他们没有准备好目睹这样的景象。“我相信当前的法国政权使公民们第一次获得了完整的权力，可以随意处理自己的国家，而且选择用如此野蛮的方式分割它，”伯克写道，

---

① 引文见于阿瑟·扬，《法国游记》，201页。

"有史以来第一次，人民用如此野蛮的方式残害自己的国家。"[①]这个过程似乎是在切割活生生的肉体，实际上只是在肢解尸体而已。

巴黎终于在城墙之外获得了无限的权力，与此同时，在城市内部也发生了另一场同样值得历史关注的变革。巴黎不再仅仅是商业、贸易、消费和娱乐的都市，它彻底转变成了工业和制造业城市。这种内部的变化使外部的变化具有了全新的、更大的重要性。

内部的变化由来已久。似乎早在中世纪，巴黎就已经是全法国最大、产业最发达的城市。越接近现代，这个特点就越明显。随着巴黎成为所有行政事务的中心，工业同样加快发展。巴黎日渐成为时尚的典范和评判标准，权力与艺术的唯一中心，以及国家活动的主要核心，国家的工业生活也收缩到城墙之内，而且集中程度越来越高。

旧制度时期的统计数据的可靠程度通常很低，不过我认为可以有把握地断言，在法国大革命前的六十年间，巴黎工人的数量增加了一倍以上，而巴黎的总人口仅仅增加了三分之一。

除了已讨论过的普遍因素之外，还有一些非常特殊的因素吸引工人们从法国各地聚集到巴黎，并逐渐集中到某些区域，甚至那些地方最后变成了专门的工人居住区。与法国的其他地区相比，巴黎的财政法律对工业的束缚没那么沉重，巴黎的工业也最容易逃避行会师傅的枷锁控制。巴黎的某些郊区在这方面享有非常可观的特权，比如圣安托万区（Saint-Antoine）和坦普尔区（Temple）。路易十六大大增加了圣安托万区的特权，竭尽全力让大量工人在那里定居。这位时运不济的君主在一项敕令中说道："希望将我们的保护的新标志给予圣安托万区郊外的工人，让他们摆脱那些不仅损害他们的

---

① 引文见于埃德蒙·伯克，《法国革命沉思录》，出自《埃德蒙·伯克作品集》（纽约：哈珀出版社，1860 年），第一卷，537 页。

利益而且损害贸易自由的束缚。”

巴黎的工厂、作坊和鼓风炉的数量在大革命前夕急剧增加，终于令政府开始惊慌了。这种发展景象激起了一些纯属想象的恐惧。举例来说，1784 年御前会议的一份政令声称：“国王担心工业的飞速发展可能导致木材的过量消耗，妨碍巴黎的供应，故而从此以后禁止在城市方圆十五法里之内建造这类工厂。”可是那时谁都没有意识到这种人口集中可能引起的真正危险。

于是巴黎变成了法国的主人，并组织起了一支军队，不久之后它将主宰巴黎。

我想如今人们已经达成了相当普遍的共识，即行政管理的中央集权化和巴黎的无限权力，是在过去四十年间导致不同政府垮台、政权不断更迭的重要因素。我不难向读者表明，同样两个条件的组合在很大程度上也是旧君主制度以突兀而猛烈的形式崩溃的原因，它肯定也属于孕育其他革命的那场最初的革命的主要起因之一。

第八章　何以法国的人民变得最为相似

如果仔细考察旧制度下的法国，必然会发现两种截然不同的景象。

从表面上看，在那里生活的每个人都与其他人完全相似，尤其是那些处于社会等级中上层、唯一能引起我们注意的人们。

然而令人惊讶的是，在同一化的大众中间，仍旧存在各种各样的小隔阂，它们将人群分隔成许多不同的部分，而在每个小领地内，又出现了某种独立的社群，它只关心自己的利益，不参与整体的生活。

这种几乎无穷的分裂反映了社会现实，法国人比任何国家的公民都更缺乏面对危机共同行动、互相帮助的精神准备，因此我能够理解，一场大革命能顷刻颠覆这样的社会。我可以想象出被这场大动荡颠覆的所有微不足道的隔阂；还可以立刻看到一个或许比历史上的任何世界都更密集、更同质化的社会。

我已经解释过，原本遍及整个王国的各省的与众不同的生活方式在很久以前就消失了。这在很大程度上造成法国人彼此十分相似。尽管多样性仍然存在，但国家的统一性已经显而易见。立法的统一性就是明摆着的证据。在 18 世纪，国王的敕令、通告以及御前会议的法令的数量都越来越多，它们在王国各地以相同的方式运用同样的规则。不仅统治者，而且被统治者也以为法律应当普遍适用和同一化，对任何地方或任何人都同样适用。在大革命之前的三十年间接连提出的改革方案里面都包含这种立法思想。而在两个世纪之前，这种思想还缺乏物质基础——如果我可以这样表述的话。

不仅各个省份之间变得越来越相似，而且各省内部的不同阶层，至少是下层平民之外的人，都变得越来越相似，纵然他们的状况悬殊。

关于这一点，最清楚的证据是1789年各个等级递交的陈情书。显然起草这些陈情书的人在利益方面存在深刻的分歧，然而在其他一切方面，他们又显得很相似。

如果研究一下三级会议在早期是如何办事的，就会看到完全不同的情况：那时资产阶级与贵族具有较多的共同利益和共同关注的事务。尽管他们彼此显示出的敌意相当少，却仿佛属于两个截然不同的种族。

时间维持了分化他们的特权，并且在很多方面加剧了其影响；与此同时，时间还发挥了非同寻常的作用，使他们在其他一切方面变得相同。

数个世纪以来，法国贵族变得越来越贫穷。1755年有位贵族悲哀地评论道："尽管拥有特权，贵族一直在破产和消亡的困境中越陷越深，第三等级却在攫取财富。"保护贵族资产的法律始终没有改变，贵族的经济状况也好像没有变化，然而他们丧失的权力与贫困的程度恰好成正比。

或许会有人说，人类的制度就好比人体，除了履行各种维持生命所需的功能的器官之外，其内部还存在一种不可见的中心力量，它正是生命的本源。这种赋予生命的火焰一旦熄灭，一切都会立刻衰退死亡，即使器官似乎与以前一样起作用，但这也只是徒劳。法国贵族仍然享有限定继承权。实际上伯克（Burke）注意到，在他的时代，限定继承在法国比在英国更常见、更有强制性，比如长子继承权、永久地租以及以"习惯权利"的名义收取的各种东西。法国贵族已经从自己花钱打仗的沉重责任中解脱出来，然而他们的免税权仍然得以维持，事实上其范围还相当可观地扩大了。换言之，他们在卸下负担的同时又保留了补偿金。此外，他们还享有祖先们从未享有过的其他一些金钱方面的益处。然而随着治理的习惯和精神的丧失，他们也逐渐变得贫困。事实上，前面讨论过的土地资产的过度细分，在一定程度上要归咎于贵族的逐渐贫穷。贵族们把土地分割成小块转让给农民，自己只保留定期的地租，这样就无法维持以前的生活，只能勉强保住面子。在法国的一些省份，例如杜尔哥写到过的利穆赞，只剩下贫穷的小贵族，他们几乎没有土地，基本上完全依靠领主权利和地租生活。

18 世纪初，有位总督说过："在这个行政区，贵族家庭仍然有几千户，但是年金 2 万里弗以上的还不到 15 家。" 1750 年，另一位总督（弗朗什 - 孔泰的总督）送给他的继任者一份情况简介，其中写道："这个地区的贵族相当正派体面，但是十分贫穷，而且骄傲与贫穷的程度相当。过去有多少荣耀，现在就有多少耻辱。维持这种贫穷状态，迫使他们向我们求助、为我们服务，这是不错的政策。" 他又补充道："他们组织一个联谊会，只接纳那些前四代祖辈都是贵族的人。他们没有得到批准，只是得到容忍而已。他们每年聚会一次，届时必定有总督到场。一起用餐并举行弥撒仪式之后，这些贵族就各自回家，有些人骑驽马，另一些人徒步。这种滑稽的聚会，你一定不要错过。"

不仅在法国，在整个欧洲大陆都可以或多或少地察觉到贵族阶层逐渐陷入贫困，其他国家与法国一样，封建体系已经濒临灭亡，却没有新的贵族政治体制取代它。在莱茵河流域的日耳曼国家，这种衰落特别明显，并且引起了广泛注意。只有英国的情况截然相反，古老的贵族家庭不仅依然存在，而且其财富大大增加了。他们在财富和权力地位方面都保持领先。在他们旁边兴起的新贵族只能效仿他们富有的生活，却无法超越。

在法国，似乎贵族失去的全部财产最后都落入了平民手里，仿佛平民赚取的财富全都以对贵族的消耗为代价。然而没有法律防止资产阶级破产，也没有法律帮助他们发财致富。很多平民变得与贵族一样富裕，有时甚至更有钱。而且资产阶级与贵族的财富类型相同：虽然他们通常在城镇居住，却大多拥有土地，有时甚至获得了领地。

此外，由于教育和生活方式，资产阶级与贵族已经具有无数相似之处。两者的教育水平相当，而且需要注意的是，他们的知识来源也完全相同。同样的光明启发了他们。两者的教育同样注重理论和文学。巴黎日益成为法国的唯一导师，最终强行同化了所有知识分子的思维模式和行为举止。

在 18 世纪末，我们仍然可能察觉到贵族与资产阶级的态度举止存在差异，因为态度举止这种表面上的习俗是同化速度最慢的。但是地位处于普通百姓之上的人们终究是彼此相似的。他们具有同样的思想和习惯、同样的品位嗜好，沉浸于同样的娱乐，阅读同样的书籍，使用同样的语言。他们之间的唯一区别是权利。

我怀疑这种汇合在其他国家是否会达到如此程度，纵然在英国，不同的阶层被共同的利益牢固地束缚在一起，可是在智力和风尚方面他们却经常表现出差异，因为政治自由具有出色的力量，能够在不同阶层的公民之间培养必需的关系和相互信赖的纽带，同时又不会让他们彼此总是相似。长远看来，人民彼此变得相似却又对同胞的命运漠不关心正是独裁政体必然造成的结果。

第九章　如此相似的法国人何以变得前所未有地疏离，分裂成性质不同的小团体，彼此漠不关心

现在让我们来考虑这种现象的另一面，看看这些在诸多方面如此相似的法国人，为何却比其他国家的人民更加彼此孤立，而且隔绝的程度在法国也是前所未有的。

在封建制度刚刚在欧洲确立的时代，后来被称为贵族的阶层并未立即构成一个种姓；在一定程度上，它最初是由一个民族中最重要的领导者组成，因此本来只是统治阶级。这一点似乎十分清楚，我不打算在此讨论这个问题。这里只需要说明，贵族早在中世纪就已成为种姓，也就是说，血统门第是它的标志性特征。

贵族阶层保留了统治阶级的一个本质特征，即统治国家的公民群体，不过出身是决定由谁担任这个群体的首领的唯一标准。这个封闭和隔离的阶层排除了任何非贵族家庭出生的人，其他人无论占据的地位是高是低，在社会中总是处于从属地位。

在欧洲大陆上确立了封建制度的所有国家，贵族最终都变成了种姓。只有英格兰例外，贵族恢复了统治阶级的性质。

有一个事实使英国不同于其他所有现代国家，而且只有这个事实能够解释英国的法律、精神以及历史的特殊性，可惜它并未吸引哲学家和政治家们的更多关注，由于习惯成自然，连英国人自己也最终对它视而不见，这种现象总是令我惊讶不已。在我看来，人们

对这个事实的理解和描述都是不透彻的，从未形成全面而清楚的概念。诚然，1729 年孟德斯鸠造访英国时写道："我所在的这个国家与欧洲的其他国家几乎没有任何相似之处。"可是他没有接着写下去。

使英国不同于欧洲其他国家的，不是它的国会、自由、政治辩论的公开性抑或陪审团制度，而是更特殊、更有影响力的特征。唯独英国有效地摧毁了种姓制度，而不是仅仅改变其形式。英国的贵族与平民一起参与同样的事务，从事同样的职业，更有重要意义的是贵族与平民联姻。最大的领主的女儿可以跟新人结婚，而不至于感到羞耻。

只要考察婚姻状况，就可以了解种姓与相关的思想、习惯及其引起的始终不变的障碍在某个国家是否已经被彻底消除了。只有在英国才能发现所需的决定性证据。而在法国，虽然民主制度至今已经存在了六十年，却经常找不到这类证据。旧家族与新家族也许在每个方面都显得难以区分，但是他们仍然尽可能避免通婚。

人们常常认为，英国贵族比其他国家的贵族更谨慎、更精明、更开放。换言之，严格说来，如果"贵族"这个词采用其他国家保留的古老而狭隘的意义，那种贵族在英格兰早已不存在了。

这场不寻常的变革已经在时间的河流中消失无踪，但还是留下了生动的象征，那就是语言。经过数个世纪，"绅士"（gentleman）这个词在英国具有了全新的含义，而"平民"（commoner）这个词已不复存在。莫里哀（Molière）于 1664 年创作了喜剧《答尔丢夫》（Tartuffe），其中有一句台词已经不可能照字面意思翻译成英文了：Et, tel que l' on le voit, il est bon gentilhomme.[①]

让我们再次将语言学应用于历史学：穿越时间和空间，追溯"绅

① 意译为：别看他那个模样，他可是个优秀贵族。

士”这个词的命运，它来源于法语的“贵族”（gentilhomme）一词，我们会发现，随着两个阶层之间的鸿沟逐渐变窄，贵族与平民开始融合，这个词在英国的意义也拓宽了。随着时间的流逝，这个词所指代的人的社会等级逐步稍微降低。最后这个词与英语一起传到了美国，它在美国不加区分地指代所有公民。它的演变史与民主的进化史相一致。

然而在法国，“贵族”这个词一直局限于其本来意义的狭隘范围。大革命之后，它基本上从一般人的语言中消失了，但是其含义并未改变。这个词原封未动地保留着，仍然指代贵族种姓的成员，这是因为种姓本身也保留了下来，像以前一样与其他阶层疏离。

不过我想继续推进这个观点，主张与这个词最初形成时相比，后来贵族这个种姓的孤立程度大大增加了，而且在法国发生的变化与在英国发生的趋势恰好相反。

尽管法国的资产阶级与贵族变得日趋相似，但与此同时，他们彼此隔离的程度也日益严重。我们必须注意不要混淆这两种现象。分清两者的区别尤其重要，因为无论哪种现象都不仅没有减轻另一种的影响，而且经常加剧另一种的效应。

在中世纪，只要实行封建制度，管理领主土地的人（用封建时代的术语称呼就是附庸）就会经常与领主一起治理庄园，尽管他们往往不是贵族。事实上，参与治理是他们保有职位的首要条件。他们不得不跟随领主打仗，而且按照特许权，他们每年有一段时间必须在领主法庭度过，协助领主进行审判和管理该地区。领主法庭是封建政府机构的主要部分，欧洲的所有古老法律都提及过它。在如今的德国的一些地区，还可以发现那些法律的十分明显的遗迹。在法国大革命之前 30 年，博学的封建法学家艾德姆·德·弗雷曼维尔（Edme de Fréminville）写过一部厚厚的书，内容是封建权利以及领主的土地产权册（或土地登记清册），书中他告诉我们他发现“按照许多领地的权益规定，附庸每两个星期就得去一次领主法庭，他们与领主或者他的固定法官一起审理领民中间发生的刑事案件和纠纷”。他还说 :“在一个领地，这些附庸的人数可能有 80 名、150 名甚至多达 200 名，其中大多数都是平民。”相关的证据数不胜数，我引用这段话不是作为证明，而是仅举一例，说明在最初和其后的很长一段时间里，农村平民的上层人物与贵族阶层相当接近，经常与贵族共同管理农村的事务。领主法庭为农村的小土地所有者做的事情，正是省三级会议以及较晚的全国三级会议替城镇的资产阶级所做的事情。

只要研究过现存的 14 世纪三级会议的记录，就必定会为这些会议中第三等级占据的地位和发挥的力量而感到惊讶。

作为个人，14 世纪的资产阶级无疑远远不如 18 世纪的资产阶级，但是作为一个整体，资产阶级在过去的政治社会中占据了更高、更可靠的地位。它无可争议地拥有参与治理的权利。在政治议会中，它总是发挥重要的作用，而且经常占据优势。其他阶级始终感到必须考虑资产阶级的意志。

然而最引人注目是，那时的贵族与第三等级能够轻易地联手，一起管理事务，一起攻击反抗中央政府的势力，但后来却难以合作了。14 世纪时，由于灾祸频繁，一些三级会议具有非常规的、革命的性质，不过那种现象并非仅限于非常规的三级会议，那个时代完全遵循惯例和常规方式的省三级会议同样如此。举例来说，在奥弗涅省，三个等级共同做出最重要的决定，并从三个等级中选择特派专员监督其执行。同一时期的香槟省也是这样的情况。14 世纪初，很多城镇的贵族和资产阶级联合到一起，捍卫国民的自由和赋予各省的特权，反对王权的侵害，每个人都熟悉这一著名的事件。在那个时期，法国历史上有过不少这样的插曲，它们仿佛是出自英国的历史。然而在随后的几个世纪，此类事件再也没有发生过。

事实上，随着领主统治的垮台，三级会议召开的次数越来越少甚至全部终止，普遍的自由终于被摧毁了，地方自由也随之没落，资产阶级与贵族在公共事务的管理过程中不再互相接触。他们觉得再也没有联手或者互相理解的必要了。他们逐渐变得各不相干，同时也彼此疏远。这场变革最后在 18 世纪完成了：在私人生活之外，资产阶级与贵族完全没有机会相遇。这两个阶层不再仅仅是竞争对手，而且变成了敌人。

此外，还有一种法国特有的奇怪现象：尽管贵族作为一个等级丧失了政治权力，但作为个人贵族却获得了大量以前从未拥有过的特权，或者已经拥有的特权得以扩大。或许可以这样说，这是四肢依靠榨取躯干而获益。贵族阶层享有的支配性权利日复一日地减少，贵族却日甚一日地索取专享的封建特权，成为主人的首席奴仆。与路易十六时期相比，平民在路易十四时期比较容易当官。那时这种类型的晋升在普鲁士已经是习以为常，但在法国却几乎是前所未有。每种特权一旦获得就是世袭，血统与特权变得不可分离。由于贵族停止履行作为统治阶级的职能，他们日益成为一个种姓。

让我们来看看所有特权中最可憎的特权——免税权。显然，从 15 世纪到法国大革命免税权一直在稳步增加。由于公共开支快速增长，免税额度也不断上升。在查理七世[①]统治时期，军役税的收入为 120 万里弗，因此免税属于次要的特权。而在路易十六统治时期，军役税多达 8 000 万里弗，免税已经是相当大的特权了。当平民交纳的税赋只有军役税一种时，贵族的特权还不是特别引人注目，然而后来这类税赋激增，变出了无数种名目和形式，另外四种税赋也纳入了基本税的范畴，国家开始强行索取中世纪时尚未出现的各

① 查理七世（1422~1461 年在位），英法百年战争法国王室衰微时期由贞德在兰斯拥立为王。继位后终于赶走英国人，基本统一法国。

种费用，例如服务公共工程和民兵组织的徭役，这些要求都与军役税及其附加税混合起来，这时贵族的免税额就显得极其巨大。不平等的程度确实很大，但是表面上的益处大于实际的益处，因为贵族本人虽然免税，但他要替佃户交税，常常受到间接影响。在这个问题上，表面看到的不平等比实际感觉的不平等更加棘手。

在路易十四统治末年，由于迫切的财政需求，国王设立了两种共同税，即人头税和二十分之一税。然而，免税本身仿佛是一种值得尊敬的特权，以至人们连违反它时也不得不带着敬意，小心翼翼地确保征收的方式有所区别，即使所有人都要纳税。这些税赋对待有些人的方式严厉而有损人格，对待另一些人却纵容而带有敬意。

在税赋方面，整个欧洲大陆都存在不平等，但是其他国家的不平等几乎都不像法国那样，造成了可见而持久的痛苦。在德国的大部分地区，大多数捐税都是间接税。即使是直接税，贵族特权常常也只意味着支付的捐税份额比一般人更少。此外，某些税赋是专门由贵族负担的，用来代替无偿服兵役，因为国家不再要求贵族服役了。

在区别人群、划分等级界线的全部方式中，税赋不平等的危害最大，它最容易在不平等之上制造孤立，并且使不平等与孤立都变得无可救药。考虑一下其影响：当资产阶级与贵族不再承担同样的税赋，每年的法定纳税额及其征收重新确认了隔离他们的清晰而尖锐的等级界线。年复一年，每个特权受益者都感到一种直接的、紧迫的需求，即避免自己与群众混同，并继续努力与群众隔离。

公共利益的全部问题几乎都是由税赋引起的，或者是导致捐税的。因此，自从两个阶层不再承担同等的税赋，他们实际上没有理由继续一起商讨问题，也没有机会体验共同的需求或者情感。既然共同行动的机会和欲求已经在某种意义上被消除了，就没必要再刻意分离他们。

伯克曾经描绘过法国的旧政治体制，尽管是过度美化的，但他欣赏法国的贵族制度，因为资产阶级能够通过取得某些官职轻松地获得贵族爵位。他认为这在某些方面与英国的开放式贵族统治相似。路易十一确实增加了封爵的人数，但是他的目的是贬低贵族阶层的地位。他的后继者们为了聚敛钱财册封过更多的贵族。内克尔告诉我们，在他那个时代，为册封贵族而授予的官职数量已经多达 4 000 个。欧洲的任何其他国家都不存在这类情况，所以说伯克所谓的法国与英国的共同点只能是错误的类比。

如果说英国的资产阶级不仅没有向贵族阶层开战，反而与之保持密切的联系，其主要原因并非英国的贵族阶层具有开放性，而是如同我们注意到的那样，英国贵族形态模糊、界线不清；并非由于平民有可能跻身贵族之列，而是他们从不知道自己在什么时候成功地变成了贵族。因此任何接近贵族的人都能认为自己属于贵族阶层，参与治理，并分享一些来自贵族权势的荣耀或利益。

然而在法国，隔离贵族与其他阶级的障壁虽然十分容易渗透，但它总是可见和固定的，总是带有容易辨认的、没有误解余地的标识，招致贵族圈子之外的人的厌恶。平民一旦突破障壁就拥有了特权，从而与仍然留在他出身的环境中的所有人隔离，在后者看来，特权是名目繁多和可耻的。

册封贵族的制度不仅没有减轻平民对贵族的憎恨，反而无限加剧他们的憎恨情绪。曾经与新贵族地位平等的人妒忌新贵族，因而激化了憎恨。因此第三等级在陈情书中流露的对敕封贵族的敌意始终甚于对世袭贵族的敌意，他们非但没有要求拓宽平民晋升贵族的门路，反而不断要求减少。

与法国历史上的其他时期相比，1789 年平民最容易获得贵族头衔，资产阶级与贵族之间的鸿沟也前所未有地明显。不仅贵族拒绝容忍他们的选举议会里存在任何资产阶级的痕迹，资产阶级也同样固执地排斥任何有贵族外表的人。在某些省份，世袭贵族排斥新贵族，因为他们不够贵族化；另一方面，资产阶级也排斥新贵族，因为他们已经太贵族化了。据说著名的拉瓦锡（Lavoisier）①就是这样的新贵族。

如果从贵族转向资产阶级，我们会遇见类似的景象，资产阶级与人民疏离，正如贵族与资产阶级疏离那样。

旧制度时期的资产阶级几乎全部在城镇居住。其原因主要有两个：贵族特权和军役税。在自己的庄园居住的领主对待农民的态度通常显得随意而温和，对待邻近的资产阶级却傲慢无礼，简直令人难以忍受。随着贵族的政治权力逐渐减少——实际上正因为如此，他们的傲慢无礼反而变本加厉；之所以这样是因为，一方面，既然不再统治人民，领主就没兴趣继续纵容或敷衍那些可能协助治理的人，另一方面，如同人们经常记录的那样，为了慰藉真实权力的损失，领主喜欢无节制地运用表面上的权利。领主总是离开领地，这不仅没有缓解反而加剧了邻人们的困窘。不在地主制不能减轻负担，因为通过代理行使的特权只能令负担更加无法忍受。

尽管如此，但我不确定军役税以及相关税赋是否是导致不满的更加实际的原因。

我想我可以用几句话说明为何军役税及其附加税给乡村居民造成的负担比城镇居民的沉重得多，不过这对读者而言或许没有意义。所以在这里只需说明，如果聚集在城镇，资产阶级就有无数种办法减轻军役税的负担，而且经常可以全部规避；如果他们留在乡村，就不能使用这些手段逃避交税。更重要的是，他们可以用这些手段

---

① 拉瓦锡（1743~1794年），法国著名化学家。1789年当选三级会议代表，进入新政府，写了《论法兰西王国领土财富》。1793年被国民公会以旧包税人罪名逮捕，次年被送上断头台。

避开征收税款的义务。对他们而言，收税甚至比交税更可怕，这是有道理的；因为在旧制度下，教区军役税征收员的处境是最糟糕的，而且我认为在任何政权统治下都是如此。随后还有机会具体说明这个问题。可是除了贵族之外，乡村居民都无法回避军役税的负担。富有的平民宁可出租自己的土地，逃到附近的城镇，也不愿意承受这种负担。杜尔哥证实了我查阅过的许多秘密文件中的记录，他告诉我们："军役税的征收迫使农村拥有土地的平民几乎全部转变成了在城镇生活的资产阶级。"顺便一提，正是由于这个原因，法国的城镇——特别是小城镇——比大多数欧洲国家要多。

于是富有的平民舒适地居住在城镇里，很快忘记了乡村生活的氛围和精神。他们已经完全疏远了那些继续在乡村生活的同辈们的辛勤劳动和他们关心的事物。可以说现在他们的生活只有一个目标：在他们移居的地方成为政府官员。

如今几乎所有法国人——特别是资产阶级——都对公共职位有巨大的热情，如果以为这种热情在大革命之后才出现，那就犯了非常严重的错误。它起源于数个世纪之前，而且从那以后人们为它提供了无数种细心的培养，使它逐渐成长。

旧制度下的公职并非必定与今天的类似，不过我认为那时候公职的数量比今天的多。实际上低级别职位不计其数。根据统计，仅1693年至1709年间设立的职位就有四万个左右，而且几乎全部是地位最低的资产者也可以得到的。我发现在外省的一个相当小的城镇，1750年有109人从事司法审判，另外有126人担任执法官吏，他们都是城镇居民。资产阶级对这些职位的热情简直无可匹敌。资产者一旦持有一小笔资金，就会立即设法购买官职，而不是用来投资做生意。与行会规章甚至军役税相比，这种可鄙的野心对法国的农业和商业发展造成的损害更大。如果没有空缺职位，求职者就发挥他们的想象力，很快创造出新的职位。有位朗贝尔维尔

(Lamberville) 先生发表过一篇纪事录，论证在某一行业设置检查员与公共利益完全一致，并且在结论中自荐担任这个职务。我们之中有谁不知道这位朗贝尔维尔呢？任何受过教育并拥有中等程度的财产的人，如果没当上政府官员，就觉得死不瞑目。有个同时代的人如此表述："按照各自的情况，每个人都希望国王委派给他一官半职。"

在这方面，这里描述的时代与我们的时代之间存在的最大差异是，那时的政府售卖职位，而今天的政府给予职位。如今想获得职位的人不是用现金购买，而是做得更绝：他们出卖自己。

导致资产阶级与农民隔离的不仅是居住地，而且是生活方式，他们之间经常还有利害关系。对于贵族的免税特权，人们总是抱怨不公平，但对于资产阶级的特权他们又如何看呢？资产阶级可以利用无数种官职使他们的公共责任得到全部或部分的减免，或是民兵组织的军役，或是各种徭役，或是军役税。有位同时代的作家问道，除了贵族和神职人员之外，哪个教区没有几位居民依靠官职或者授权获得某种免税特权？某些为资产阶级准备的官职不时会被废除，原因之一是免交军役税的人太多了，导致国家的财政收入减少。我毫不怀疑，享有免税权的资产阶级的人数与享有免税权的贵族一样多，而且常常比贵族多。

对于这些可恨的特权，没有特权的人们满怀妒忌，而享有特权的人养成了最自私的傲慢。在整个 18 世纪，城镇资产阶级与周边乡村的农民之间的敌意，以及乡村地区对城市的嫉妒都显而易见。杜尔哥写道："每个城镇都只考虑自己的特殊利益，随时准备牺牲周边的乡村和村庄。"此外他还在与总督代理谈话时说过："由于城镇对本地区的乡村和村庄的所作所为专横而有侵犯性，你们不得不经常与这种趋势对抗。"

资产阶级同样疏远了在城镇里与他们毗邻而居的地位较低的

人，双方几乎变成了敌人。按照资产阶级制订的计划，大多数地方性支出给底层民众造成的负担特别沉重。我有多次机会可以证实杜尔哥在其作品的另一处的表述：城镇资产阶级已经发现一种办法，通过这种办法在征收商品入城税的时候他们自己无须承担其费用。

不过在资产阶级的全部行为之中，最突出的是他们害怕与地位较低的等级混同，并且热切地盼望逃避底层民众希望加诸他们的任何约束。

在写给总监的一份便函中，一个城镇资产者写道："假如国王允许重新通过选举方式选出市长，适当的做法是限制候选人的范围，要求选民从本地的领袖人物，甚或从初等法院的成员中选择。"

我们已经看到，逐步剥夺城镇人民的政治权利正是法国国王的策略。从路易十一到路易十五，这种意图在所有立法中都昭然若揭。在许多情况下，城镇的资产阶级与国王联手，有时还建议国王使用这种策略。

1764 年进行市政改革时，有位总督咨询一个小镇的市政官员，是否应当保留手工业者和"其他平民"选举地方官员的权利。那些官员回答说，事实上，"人民从未滥用过这种权利，如果保留他们选择支配者的权利，从而让他们感到安慰，那无疑是一种仁慈，但是为了维持良好的秩序和社会的安定，最好的做法是依靠显贵会议的选择。"与此同时，代理总督报告说，他已经与"本地最优秀的六位公民"召开了秘密会议。这六位最优秀的公民一致同意，最佳行动方案不是像市政官员建议的那样委托显贵会议，而是从构成显贵会议的各种团体中选出若干名代表，委托他们进行选举。总督代理比这些资产阶级代表更容忍人民的自由，他在转达他们的意见时补充说："既要支付同胞强加给他们的税金，又不能控制这笔钱的用途，手工业者会觉得很难接受，况且那些同胞享有免税权，或许征税问题对他们的利益影响最小。"

为了完整地描述，现在让我们脱离普通百姓考虑资产阶级本身，正如我们把贵族与资产阶级分开考虑一样。与其他国民隔离的这一小部分国民之间，存在无穷的分歧。法国人民就好像现代化学所称的基本粒子那样，随着研究的深入，就会发现新的可以分离的粒子。在一个小城镇的显贵之中，我发现了至少 36 个不同团体。这些各种各样的团体虽然规模十分微小，却还在无休止地积极分裂。它们每天都要清除其内部可能包含的任何异质成分，以便保留最纯粹的元素。通过令人惊叹的努力，有些团体的成员终于减少到了三四个人。结果他们的个性却变得更加尖酸，而且变得更容易争吵。区分每个小团体的标志是某些微不足道的特权，即使最不真实的特权也会让他们引以为荣。

为了争夺优先权，这些小团体之间的战斗永无休止。他们激烈的争吵令总督和法院都感到厌倦；“最后终于决定，圣水应当先献给初等法院，然后献给城镇团体。高等法院犹豫不决，可是这件事的裁判权已经交给御前会议，由它自己判决。争吵最激烈的时刻到了；这件事在全城引起了轩然大波。”如果全体显贵会议准许某个团体拥有优先权，其他失利的团体就会拒绝参加会议。他们宁可放弃全部公共事务，也不愿意忍受在他们看来是冒犯自己尊严的结果。拉弗莱什（La Flèche）的假发师行会决定“用这些手段表明，将优先权授予面包师理所当然会令他们感到痛苦”。有个城镇的一些显贵顽固地拒绝履行职责，总督报告说：“某些手工业者获准加入了议会，首要的资产者认为与他们为伍是一种耻辱。”在别的省份，总督说：“如果任命一位公证员担任市议员，会引起其他显贵的反感，因为本地的公证员都是出身低微的人，不属于显贵家族，起初都当过办事员。”前面提到过的六位“最优秀的公民”轻易地决定了要剥夺人民的政治权利，然而问题一旦涉及什么人应当算是显贵，在这些人之间应当设置怎样的优先顺序时，他们就陷入了奇怪的混乱。

面对这类问题，他们只是谦逊地表示满怀疑惑。他们说，他们害怕“让我们的几位同胞遭受太剧烈的痛苦”。

由于这些只考虑自己的小团体不断发生冲突，法国人与生俱来的自负和虚荣得以强化，变得更敏锐，同时身为公民的合情合理的自尊却被遗忘了。早在 16 世纪，前面讨论的行会大多都已经存在，不过他们的成员在处理各自社团的特定事务之余，还定期与所有其他居民联合，一起关注本地的整体利益。而在 18 世纪，这些团体几乎完全转向封闭，因为城镇的公共事务越来越少，并且总是委托代表处理。于是每个小社团都单独存在，只关心自己的利益，对没有直接影响的事务不闻不问。

过去没有“个人主义”这个词，它是我们为了自己的用途造出来的，因为在那个时代不存在不属于任何团体的个人，也不存在能够自认为绝对独立的个人；然而这些构成法国社会的无数小团体，每个都只为自己考虑。如果可以如此表述，那么它就是一种集体个人主义，它为我们了解的真正的个人主义提供了精神准备。

此外更加奇怪的是，所有这些人在彼此疏离的同时，却又变得如此相似，如果迫使他们彼此交换一下位置，就无法再识别他们了。更有甚者，如果谁探测他们的思想深处就会发现，将这些相似的人彼此隔离的琐碎障碍，在他们自己看来也既损害公共利益又违背常识；在理论上他们已经憧憬齐心协力。每个人都拘泥于自己的特殊地位，仅仅是因为其他人也在彰显各自的特殊，只要没有人索取自己的特殊利益，不追求超越一般的水平，他们融合成一个整体的一切条件均已具备。

第十章　政治自由的毁灭和阶级的分隔如何导致了几乎所有对旧制度致命的弊病

我在前面描述了侵蚀旧政治体制、导致旧制度灭亡的所有弊害中最致命的一种。现在我准备讨论这种最奇怪、最危险的弊害的根源，并揭示与它伴生的许多种其他弊病。

假如从中世纪开始，英国便失去了全部政治自由以及无法单独幸存的地方性自由，那么构成英国统治阶级的不同社会阶层就很可能分裂，法国就发生过这种情况，而且欧洲大陆的其他国家也在不同程度上存在这种情况；与此同时，他们将作为一个集团与人民隔离开来。而实际上，自由迫使所有阶层保持互相联系，从而使他们在需要的时候能够找到共同点。

由于野心的驱使，英国贵族能够与下属打成一片，如果有必要，甚至可以平等地对待他们，这种现象很有趣。前面引述过的阿瑟·扬的作品，是现存的关于旧法国的最有教益的著作之一。他在书中说，有一天正巧在乡村造访德·利昂库尔（de Liancourt）公爵家，他向公爵提及希望找几个本地区比较聪明富裕的农民问一些问题。公爵就命令管家去把农民们带来，这件事引发了这位英国人的评论："如果是在英国贵族家，就会有三四个农夫来和我见面，与主人全家一起用餐，坐在地位最高的贵妇中间。在我们的岛国，这种事我至少目睹过上百次。然而在当前的法国，从北部的加来到南部的巴约讷

(Bayonne)，我都无法遇到这种事。”①

诚然，英国贵族天性比法国贵族更傲慢，更不容易与地位较低的下属交往，但是其处境迫使他们不得不低调。为了维持统治权，他们不惜做任何事。数世纪以来，除去为了救济贫困阶层而不时采取的不平等政策，英国的税制不存在其他不平等。请读者思考一下，不同的政治原则会将如此相似的两个民族各自引向何方？在 18 世纪的英国，享有免税特权的是穷人；在法国却是富人。英国的贵族承担了最沉重的公共责任，以换取统治的权利；而在法国，贵族直到最后仍保留免税特权，作为失去统治权力的补偿。

14 世纪，“未经纳税人同意不可征税”这句准则似乎在法国和英国都确立了牢固的地位。它经常被引用：违背它的行动总是被视为暴政，恪守它就是遵守法律。正如先前提及的那样，那个时代法国的政治机构与英国的政治机构有很多相似之处。然而从那以后，两个民族的命运开始分道扬镳，随着时间流逝变得越来越不同。它们的命运好像两条线，虽然起点相近，斜率却略微不同，在延长的过程中相距越来越远。

我敢断言，随着国王约翰二世被俘、查理六世痴呆，②国家由于漫无止境的混乱而疲弊不堪，从那时开始，国王就可以未经国民的同意而全面征税，同时怯懦的贵族阶层只要自己享有免税权，就任凭国王向第三等级征税，所有恶习和罪恶的祸根在那时就已种下，

① 引文见于阿瑟·扬，《法国游记》，146 页。扬提到的东道主是德·拉罗什福考德（de La Rochefoucauld）公爵。

② 英法百年战争期间，1356 年英国名将爱德华亲王在普瓦提埃大败法军，俘获法王约翰二世。查理六世（1380~1422 年在位），因疯癫而把朝政均交其叔父们治理，结果酿成内乱，英国乘机重新开战并于 1415 年取得阿赞古尔战役的胜利，法国被迫签订辱国的《特鲁瓦条约》。

它们毁坏并终结了旧制度的残余生命，最后导致了它伴随着暴力的灭亡。此外，我赞赏科米讷（Commynes）[①]非凡而明智的判断："查理七世终于获胜，如愿以偿地强行征收军役税，不需要征求各等级的同意，但这给他和他的后继者们的灵魂增加了沉重的负担，并在王国身上造成了难以愈合的伤口，从此以后流血不止。"

事实上，这道伤口随着时间推移进一步扩大，让我们逐步关注它引起的后果。

福尔博奈（Forbonnais）[②]在他的学术著作《法国财政研究》中正确地指出，中世纪时的国王通常依靠自己领地的收入生活，他接着写道："既然额外的捐税用于供应额外的需求，那就由教士、贵族和人民均等分摊。"

14 世纪时，由三个等级通过投票批准的大多数全面征收的一般税其实都属于这种类型。这个时期设立的几乎全部是间接税，换言之，所有消费者都要交纳，没有差别待遇。如果是直接税，那么确定纳税额的依据是收入而不是资产。举例来说，贵族、神职人员和资产阶级都必须向国王献出他们每年收入的十分之一。这里我所说的由三级会议投票批准捐税的情况，也适用于在同一时期由各省三级会议设定的本地区的捐税。

那个时代的贵族确实已经可以免交被称为军役税的直接税，因为贵族要承担无偿服兵役的义务。但是作为一种一般税，当时的军

---

① 科米讷（约 1447~1511 年），欧洲文艺复兴时期弗兰德尔的历史学家，在政界与外交界任过要职，著有八卷本《回忆录》，讲述了路易十一和查理八世等法国君主的编年史。

② 福尔博奈（1722~1800 年），旧政权时期曾任货币总稽核，著有《1595 年至 1721 年法国财政研究及评论》，参与过《百科全书》的编纂，持重商主义观点。大革命初期是制宪会议财政委员会成员。

役税的使用方式比较有限，更多地适用于庄园，而不是整个王国。

当国王第一次尝试运用自己的权力征税时，他意识到最一开始有必要选择一个似乎不会直接影响贵族的税种，因为在那个时代，贵族阶层是君主统治的危险的竞争对手，他们绝不会容忍有损自身利益的改革。于是国王选择了贵族可以免交的一种税：军役税。

结果在已经存在的各种特殊的不平等之上，又增加了一种更普遍的不平等，使其他不平等变得更严重并永久化了。从那时开始，国库的需求随着中央政府特权的增多而飞速增长，军役税也不断扩大和多样化。它很快就翻了十倍，而且所有新税种都变成了军役税。因此税赋的不平等逐渐隔离了不同的阶层，使人与人之间的孤立达到了前所未有的程度。征税的目的不是让最有支付能力的人纳税，而是压榨最缺乏自卫能力的人，于是这种可怕的后果就无可避免了：富人免税，穷人受罪。根据权威的说法，由于缺少现金，马扎然（Mazarin）①曾经想向巴黎的主要豪门征税，但由于遇到了利益相关者的抵抗，他就妥协了，只好通过全面征收的军役税获取他需要的 500 万里弗。他原本希望向最富庶的公民征税，最后负担却落到了最贫穷的百姓身上。不过最终国库没有丝毫损失。

摊派如此不平等的税赋收益有限，而君主们的需求却无止境。尽管如此，他们仍然不希望通过召开三级会议获取财政补贴，也不希望向贵族征税，以免激怒他们召集三级会议。

结果造成了财政理念的异常及其有害的衍生能力，这是在君主统治的最后三个世纪，公共资金管理突出且典型的特征。

只有详细研究过旧政权下财政和行政管理的历史才能理解，如

---

① 马扎然（1602~1661 年），意大利裔法国政治家，继黎塞留担任路易十四的首相和枢机主教，使法国在对外战争中屡胜，但财政危机迫使他进行改革。当政期间巩固王权，确立了法国在欧洲的霸主地位。

果一个政府虽然慈善但缺乏公共监察或者支配手段，一旦其权力正当化，并摆脱了对革命的恐惧——那是人民的最终防御措施，对金钱的需求就会驱使它降格至采用暴力和不光彩的手段。

在君主统治时期的记录中，随处可以发现王家的资产被出售后又被没收的情况，理由是不可转让。订立的契约遭到破坏，设定的权利遭到无视。每次遇到危机，国家债权人就成为牺牲品，政府无休止地欺骗民众，失去了公信力。

授予时号称永久性的特权随时都会被撤销。如果同情由愚蠢的虚荣而造成的不幸，我们或许会怜悯那些不幸的敕封贵族的命运，在整个 17 世纪和 18 世纪，他们不得不一次又一次付钱，反复赎买毫无意义的荣誉头衔和不正当的特权。例如路易十四就宣布撤销在过去九十二年间授予的全部贵族头衔，其中大多数是他亲自授予的。要保住头衔就必须支付额外的费用，按照敕令的说法，“这些头衔全部是在我们不知情的情况下获得的”。80 年后，路易十五又成功效法了这个先例。

政府禁止人民花钱找别人替自己服兵役，据说是因为担心这样会抬高征募新兵的成本。

为了借钱给国王，城镇、社区和收容所被迫违背各自的承诺。教区不能承揽有益的规划，因为担心这样会导致资源分散，无法按照严格标准支付军役税。

传说路易十五的财政总监奥里（Orry）先生和桥梁与道路工程部部长特吕代纳（Trudaine）先生曾经有一个设想，让每个行政区的居民支付一笔钱用于修理道路，以代替工程劳役。后来这两位聪明的管理者被迫放弃了这个计划，其理由发人深省：据说他们担心收集到资金之后，就无法防止国库挪用这笔钱，然后过不了多久，纳税人就将被迫承担新捐税和工程劳役两项负担。我可以毫不犹豫地说，如果任何个人敢于像全盛时期的伟大国王路易十四那样管理公共财产，他肯定难逃上法庭受审的命运。

无论在什么地方，你如果发现一些有害的改革，或者违背时代精神的中世纪的古老机构在其缺陷进一步恶化的同时继续存在，那就深入探究以找出祸根：你会发现它本来是财政方面的权宜之计，后来却转变成了制度。为了偿还一时的债务而确立的新权力竟延续了数个世纪。

在非常遥远的过去，当平民得到贵族的土地时，为了补偿贵族世袭领地的缩小，必须交纳一种特别的税，即所谓的自由封地获取税。这种税致使土地被分割成小块，同时也导致了人与人之间的分裂，这两种效应有规则地互相强化。我不确定，在隔离平民与贵族方面，封地获取税是否比其他税赋发挥了更大作用，因为土地所有权是消除人与人之间差别的最快速、最有效的东西，能防止人们失去自己的身份。于是，贵族的资产与他们的邻人平民的资产之间的鸿沟不时在扩大。与此相反，英国在 17 世纪就废除了贵族的封地与平民保有的土地之间的全部区分标志，因而空前地促进了这两个阶层的团结。

在 14 世纪的法国，自由封地所需的封建税负担轻微，而且很少征收，可是到了 18 世纪封建制度濒临灭亡之际，这种税却要每二十年征收一次，数额相当于平民全年的收入。父亲死后，由继承遗产的儿子继续交纳。1761 年，图尔的农业协会表示：“这种税对农业技术的进步造成了不胜枚举的损害。在国王陛下征收的全部税赋中，它想必是农村人觉得最繁重、最难以承受的。”

另外还有同时代的人说过：“这种税起初只是一生征收一次，后来却变成了非常令人痛苦的负担。”连贵族阶层也想废除这项税赋，因为它阻碍了平民购买贵族的土地，但由于国库的需求，它一直保留下来并且逐渐增加。

有人把同业行会导致的弊病一概归咎于中世纪，那是错误的。

全部证据表明，行会师傅和管事会本来仅仅是同行业成员建立联系的手段，并且每个行业内部都设置一个小型的自由机构，其任务是协助和控制工人们。圣路易(Saint Louis)[①]好像没有比这更多的要求。

直到16世纪初，在文艺复兴的全盛期，法国人才第一次想到把工作权利当成一种由国王出售的特权。从那时起，每个行业团体都变成了小规模的封闭性的统治集团，最终建立起严重阻碍技术进步的垄断，激起了我们的祖先们的愤怒。亨利三世即便不是这种祸害的始作俑者，他也使它在法国蔓延，直至路易十六消除了这种祸害，公平地说，在此期间行会制度的危害始终在增长和扩散，社会的进步使其显得更加难以忍受，公众舆论更加关注它们的存在。每年都有新行业失去自由，旧行业得到更多的特权。弊端影响最广泛的时期是通常所谓的路易十四统治下的黄金时代，因为那时金钱的需求量前所未有地巨大，不向国民求助的决心又前所未有地坚定。

1775年，勒特罗纳(Letrosne)正确地指出："政府建立工业团体，只是为了攫取财源，时而通过出售特许执照，时而通过设置新官职，令工业团体不得不购买。1673年的敕令引出了亨利三世设置的原则的最终后果，强迫所有团体购买授权证书，而且所有不属于任何团体的手工业者都必须加入。这件卑鄙的事带来了30万里弗的收益。"

我们已经看到，城镇的体制就是这样被颠覆的，不是出于政治意图，而是为了获得财富充实国库。

由于这种对金钱的需求，加上国王不愿意申请三级会议同意，于是产生了卖官鬻爵的惯例，它逐渐变得异常，成了世界上前所未有的东西。作为财政需求的产物，这种制度助长了第三等级的虚荣心，使他们在三个世纪中执迷地专门追逐政府公职，这种获取职位

① 指路易九世（1226~1270年在位），参加过十字军东征，在内政上励精图治。

的普遍激情逐渐渗透进了国民的内心深处，后来成为革命和奴役共同的精神根源。

国家财政越困难，新的职位就越多，所有新职位都有免税权和特权报酬。因为是出于国库的需求而不是行政管理的需求，所以这些官职的数量几乎多得难以置信，而且全部是无用甚至有害的职位。1664 年，柯尔贝尔（Colbert）[①]发起的一项调查表明，为了这种可鄙的资产，法国人投入的资金总额多达将近 5 亿里弗。据说黎塞留废除过十个官职，可是它们立即又以不同的名目复活。为了交换一点金钱，政府主动放弃了领导、控制和约束自己代理人的权力。通过这种方式，逐步建立起了一个庞大、复杂、运转不灵、没有效益的行政机器，政府不得不允许它闲置，同时在它旁边建立一种更简单、更容易管理的统治工具，以便承担那些行政官员们只是在假装履行的职能。

假如允许讨论这些可憎的机构，它们想必全都无法维持二十年以上。假如在三级会议仍然不时召开的时候，征询三级会议的意见或者听取投诉，这些机构就不会设立，或者至少情况不会恶化。虽然三级会议在最近几个世纪极少召开，却它不停地猛烈抨击这些机构。在有些场合，三级会议曾经指出，国王窃取权力专横地征收税赋是所有不正之风的根源。或者用 15 世纪充满活力的语言表述，他们指责“国王未经三级会议的审议和同意，榨取人民的血汗养肥自己的权力”。三级会议关注的不单是自己的权利。他们强烈坚持要求尊重各省和城镇的权利，而且经常能成功。在每届新会议上，都有反对税赋不平等的呼声。三级会议反复号召废除行会制度。他们抨击卖官鬻爵的做法，每进入一个新的世纪，其态度就更激烈一

---

① 柯尔贝尔（1619~1683 年），1665 年起担任路易十四的财政大臣，主张国家统制经济，发展工业，鼓励出口以换取贵重金属货币，牺牲农业。

些。他们说："出售官职就是出卖公正，这是邪恶无耻的行径。"卖官鬻爵的惯例确立之后，他们继续控诉滥设职位。他们反对无用的职位和危险的特权，但总是徒劳无功。实际上，这些制度正是针对他们设置的。它们的产生不是为了召开三级会议，而是为了掩饰不能向法国人民暴露真面目的税赋。

请读者注意，最好的国王与最坏的国王一样凭借这些惯例赚钱。路易十二[①]最终确立了卖官鬻爵的制度，亨利四世开始出售世袭官职：这些制度的罪恶远远大于利用它们获益的那些人的优点。

其次，出于逃避三级会议监管的需求，大部分政治特权转移到了最高法院，因而导致了政府司法权的混乱，这严重损害了公共事务的管理秩序。于是有必要提供新的保障，以代替被消除的东西。因为只要专制政权不是太暴虐，法国人就会相当耐心地忍受，但是他们不喜欢直接面对它，所以明智的做法是在专制政权之前设置一些表面上的障碍，虽然不能阻止它，但至少可以隐藏真相。

最后，这种向国民索取金钱但禁止他们要求归还自由的欲望使政府必须始终监视各个阶层，以便阻止他们在共同的抵抗中联手，确保人民彼此分离，这样政府就永远不必同时对付众多敌人。在这段漫长的历史时期，涌现过许多出色的君主，其中有的富于智慧，有的才华卓越，几乎所有人都很勇敢，但是没有哪位君主曾经努力促使各个阶层联合统一，他们只会使不同阶层处于同样的依附地位。不过我说错了：只有一位国王有过这种想法并且全心全意地致力于此事；而这位国王正是路易十六——谁能明了上帝的判断！

阶级分裂是古老君主制度的罪过，后来变成了它的借口，因为当国民中最富有、教育程度最高的那部分人再也不能在治理过程中

① 路易十二（1498~1515 年在位），统治时期致力于改革，被称作"人民之父"，但对外战争频繁，给法国带来灾难。

互相合作、寻求共同点的时候，国家的自我管理就变得不可能了，必须有主宰人物介入。

杜尔哥在写给国王的报告中遗憾地说道："我们这个民族，是由很少联系的各个等级构成的，组成它的人民之间缺乏纽带，每个人都只关心自己的特殊利益。在任何地方都找不到明显的共同利益。各个村庄与城镇之间的共同关系与它们所属的行政区之间的一样少。即使在从事必需的公共工程时，它们也无法达成一致。这场各种要求和计划之间的斗争永无休止，迫使国王陛下亲自决定每件事，或者通过代表处理。在为公共利益作贡献或者尊重其他人的权利——在有些情况下是行使自己的权利——之前，人们的习惯是等待您的特别命令。"

几个世纪以来，法国公民们形同陌路或者相互仇视，要让他们联合起来，教他们为了自己的事业承担共同的责任，这是一项艰巨的任务。让他们产生分歧比让他们团结容易得多。我们已经向世界提供过值得记忆的例证。重重隔阂使法国人孤立了太久，以致六十年前，当构成旧社会的各个阶层重新开始互相接触时，他们首先戳到了彼此的伤痛，重新开始互相了解的结果是自相残杀。事实上，他们的妒忌和仇恨至今仍未消失。

第十一章　旧制度之下确立的自由的类型，及其对大革命的影响

如果读者就此止步，他对旧制度下的政府的印象就非常不完整，对形成大革命的社会环境的了解也十分不足。

公民们一盘散沙，只顾自己，君主制政府的势力强大而广泛，看到这样的社会，或许有人以为独立精神已经与公共自由一起消失，所有法国人都同样服从君主的支配。然而实际情况全然不同。政府已经掌握了所有公共事务的唯一而绝对的控制权，但是它远远不是每个个人的主宰。

尽管专制权力已经订立了很多种制度，但自由依然存在，只不过是一种特殊的自由，今天的人难以理解，如果希望知道它给我们带来的好处和害处，就必须仔细考查它。

虽然中央政府取代所有地方政权，逐渐占据了整个公共管理领域，但它曾经设立或者允许保留的某些制度以及古老的习俗或道德观念甚至恶习，却妨碍了它的活动，使很多人的思想中保留了反抗精神，无数人的性格中的果断和坚定仍然完好无损。

那时的中央集权的性质、程序和目标已经与今天的相同，只是权力不同。出于利用一切赚钱机会的欲望，政府出售了大多数官职，因而失去了任意授予和免除官职的能力。于是政府的一种激情严重损害了另一种：贪婪阻挠野心的实现。为了行动，政府不得不反复依赖并非自己制造且无法破坏的工具。因此它经常发现，最专制的

意志在执行过程中变得疲软无力了。这种怪诞而有缺陷的公共职能，反而成了抵御权力无限的中央政权的政治保障。它就好似不合规范、构造拙劣的堤坝，分散了政府的力量，缓和了冲击。

此外，那时的政府与今天的不同，在分配各种各样的恩宠、赈济、荣誉和现金时还没有无限的权力，因此它威逼利诱的手段不如今天的多。

而且政府对自身权力的确切限度没有完整的认识。它的特权没有得到法律认可，也没有牢固地确立。它的行动领域非常广，但是仍然要试探着前进，仿佛身处晦暗而陌生的地方。可怕的阴影隐藏了权力的界限，遮蔽了所有权利，鼓励君主们夺去臣民的自由，不过也时常有利于保卫自由。

行政管理机构意识到自己新近诞生而且不是正统，所以接触到任何障碍都会胆怯。如果阅读 18 世纪总督与大臣们的通信就会惊讶地发现，如果被统治者俯首帖耳，政府就显得蛮横专制，但一旦遇到最小的抵抗，政府就会吓得目瞪口呆。最轻微的批评也会令它焦虑，最微不足道的抗议也会令它惊恐。然后它就停步不前，踌躇不定，慎重考虑，采取克制的措施，经常不敢越过自然的权力界线。路易十五那屈从的自我中心及其继位者的仁慈，都属于这类表现。而且这些君主做梦都未想过竟会有人废黜他们。他们没有那些后继的统治者由于恐惧而形成的焦虑不安和严酷的性情，也看不见遭受蹂躏的人民。

那些特权、偏见和错误思想本来是确立合法而有益的自由的最大阻碍，却使众多臣民保有独立的精神，引导他们抵抗权力的滥用。

贵族们强烈地鄙视行政管理机构（严格意义上的），虽然他们时而要向其求助。纵然放弃了以前的权力，他们仍然保留着祖先的骄傲，既敌视奴役，又敌视法律规章。总体而言他们不关心公民的自由，乐意容许政府严格管制人民。但是他们不允许政府插手自己的事，为此宁愿冒巨大风险。大革命刚爆发后，最终将与王权一起垮台的贵族阶层仍然以无比傲慢的态度对待国王，特别是国王的代理人，他们使用的语言比很快就要推翻君主统治的第三等级的语言更加激进。他们公开提出的要求，是我们在采用代议制政体的三十七年间享有的反对滥用权力的几乎全部保障。阅读贵族们的陈情书，我们可以感觉到，除去偏见和错误，贵族的精神和一些高尚品质依然如故。永远令人遗憾的是，君主制度不是让贵族阶层服从法律规则的约束，而是打倒并连根铲除他们。这种做法使民族丧失了必要的实质性部分，给自由留下了永远无法愈合的伤口。这个阶层数世纪以来一直走在社会前端，通过长期保有无可争议的尊贵身份，他们已经养成了某种心灵的自尊，以及基于自身力量的天生的自信，习惯被视为社会群体中最具抵抗力的部分。它不仅具备最强有力的道德观念，而且以身作则，强化了其他阶层的气质。彻底铲除贵族，甚至会削弱他们的敌人。没有什么能够完全取代它，它也永远不能再生。祖先的头衔和资产可以重新获取，然而先辈的灵魂和情操却无法恢复了。

从那时起，在非宗教事务方面，神父们经常像奴隶一般对世俗君主唯命是从，不管是哪个君王，只要在表面上维持对教会的恩宠，他们就用最直白的方式阿谀奉承，而在以前，他们曾经是国民中最具独立性的群体之一，唯独他们拥有连君王也不得不尊重的特殊自由。

外省已经失去了特权，城镇过去的自治权只剩下幻影。如果国王没有表示许可，禁止十人以上的贵族聚会商讨任何事务。然而，法国的教会直至最后还保留着定期召开会议的权力。在教会内部，教权的界限受到尊重。低级教士享有真正的保障，可以抵御上级的暴虐；主教不能行使无限的权力，无法逼迫下属消极服从国王。我不敢随意判断教会的旧体制，只是主张，它没有使神职人员的灵魂受政治的奴役。

此外，很多神职人员有贵族血统，他们将贵族式的自尊和极度独立的精神带进了教会。而且他们的社会地位较高，拥有某些特权。虽然事实证明这些封建权利对教会的道德权威是致命的威胁，但它们却使那些教士面对世俗权力得以保持独立的精神。

不过在赋予神父们公民的思想、需求、情感——在多数情况下还有热情——的条件中，起最大作用的是土地所有权。我曾经耐心阅读古代的省三级会议留存下来的大部分报告和讨论，尤其是朗格多克（Languedoc）的省三级会议的，因为该省的教士比其他省的更积极地参与公共管理的具体事务。我还查阅过 1779 年和 1787 年的省三级会议的记录，带着那个时代的观念去阅读那些文件，惊异地发现这些主教和修道院院长中有些人既以虔诚和学识广博而受尊崇，又能撰写关于修建道路或运河的报告，熟稔地处理问题，像掌握充分知识和技术的专家一样讨论增加农作物产量、保障公民的福利、促进工业繁荣的最佳途径，与共同处理同类事务的外行人相比，他们毫不逊色，经常还更加优秀。

与普遍盛行并且确立了牢固地位的一种意见相反，我大胆地认为，剥夺天主教教士的全部土地所有权，将教会的财政收入全部转变为薪俸，这种做法只对罗马教廷和世俗君主有利，并使国民丧失了自由的一个非常重要的组成部分。

如果一个人在生命中最好的岁月只能服侍身外的权威，在自己居住的国度又不能拥有家庭，那么他与这片土地的联系就只有一种，即土地资产。一旦切断这条纽带，他就不再属于任何特定的地方。在这块他偶然出生的土地上，他仿佛是生活在世俗社会的陌生人，几乎没有能够直接影响他的利益。他的良心只能依靠教皇，他的生存只能依靠君王。他唯一的祖国是教会。每当发生政治事件，他只看到与教会的利害相关的东西。只要教会保持自由、繁荣，其他事情有什么要紧的呢？他最自然的政治立场是漠不关心。作为上帝之城的优秀成员，他是其他地方的平庸公民。神职人员是整个民族的道德指导和年轻人的导师，他们的情感和思想都是如此，难怪国民的灵魂在公共生活方面逐渐变得软弱无能。

如果希望对人们的处境变化引起的思想上的革命形成一个准确的概念，就必须阅读1789年教士等级的陈情书。

教士们在陈请书里常常表现得不容异议，有时顽固地执着于以前的特权，不过他们也与第三等级和贵族一样，敌视专制统治，赞成公民自由，热衷政治自由。他们不是通过承诺正式宣布必须保障个人自由，而是通过类似于人身保护法①的法律程序。他们号召毁掉政治犯监狱，废除特别法庭和调案制度，所有法庭辩论公开，所有法官任期终身，所有公民都有资格担任政府雇员，任命的唯一标准必须是才能。他们还号召在征募新兵的过程中减少残酷压迫和羞辱人民的行为，任何人都不应免服兵役；赎回领主权利，因为它是封建政体的违背自由的产物；不限制工作的自由；废除国内关税；扩大私立学校的规模，在每个教区至少建立一所，向学生提供免费教育；在全部农村地区设立慈善机构，比如救济院和慈善工坊；用各种各样的办法促进农业发展。

在严格意义的政治领域，教士们比其他人更有力地主张，为了制定法律并在不受强迫的条件下投票决定税制问题，国民拥有召开议会的不受约束、不可转让的权利。他们坚决主张，未经本人或其代表投票表决，不能强迫任何法国人纳税。教士们还号召每年召开三级会议，其成员应当通过自由选举产生，讨论的所有议题都应当向国民公开。三级会议通过的法律是全国适用的普通法，其他惯例

---

① 人身保护法，指被告享有人身权利，非经法院签署法令不得逮捕。1679年英国制定人身保护法，确保尊重个人自由。

或者特权不应与之相悖。三级会议的任务还有筹备财政预算方案，甚至监督王室的开支。其代表应当享有豁免权，大臣必须向三级会议负责。教士们还号召在每个省设立类似的三级会议，在每个城镇设立地方议会。他们完全没有提及神权问题。

尽管其中某些成员有显而易见的过错，但整体而言，我怀疑在世界上的任何地方都找不出比大革命前夕的法国天主教教士更卓越的神职人员。他们更开明、更有民族性、更少受到私人道德的阻碍、更富有公共道德，信仰更虔诚，对他们的迫害就是十分清楚的证明。我开始研究旧社会时对教士充满偏见，结束研究时却对他们充满敬意。事实上，教士的缺陷仅仅是一切紧密联系、组织良好的机构团体所固有的缺陷，无论是政治组织还是宗教组织，都有扩散的倾向，都有某种程度的不容异议的精神，他们本能地固执于团体的特殊权利，这种本能有时是盲目的。

旧制度下的资产阶级表现出的独立精神远远超过今天的资产阶级。事实上，其组织上的一些缺陷也有助于保持这种独立。正如我们已经看到的那样，担任行政管理职位的资产阶级比今天的更多，而且他们对公职表现了同样的热情。但是请注意过去与现在的区别。那时的大多数官职都是政府无权批准或者撤销的，因而提高了任职者的重要性，让他们不用受权势支配。换言之，在今天使人民的服从达到极点的官位，恰恰是在过去博得尊重的最强有力的东西。

各种各样的豁免权令人遗憾地导致了资产阶级与平民的分离，并且倾向于使资产阶级变成假贵族，这些假贵族经常显示出真贵族的骄傲和拒不服从的性格。资产阶级分裂成了众多小团体，在每个小团体中，人们很容易忘记整体利益，只考虑小团体的利益和权利。这个群体中的成员要捍卫共同的尊严和特权。没有人能在人群中寻找避难所，或者隐藏不得体的交易。每个人都在舞台上扮演自己的角色，舞台虽然小却很明亮，演员总是面对同样的观众，后者随时准备喝彩或者发出嘘声。

与今天相比，那时镇压所有反抗的手段还远未完善，法国尚未变成今天这样的压抑一切回声的地方。正相反，每一个声音都会激起回响，尽管没有出现政治自由的迹象，只要抬高嗓门，呼声就可以传出很远。

在那个时代，司法机构是确保被压迫者的呼声不至于湮没的唯一途径。在当时的政治和行政管理制度下，法国已经变成了专制统治的国家，但是由于我们的司法制度，人民依然是自由的。旧政权下的司法体系复杂、运转不灵、行动迟缓、成本高昂，这些固然是严重的缺陷，但是司法体系没有过度屈从于政府，而屈从是贪污腐败的一种形式，甚至是最坏的一种。这种最严重的恶习不仅使法官堕落，而且很快传染了全体人民。而在过去，这种恶习是完全未知的，地方法官是任期终身的，不寻求晋升，这两点都是确保其独立性的必要因素；因为如果一个人不可能强迫法官做任何事，事情将会怎样？如果有无数种办法可以赢得法官的同意，事情又会怎样？

王权确实已经几乎完全剥夺了普通法庭对涉及当局利益的案件的审判权，可是在剥夺了法院的权力之后，王权仍然在害怕。虽然它阻止普通法庭裁决案件，却不敢阻止法院听取投诉和陈述意见。此外，古法语喜欢用恰当的词称呼事物，司法语言在某种程度上保留了这种风格，地方法官经常直言不讳地用“专制”和“专横”描述政府的办事方法。法院用不合常规的方式干涉治理，经常扰乱处理公共事务的正常秩序，有时这样却保护了个人的自由。这就是所谓的以恶制恶。

在司法机构内部及其周围，古老的道德观念在充满新思想的环境中依然保持活力。与公共利益相比，高等法院无疑更加关心自己，不过无可否认，在捍卫自己的独立和荣誉时，高等法院始终表现出无畏的精神，并且把这种精神传播给了接触它的每个人。

1770年，当巴黎高等法院被撤销时，相关的法官们失去了地位和权力，然而他们全都没有屈从国王的意志。不仅如此，那些类型完全不同的法院——比如审理间接税案件的法院——虽然没有受到攻击和威胁，却在国王的处罚确定之后挺身而出，接受同样严厉的处置。更加感人的是，在高等法院辩护的首席律师们凭他们的自由意志选择分担法院的命运。他们放弃了名声和前途，宁可沉默，也不肯在蒙受耻辱的法官面前出庭。在自由民族的全部历史上，我不知道还有什么比那个时刻发生的事情更伟大，然而它就发生于18世纪，在路易十五的宫廷附近。

司法的习惯在许多方面变成了民族的习惯。人民通过法庭学到的思想是任何议题都由辩论决定，任何决定都可以复议，还有公开讨论以及坚持正式程序的惯例，这些都与奴役格格不入，也只有在这些方面，旧制度对自由人民的教育做出了贡献。行政管理机构也借用了大量的司法语言和习惯。国王认为自己有责任在发布所有敕令时陈述理由，在下结论之前解释原因；御前会议的政令总是以长篇大论的序文开头；总督派遣执行官去宣传他们的法令；在所有古老的行政管理机构内部，例如在法兰西财务主管或者市议会中，人们公开讨论问题，听取相反的论点之后再进行决定。这些习惯和正式程序全部都是独断专行的君主统治的障碍。

只有人民几乎总是处于毫无防备的状态，尤其是乡村的人民，除了使用暴力手段，他们无法抵抗压迫。

我在这里列举的大多数防御手段，实际上都是平民无法运用的。利用这些武器的前提是必须拥有可能让别人看到你、听到你的声音的社会地位。然而在法国，除了普通的人民，任何人只要有勇气就能够为他的顺从讨价还价，在看似卑躬屈膝的同时暗中抵抗。

国王向国民讲话时，态度更像氏族首领而不是主人。在路易十五统治初期，他颁布的一道敕令的开场白中说：“我们统治着一个自由而善良的民族，我们为此感到光荣。”他的一位祖先已经用更古老的语言表述过同样的想法。在感谢三级会议的大胆抗议时，他说：“我们宁可向自由民而不是农奴讲话。”

18世纪的人基本上不了解追求安逸的激情，这种欲望在某种意义上是奴性的根源，既优柔寡断又顽固不化、难以改变，它很容易与一些私人道德混合在一起，可以说是与之纠缠不清，例如热爱家庭、正常的道德、尊重宗教信仰、虽不热心却勤于遵守既存的宗教惯例；它认可诚实，排除英雄精神，善于培养遵守规矩、懦弱胆小的公民。与今天相比，18世纪的人既比较好，又比较坏。

那个时代的法国人喜欢娱乐，享受愉悦。与今天的法国人相比，或许他们的习性更加放荡不羁，他们的热情和思想更加混乱无序，但是他们完全不了解如今这种有节制的、举止得体的肉欲主义。上层等级的人们花更多时间美化生活，而不是让生活更安逸舒适；追求荣誉、名望，而不是赚取财富。即使是资产阶级，也没有人全心全意地投身于对财富的追逐。很多人放弃了那种追逐，转向更崇高、更文雅的消遣。每个人都投资了金钱之外的一些善事。有一个同时代人用一种奇怪但是带着自豪感的笔调写道：“我了解我的民族：虽然他们擅长铸造硬币和浪费贵金属，但他们的天性并非崇拜金钱，他们随时准备回归古老的偶像——英勇、荣耀，我敢说还有宽宏大量。”

此外，我们必须小心地避免根据对最高权力的顺从程度衡量人的卑贱程度；那种标准是误导性的。无论旧政权下的人如何服从国王的意志，他们都不熟悉这种服从：他们不知道什么是屈从于一个非法的或者有争议的政权，或是一个几乎不受尊敬、时常受到鄙视的政府，他们不会因为其力量是有利还是有害而随意地屈服。那种贬低身份的奴役形式对他们而言始终是陌生的。国王在他们心中激发的情感，超过了后来世间最专制的统治者能够唤起的情感，而大革命从法国人心中连根铲除了这些情感，因此我们难以理解它们。那个时代的人们对国王的感情既包含对父亲一样的温和亲切，又含有专属于上帝的尊敬。他们遵守国王最专断的命令，不是因为强迫而是出于爱，即使在极度依赖的状况下，他们也经常保持非常自由的精神。对他们而言，服从的最大害处是要采取强迫手段；而在我们看来，那是最微不足道的害处。不要鄙视我们的祖先，我们没有那种权利。但愿我们在发现他们的偏见和谬误的同时，可以重拾一点他们的荣光！

因此，如果以为旧制度时期是充满奴役和依赖的时代，那就大错特错了。那时自由的普遍程度远远超过今天，不过那是一种不正规的、时断时续的自由，而且总是受到阶层之分的限制，总是受到特例和特权的观念的束缚，它们允许人民几乎像反抗专横权力的行使一样公然违抗法律，却几乎不能保证全部公民拥有最自然和最必需的权利。虽然这样的自由是受到限制和扭曲的，但也是富有成效的。在那个时代，中央集权反复努力使一切同化均等，扭曲和玷污每一种特别的个性，而自由使很多人得以保持固有的独创性，引出了他们的特色和风格，培养他们的自尊，在许多情况下，使对荣耀的追求成为他们至高无上的愿望。自由塑造了充满活力的灵魂，自豪的有冒险精神的天才，他们将在我们准备叙述的故事中登场，他们将使法国大革命成为后世颂扬和恐惧的对象。假如在自由已遭放逐的土地上，能够培育出如此德行，那才真是不可思议。

然而，即使这种混乱而病态的自由为法国人提供了推翻专制统治的准备，它或许也使法国人比其他民族更加不适合在旧制度的废墟上建立和平而自由的法律制度。

第十二章　尽管有文明的进步，为何18世纪法国农民的境遇有时比13世纪时更差

18世纪时，法国农民也许不再是封建小领主的牺牲品；他们只是偶尔受到政府的暴力攻击。他们享有公民自由，拥有一部分土地。然而其他所有阶层都与他们隔离，他们的处境更加孤立，其程度或许比世界上的任何地方都更严重。这是一种独一无二的新压迫，我们应当更详细地关注它的效应。

根据佩雷菲克斯（Péréfixe）[①]的说法，早在17世纪，亨利四世就抱怨贵族们离弃乡村。到了18世纪中期，离弃乡村几乎成了普遍现象。那个时代的文献全都提及这个事实，并为之悲叹：在经济学家的作品中，总督们的通信中，农业协会的报告中都有相关内容。在人头税的账本中可以找到不容置疑的证据。人头税是按照实际的住处征收的，所有上层贵族和部分中等贵族的收据地址都在巴黎。

除了那些财产太少、无力移居的小贵族，几乎没有贵族留在乡村。我认为与他们的农民邻居相比，他们的境况是任何富有的土地所有者从未经历过的。贵族既然不再是农民的领袖，他们就没兴趣

---

① 佩雷菲克斯（1605~1670年），法国高级教士，路易十四的家庭教师，推崇亨利四世，曾发表《亨利四世传》。1664年任巴黎大主教。

像以前那样关心和帮助农民，引导他们前进。另一方面，既然贵族与农民承担的税赋不同，没有共同的境遇，他们就不会对农民的困苦感到真诚的同情，也不会了解农民的苦衷或不满。这些农民不再是贵族的附庸，而贵族尚未成为农民的同胞：这是史无前例的情况。

这种情况导致的现象或许可以称为心灵意义上的不在地主制，它比通常意义上的不在地主制更加常见、更有毁灭性。结果在自己庄园生活的贵族所表现的情感和看法经常与在他离开乡村期间担任代理的管家一样。他像管家一样，认为佃农只是债务人，坚持要求收取一切按照法律或者习俗应当得到的东西，以至在有些情况下，封建权利的残余强加给农民更沉重的负担，超过了严格意义上的封建时代。

这些小贵族经常负债累累，总是入不敷出，通常居住在城堡里，经济状况相当拮据，一门心思想着怎样攒钱，以便去城镇过冬时消费。平民百姓的语言经常直接揭露本质，他们给这种小贵族起的绰号是“燕隼”，这是一种体型最小的捕猎飞禽。

无疑可以找到不符合这种描述的个人特例，但是我在这里谈论的是阶层，它才应当是引起历史学家兴趣的对象。谁会否认在那个时代也有许多富裕的土地所有者关心农民的福祉，尽管他们没有那个义务，而且与农民没有共同利益？但是我情愿说，那些人成功地违逆了他们的新地位的法则，无论他们自己的意愿如何，社会规律迫使他们漠不关心农民的生活，也驱使他们以前的附庸憎恨他们。

人们经常将贵族离弃乡村的现象归咎于某些国王和大臣的具体影响，明显的例子就是路易十四和黎塞留。事实上，在君主制度的最后三个世纪里，君主们信奉的思想几乎一直是分离贵族与人民，怂恿贵族进入宫廷担任公职。在君主仍然畏惧贵族阶层的 17 世纪，这种倾向特别明显。他们向总督们提出的问题中包括这样的疑问：“你的行省的贵族愿意留在自己的庄园还是离开？”

有一封留存至今的某位总督的信件回答了这个问题。总督抱怨说，省内的贵族不愿意留在宫廷履行职责，反而喜欢与当地的农民为伍。值得注意的是，这里提及的行省是安茹，也就是后来的旺代。据说这里的贵族拒绝向国王尽义务，可是后来整个法国只有他们拿起武器，捍卫君主统治，其中有些人还在战斗中为之殉身。而且，他们拥有这种荣耀的原因只在于一个事实：他们能够留住忠于他们的农民，虽然有人批评他们喜欢与农民为伍。

那时领导国家的那个等级离弃了乡村，然而我们必须小心地避免将这种现象归咎于某些国王的直接影响。导致它的首要和持久的原因并非某些个人的意志，而是某些制度的缓慢而稳定的运作。证据就是，到了 18 世纪，当政府想要清算弊端时，却连抑制危害的扩大都做不到。随着贵族失去政治权利却没有其他人取代，以及地方自由的消失，移居的贵族越来越多。已经没必要再引诱他们离开家园，因为他们不再希望留在乡间。他们已经觉得乡村生活枯燥乏味。

这里所说的关于贵族的内容应该适用于全法国的富有的土地所有者：中央集权制度驱使富有的、受过教育的居民离开乡村。实际上，我或许可以补充说，中央集权制度导致农业生产效率低下、缺乏技术创新，这个观察结果可以用来注解孟德斯鸠的非常深刻的评论："土地能否多产，更多地取决于居民是否拥有自由，而不是土地的肥沃程度。"不过在这里我不希望偏离主题。

我们已经看到，法国各地的资产阶级都离弃乡村，在城镇寻找庇护所。在这一点上，旧制度时期的记录的一致程度最高：在乡村里几乎不存在延续一个世代以上的富裕农民。一个勤劳的农夫一旦设法积攒了一点财产，就会立刻让他的儿子丢下种田的工具，安排他进城，给他买个小官职。法国农民经常对让自己致富的职业感到一种突出的憎恶，这种普遍情感如今依旧存在，它的起源可以追溯至那个时代。虽然其成因已经消失，影响却流传至今。

事实上，在有教养的人——用英国人的说法就是“绅士”——之中，只有本堂神父继续与农民一起生活，并且保持密切接触。尽管伏尔泰如是说，假如神父与政治统治集团的联系不是如此密切且形迹明显，他们本来会成为农村人的领袖。由于神父分享了统治集团的种种特权，他们也激发了特权所引起的一些憎恨。

因此农民与社会上层等级几乎彻底隔离了，甚至疏远了同一等级中本来可能帮助和指导自己的人。他们互相回避，因为有些人获得了教育或者财富。农民仿佛被民族淘汰并隔绝了。

在欧洲的其他文明国家，情况都没有发展到这种程度，即使在法国，这种情况也是直到近代才发生的。14 世纪的农民受到的压迫更严重，同时得到的帮助也更多。贵族阶层有时实施暴政，但是从未离弃过农民。

18 世纪时，村庄是一个社群，其成员全都贫困、愚昧、粗俗。治安官也与其他人一样没有教养而粗俗可鄙。理事不会读写；收税员不能亲手整理关系到自己和邻居们的财产的账目。村庄以前的领主不仅失去了统治的权力，而且将插手治理视为丢脸的事情。摊派军役税、招募民兵、组织徭役等具体工作都是仆人的杂务，适合市府参事去做。只有中央政府关心村庄，不过由于距离遥远，对那些居民还毫无畏惧，它感兴趣的只是能从那些地方得到什么好处。

现在来考虑一下，一个遭到忽略的阶层，既没有人对它施行暴政，又没有人试图教育或者帮助它，它会变成什么样子？

封建制度加诸农村人的最沉重的负担无疑是缓解或者被消除了，但是我们不了解那些取代它们的新负担，它们可能比以前的更加沉重。折磨他们祖先的弊病已经消失，然而农民们还在承受许多前所未有的苦难。

我们都知道，在过去两个世纪军役税增加了 10 倍，这几乎全部来源于农民。在这里必须补充说明征收军役税的方式，以便让读者看到在文明的社会里，竟有人制订或维护那些野蛮的法律，而国民中最有见识的人们却漠不关心，无意改变那些法律。

在一封 1772 年总监写给总督的秘密信件中，我发现了下面这段关于军役税的描述，它简直是精确简洁的小杰作 ："军役税的摊派是主观任意的，征收的对象要承担连带责任。征收的数额是根据人而不是土地决定。在法国的大部分地区，随着纳税人财产每年的变化，税金也不断发生变化。"这三个句子概括了一切。可以说这是从中获利的官员用最巧妙的方式描述了军役税的祸害。

政府每年规定每个教区应交纳的税金总数。如同大臣在那封信件中说到的，税额在不断变化，以至农夫无法预知下一年要交多少税。政府每年在教区随机指派一个农民担任收税员，然后由他将纳税负担分摊给其他人。

我答应过描述这位收税员的处境。为此让我们关注一下 1779 年贝里（Berry）的省议会。这个议会完全由特权者组成，议员由国王指定，无需交纳军役税，因此它的发言是无可置疑的 ："既然每个人都希望回避收税员的职责，那就只能让每个人轮流出任。因此军役税的征收工作每年委派给一名新收税员，不考虑他有没有能力或者是否诚实。相应地，每年纳税清册的编制反映了编写者的品格 ；其中还留下了收税员的恐惧、软弱和缺陷。此外，收税员何以有可能成功地完成任务？他在黑暗中工作，毕竟有谁能知道邻居的财富的确切数量，或者一个人与另一个人的财富如何相比呢？这些只能由收税员一个人斟酌判断，他必须以自己的财产甚至人身作担保，为税金总数负责。在两年内他通常必须耗费一半时间在各种各样的纳税人之间奔走。不能读写的人就被迫在附近找人替他做这项工作。"

稍早一些时候，杜尔哥曾经如此谈及另一个省 ："(军役税的)

任务使从事这项工作的人濒临绝望，最后几乎总是破产。结果村庄里原本宽裕的家庭全部陆续陷入了苦难。”

然而这些不幸的人也具备极大的专横权力。他们既是暴君又是牺牲者。通过行使职权，他们自己即使破产，也掌握着使其他人全部破产的权力。不妨再次引用省议会的话：“优待自己的亲戚、朋友和邻居，仇恨和报复自己的敌人，需要保护者，害怕冒犯提供工作的富裕公民，这些情绪和欲求在他们内心与正义感不断争斗。”恐怖经常令收税员残酷无情：在有些教区，如果没有司法长官和执行官陪同，收税员就不能外出。1764 年，一位总督告诉大臣：“如果收税员没有与执行官一起去，纳税人就不愿意交钱。”吉耶纳的省议会注意到：“仅仅在维尔弗朗舍（Villefranche）财政区，就有 106 名拘役传令人和司法长官的其他助手在道路上不停奔忙。”

在 18 世纪中期，为了逃避这种横征暴敛的税赋，法国的农民纷纷效仿中世纪的犹太人。即使不是穷人，也要在外表上装出悲惨可怜的样子。富裕有充分的理由令人惊恐。我在一份文件中找到了确凿的证据，这个例子不是出自维纳（Vienne），而是在与它相距一百法里的地方。曼恩（Maine）的农业协会在 1761 年的报告中宣布，它曾经计划设置奖金，用牲畜当作奖品激励农民。报告接着写道，可是“我们放弃了这个想法，因为其他人的妒忌会使得奖者面临危险，他们往后可以凭借轮流收税的优势，用专横的方式骚扰得奖者”。

在这种税赋体制下，每个纳税人都有直接和永久的动机去暗中监视邻居，一旦邻居的财富增加就向收税员告发。人们都养成了靠诽谤和仇恨压倒别人的习惯。这是不是适合用来描述印度王公的领地上发生的事情？

但是在同一时期的法国，也有些省份采取正规和非强制的方法征收税款，那就是某些三级会议行省。这些行省确实曾经拥有自己征税的权力。举例来说，在朗格多克，征收军役税的依据只是真实的地产，不会由于土地所有者的财富不同而有所区别。其基础是固定而有形的：仔细编制的土地清册每三十年重新修订一次，按照肥沃程度将每块土地归入三个级别之一。每个纳税人预先知道他需要交多少税。如果他不交税，承担责任的只有他自己，或者不如说是他的土地。如果他认为地产的评估不公平，他有权坚持要求将自己的税率与他选择的教区里的其他居民的税率作比较。这种程序就是我们今天所说的比例平等上诉。

显然，这些规则正是我们今天遵守的制度。在过渡期间，它们基本上没有被改进，仅仅是得到了普及。值得注意的是，虽然我们在旧政体的基础上构造了我们的行政管理体制，但是我们避免在其他方面模仿旧政体。我们最好的行政管理方法是从省议会而不是从旧政府借鉴的。我们采用了机器，退掉了产品。

乡村人民惯常的贫穷状态，导致产生了不利于消除贫穷的意见。黎塞留在政治遗嘱中写道："人民如果交上好运，就很难遵守规矩。"到了18世纪，如此直言不讳的说法不再常见，可是很多人继续相信，如果没有生存压力的不断刺激，农民就不愿意劳动：贫穷似乎是防止懒惰的唯一保障。我听说过与此完全相同的有关殖民地黑人的理论。这种意见在统治者中间广泛流行，以至几乎所有经济学家都不得不反驳它。

军役税最初的意图是让国王有钱雇佣士兵，以便代替贵族及其附庸服兵役。然而到了17世纪，如同我们看到的那样，参军的义务以民兵组织的形式恢复了，这次完全由平民承担，而且负担主要落到了农民身上。

总督的档案文件中充满了负责追捕抗拒服兵役者以及开小差的逃亡者的骑警队的报告，查看一下就足以明白，征募新兵是件费力的工作。兵役似乎是农民觉得最难以忍受的公共负担。为了避开征召，他们时常逃进森林，政府要出动武装人员追捕。鉴于如今的征兵工作十分容易，这种现象实在令人惊讶。

旧制度下的农民极不愿意服兵役，这主要应当归咎于执行法律的方式，而不是法律的原则。首先，可能的征募时期太漫长，这种不确定令人不安（没有结婚的人在40岁之前都有可能被征召）；豁免的命令太随意，几乎抵消了抽中免征签的有利条件；法律规定禁止找人代替；而且农民厌恶从事既严酷危险又没有晋升前景的职业；最重要的是，这种负担全部落在农民身上，实际上是那些最贫困的农民，他们的屈辱地位使征兵制度更加严苛。

我手中有许多教区在1769年征兵抽签的记录的大量副本。它们标明了那些免征的人的名字：其中有贵族的仆人，有修道院的卫士，有的人实际上只是某个资产者的贴身男仆，但那个资产者生活得像贵族一样。拥有财富是被授予豁免权的唯一原因：如果一个农夫连年名列纳税最多的人，他的儿子就能拥有免服兵役的特权；这种特权的名义是"鼓励农业"。重农主义者在其他方面强烈赞成平等，却没有发现这种特权有什么不好。他们只是坚决要求将其推广到其他方面。换言之，他们想加重最贫困可怜、最缺乏保护的农民的负担。有位重农主义者是这样说的："士兵的微薄军饷，住处、伙食和衣服的质量，以及完全依附的地位，对其他任何人来说都太残酷，只有社会底层的百姓能够忍受。"

在路易十四统治末期，各地的公路都无人维修，或者由使用道路的人花钱维修，这些人也就是当地或毗邻地段的土地所有者。不过大约从这个时期开始，公路的修理工作开始完全依靠徭役，也就是由农民单独承担。有可能不花钱就修好公路，这种权宜之计似乎很有创意，于是1737年，总监奥里发布通告，命令整个法国采用这种办法。总督有权监禁任何拒绝服徭役的人，或者派司法长官追捕他们。

从那时起，随着贸易发展，对便利道路的需求变得更加广泛，徭役应用到了新的道路上，而且负担变得更加沉重残酷。1779 年交给贝里的省议会的一份报告说，在这个贫穷省份以徭役形式进行的劳动价值相当于 70 万里弗。1787 年，下诺曼底的报告中的数字与此相近。这是象征农村人口的悲惨命运的最生动的标志：社会的进步使其他阶层都变得富裕，唯独把乡村人民留在绝望之中。文明唯独遗弃了他们。

从大约同一时期的总督的通信中可以看出，他们认为应当拒绝使用徭役建设私有的村庄道路，因为徭役是专门为交通要道——用那时的说法就是“王家公路”——服务的。这种奇特的想法是新出现的，它认为应当强迫那些最穷困、最不可能旅行的人支付建造道路的费用，不过它自然地植根于那些从中获利的人的头脑里，以至他们很快就无法设想还可以用其他方式办事。1776 年，政府尝试将徭役转化为地方税。于是不平等立即改换形式融入了新税制，然后继续存在。

徭役从以前的领主特权变成了王家特权，并逐步扩展到各种公共工程领域。1719 年徭役被用于建造兵营，命令写道：“各教区必须派遣最好的工人，其他所有项目必须优先照顾它的需求。”徭役的内容包括押送囚犯去平底大船上服苦役，送乞丐去贫民习艺所；还包括在军队转移驻地时运送军用设备，那时每支军队都携带大量辎重行动，是相当沉重的负担，必须征用大量运货马车和牛。这种劳动最初微不足道，随着常规军的规模越来越大，便变成了最沉重的负担之一。我发现有些政府承包商大声要求委派徭役，以便把木材从森林运送到海军兵工厂。服徭役的农民通常会拿到工资，但是工资标准是随意设定的，金额很少。这项不合理摊派的负担变得越来越沉重，以至收税员也为之烦恼。1751 年，一名收税员写道：“为了修建道路向农民索取了太多费用，他们很快就要不能交纳军役税了。”

假如有一些富裕而有见识的人站在农民一边，纵然不是保卫农民，至少在面对已经控制了穷人和富人命运的共同主宰时，可以为了农民的利益斡旋，那么这些新形式的压迫制度还会确立吗？

我看过一封某个大地主在1774年写给本省总督的信。他申请修建一条新路，他认为这条新路将使村庄繁荣起来，还解释了提议讨论建立一个集市的理由，据说有了集市之后农产品的价格将翻倍。这位好公民接着说，只要提供少量援助，就有可能建立一所学校，为国王培养更勤劳的臣民。他以前从未考虑过这些必要的改良措施，由于两年前被国王密札[①]软禁在自己的城堡里，才意识到这些问题，他坦率地写道："经过两年在自己家园的放逐，我确信这些是极其有益的事。"

然而曾经维系大地主与农民之间的资助与信赖关系的纽带已经松散或者断裂，这种情况在物资匮乏的时期尤其严重。在那些危机时代，中央政府由于孤立和虚弱而惊恐不已。它愿意暂时恢复已经被它摧毁的政治团体和个人势力。它召唤帮助，可是无人回应，政府总是惊讶地发现，可以帮助它的人死了，而且是它自己剥夺了那些人的生命。

在绝境之中，有些最穷的省份的总督——例如杜尔哥——下达了非法的命令，迫使富裕的土地所有者向佃农供应食物，直至下个收获季节。我发现了几位本堂神父在1770年写给总督的信件，他们建议向该教区的大地主们征税，无论是基督教会的还是非教会的领主，因为他们"拥有大批地产，藉此赚取大量收益，却不在本地居住，到别的地方挥霍"。

即使在正常的年份，村庄里也遍布乞丐。正如勒特罗纳所说，

---

① 国王密札，是国王颁发的逮捕密令，持有密札即可不经审讯把拘捕的人投入狱中，国王往往出售或赠送密札。

穷人在城镇可以得到救济，但是在乡村，一旦冬季来临，乞讨就成了绝对必然的问题。

这些不幸的贫民时常遭受相当粗暴的对待。1767 年，德·舒瓦瑟尔（de Choiseul）公爵[①]打算一劳永逸地消除法国的乞讨现象。从他与总督的通信中可以看出，他准备采取的手段有多么残酷无情。他命令骑警队逮捕王国境内的全部乞丐，据说有五万多人被捕。有劳动能力的流浪汉被送到平底大船上服苦役，此外还建立了四十多家贫民习艺所收容其余的乞丐。其实，像过去那样让富人发善心会是更好的做法。

如同我说过的那样，凡是牵涉到地位较高的绅士时，旧制度的政府就态度温和，有时甚至怯懦并且拘泥于形式与礼节，从容地办理手续，恭敬地对待他们，而在对待地位较低的阶层尤其是农民时，却经常办事鲁莽，总是仓促行动。在我检查过的文件中，没有哪个总督下令逮捕资产阶级，农民却不断遭到逮捕，理由有无数种，包括徭役、兵役、乞讨、扰乱治安。审判有身份的人是通过独立法庭，辩论时间长，允许公开旁听。至于其他人则是由司法长官简单地当庭判决，不允许上诉。

1785 年，内克尔写道："隔开平民与其他阶级的鸿沟会转移人们的注意力，使人们不知道政府如何运用权力对付所有群众。善良和人道是法国的特征和时代精神，如果不解决这个问题，那些对沉重枷锁感同身受的人们就会苦恼不已，尽管他们自己得以幸免。"

然而压迫的真正表现不仅在于对那些不幸的人造成的损害，而且在于阻止他们改善自己的生活。农民是自由人并且拥有土地，但是依旧与他们的农奴祖先一样愚昧无知，而且常常更加不幸。在技

---

① 德·舒瓦瑟尔公爵（1719~1785 年），法国政治家，曾在军事、外交方面担任要职，进行了一系列改革。

术取得惊人进步的时代，他们却没有技术，在启蒙知识大放异彩的世界，他们却没有开化。虽然他们保留着与众不同的智慧和洞察力，却没有学会如何运用这些优点。耕种土地是他们的唯一本行，可是他们连本行都做不成功。一位著名的英国农学家评价说："我亲眼目睹的是10世纪的农业。"他们擅长的职业只有打仗。至少在这个领域，他们还与社会的其他阶级保持自然而不可避免的接触。

这就是农民们所置身的孤立且苦难的深渊。他们与世隔绝，接触不到其他人。我惊讶甚至恐惧地发现，在天主教信仰未经抵抗即被废除、教堂遭到亵渎之前不到二十年，政府为了调查某个行政区的人口，有时竟采取这种办法：本堂神父记录到教堂参加复活节仪式的人数，再加上随意估计的儿童和病人的人数，合在一起就是总人口数。尽管如此，那个时代的思潮已经通过各种方式进入了这些粗人的头脑之中。这些思想通过地下的小径绕道而行，呈现有些异常的形式，进入狭隘偏执且模糊的场所。可是表面上没有发生任何改变。农民的风俗、习惯和信仰好像依然如故。他们唯命是从，甚至喜悦快乐。

法国人在面临最大的困境时经常表现出欢快的样子，所以不能相信表象。这不是因为他们感受不到悲伤，而是因为他们相信厄运是无法避免的，只能试图苦中作乐，不去思考而已。如果给他们指明一条摆脱苦难的出路，有机会不再受折磨，他们就会突然跑去寻求解脱，以至假如你碰巧挡了路，他们会撞翻你继续跑，就像没看见你一样。

如今我们已经明白这些道理，可是那个时代的人们还不明白。上层等级要清楚地看到平民——尤其是农民的灵魂中发生的变化——是极其困难的。养育和生活方式使农民对人类的事务有自己独特的见解，而且他们的看法对其他所有人封闭。可是当穷人与富人实际上不再有任何共通之处，既没有共同的利益又没有共同的怨言，也没有共同的事务，笼罩双方精神的黑暗就变得深不可测，双方就会毗邻而居却形同陌路，永远不能互相理解。大革命前夕，处于社会建筑的中上层位置的那些人们还生活在古怪的安全状态中，当 1793 年他们脚下的地基已经开始受到摧毁时，他们仍然在自作聪明地谈论人民的美德、温和、奉献精神和天真无邪的愉悦。耳闻目睹这些奇怪而愚蠢的景象，焉能不感到荒谬和恐怖。

现在我们不妨稍稍暂停，通过我刚才描述的小事，思考一下上帝赋予我们治理社会的最伟大的法则之一。

法国的贵族阶层顽固地坚持与社会的其他阶级隔离。贵族最终给自己免除了大部分公共义务，把税赋转嫁给其他人。他们以为在避免负担的同时可以保留卓越性，起初情况也似乎确实如此。然而不久之后，一种隐形的内部疾病就缠住了他们，虽然没人与他们作对，他们的权势却逐步削弱，地位日益下降；他们的免税范围越来越大，生活却越来越贫穷。贵族曾经惧怕与之混同的资产阶级却同时获得了财富和教育，不需要他们的帮助，并且反对他们。贵族不愿意将资产阶级视为伙伴或者同胞，后来不得不承认他们是自己的竞争对手，他们不久变成了敌人，最终又成为了主人。一种陌生的权力免除了他们领导、保护和帮助附庸的责任，同时保留了他们的金钱权利和象征荣誉的特权，于是他们断定自己毫无损失。他们继续处于队伍的前列，所以自以为仍旧是领袖，他们周围确实都是他们在官方文件中所称的臣民，其他人则是他们的附庸、自由租地保有者以及佃农。而在现实中，没有人追随贵族。他们是孤立的，当人民终于起来反抗时，他们别无选择，只得逃之夭夭。

虽然贵族与资产阶级的历史发展轨迹完全不同，但他们在一个方面是相似的：资产阶级和贵族一样基本上与平民隔绝。资产阶级不仅不接近农民，而且回避农民的苦难。他们没有与农民密切联盟，一起反对普遍的不平等，反而设法制造新的不公正，以便替自己谋利。像贵族维护特权一样，资产阶级也热心地争取自己的特殊权益。他们本来与农民出身于同样的社会阶层，现在彼此却变成了陌生人，在某种意义上可以说是完全素昧平生，直到他们把武器交给农民，才意识到自己无意之中唤醒了既无力抑制又无力引导的激情，他们即将成为自己推动的这股潮流的牺牲品。

曾经有一段时间，法国似乎注定要统治整个欧洲，它的垮台将永远令后世惊讶，但是如果仔细研究它的历史，就不难理解它的没落。我前面描述的所有不幸的缺陷、错误和偏见，它们的起源、持续或者发展几乎都应当归咎于我们的大多数国王为了巩固专制统治而实行的分而治之的手段。

于是资产阶级与贵族各自孤立，农民也与贵族和资产阶级互相隔绝；类似的过程在每个等级的内部发生，因此等级内部出现了泾渭分明的小团体，彼此几乎像等级与等级之间一样疏离，显然整个社会变成了同质化的一盘散沙，没有任何将它的各个部分结合起来的力量。再也没有什么能够约束政府，也没有任何东西能够支撑政府。这样一来，一旦作为其基础的社会开始动摇，这座君主国的富丽堂皇的大厦在转瞬之间就倒塌崩溃了。

最后似乎只有人民得利于他们的所有主人的无知与错误，即便如此，在摆脱了统治者的支配之后，事实上他们仍然不能摆脱那些统治者灌输给他们的错误思想，或者任凭养成的堕落习惯和邪恶癖好束缚着自己。我们有时发现，人民在行使自由权时带入了奴隶的嗜好，以至既不能控制自己，也不能宽恕他们的教师。

第三部

第一章　接近 18 世纪中叶，文人如何变成了法国的政治领袖，以及随后的影响

我的目的是描述那些为大革命作铺垫的连续而普遍的事实，不过现在我想暂时搁置它们，转向一些年代较近的特定事实，它们决定了大革命的地点、起源和性质。

在欧洲的各个民族中，法国长期以来一直是最精通文学的。在 18 世纪中期前后，法国文人所显示出的精神，以及他们所占据的社会地位都是史无前例的。这种情况在法国从未发生过，我相信在其他国家也前所未有。

法国的文人与英国的不同，不是按照常规参与国家事务。实际上那个时代的文人比过去更加远离政治事务。在到处充斥着公务人员的社会里，他们既没有任何类型的职权，又不担任公职。

然而他们也不同于大多数德国同行，没有彻底避开政治而专门研究纯哲学或者美学。他们始终对与政治相关的课题抱有兴趣。其实这正是他们给自己规定的天职。注意一下就会发现，他们一直在论述社会的起源和社会的原始形式、公民的基本权利与官方的特权、人与人之间的自然的和人为的关系、习俗的错误或者习俗的合法性、法律的本质原则等诸如此类的问题。他们就这样每天钻研社会的基础是如何构成的，一心一意地探究其结构，评论其总体规划。当然，并非所有文人都以彻底或者深刻的方式深入思考这些重要问题。其

实大多数人仅仅是浅尝辄止，几乎是以游戏的心态探究的。但是所有文人都考虑过这些问题。尽管程度不同，这一时期的所有作品都包含这种抽象且文学性的政治学。从最厚最重的专著到最轻最薄的诗歌，无一例外。

这些作家的政治观念千差万别，分歧太大，以至不可能将它们统合成单一的政府理论体系。

话说回来，如果忽略具体的细节，寻找基本的思想原则，我们就很快发现，虽然体系各不相同，这些作者们至少都赞成一个非常普遍的观念，它似乎是他们每个人自己构想到了的，仿佛是一种先存的思想，是他们头脑中其他所有特定思想的共同来源。无论这些作者之间的分歧最终有多么大，他们的起点是相同的：他们都相信，应当用从理性和自然法则推论出的某些简单而基本的规则代替支配他们那个社会的复杂的传统习俗。

细致的研究表明，从严格意义上说，正是这一个观念构成了所谓的 18 世纪政治哲学。

这不是新颖的思想：三千年来，它不时激发人类的想象力，虽然从不长久。那么它为什么在这个时代占据了众多作家的头脑？它为什么不像过去那样局限于少数哲学家的精神中，反而渗透进群众之中，呈现出政治激情的热烈和实质，以至关于社会性质的全面而抽象的理论变成了有闲阶层日常交谈的话题，甚至激发了妇女和农民的想象力？这些文人既没有地位、荣誉或财富，又没有职责或权力，如何变成了这个时代的政治领袖，而且事实上是仅有的政治家，尽管其他人在从事治理，但只有他们用权威施加影响？我想简短地解释这些问题，并向读者揭示，这些似乎应当归入文学史的事件对大革命造成了非同寻常的重大影响，而且其效应一直延续至当代。

18 世纪的哲学家们共同具有的观念与构成他们的社会基础的观念格格不入，这种矛盾并非偶然。正是他们眼前的社会环境，以自然的方式催生了新思想。诸多荒谬的特权被滥用，它们的负担日益沉重，让人们感到不公平，其存在理由却日益薄弱，这种情况导致——或者不如说是迫使——众多思想家信奉天赋人权、人的地位生来平等的思想。过去时代留下的遗物是诸多怪诞而无序的制度，没有人尝试调整它们，使它们互相一致或者适应新的需求，它们已经失去了价值，却似乎仍将持久存在。面临这种环境，这些哲学家们迅速变得厌恶古老的事物和传统，自然而然地希望以理性为唯一的依据，制订全新的计划重建社会，尽管每个人的理性不同，计划的细节也各不相同。

由于这些作家的个人处境，他们养成了对抽象和普适的统治理论的喜好，并且盲目地信任这些理论。他们的生活几乎完全脱离实际，没有任何阅历可以缓和他们与生俱来的激情。没有人告诫他们，纵然是最可取的改革，也可能遇到既存现实的障碍。他们没有想过，纵然是最必然的变革，也始终伴随着极大的危险。实际上他们没有任何预感，因为彻底缺乏政治自由，他们不仅对政治事务知之甚少，而且居然对它视而不见。他们与政治领域毫无关联，也没有能力认清其他人在政治领域的行为。只要目睹自由社会的景象，耳闻自由人的言论，即使是最少参与治理的人也会得到些许肤浅的教益，而这些作家甚至没有得到这种肤浅的教益。因此与创作政治学的思辨作品的一般作者相比，他们更加大胆地提出革新方案，更加迷恋普适的思想和体系，更加蔑视古代的智慧，更加相信自己的理性。

由于类似的无知，群众全心全意地相信他们的言论。假如法国人还像过去一样通过三级会议参与治理，通过省议会参与日常的行政管理，我就可以说，他们不会由于这些作家的思想而头脑发热。他们会在某种程度上熟悉治理，因而保持警觉，避免纯理论的危害。

假如法国人像英国人那样，没有摧毁古老的体制，而是逐渐改变其精神，或许他们就不会如此乐于想象出全新的体制。但是在日常生活中的财产、人身、福利或者自尊方面，每个法国人都感受到某些旧法律、某些古老的政治惯例或者旧势力的残余的阻碍，而且他们看不到任何可以适用于自己的特定困境的纠正办法。看来要么全部忍受，要么完全摧毁国家的政治体制。

其他的自由已经完全丧失，然而我们还保留了一种自由。我们能够几乎不受约束地研究哲理问题，讨论社会的起源、政府的本质属性以及人类的初始权利。

在日常实践中受到法律阻碍的人很快都迷恋上了文学性质的政治学。这种爱好广为传播，甚至影响了那些由于性格或者社会地位而在正常情况下远离抽象思辨的人。由于军役税的不平等分摊而利益受损的纳税人，听到人人都应平等的思想后，内心都感到温暖；其资产被贵族邻居的兔子糟蹋的小土地所有者，听说一切特权都应受到理性的谴责，都感到非常高兴。于是公众的激情全都伪装成了哲学。政治生活被迫转向文学，作家自己指导舆论，一时之间占据了在自由国家通常由党派领袖占据的角色。

到了这时，谁都没有能力挑战作家的这种地位了。

贵族阶层在他们活跃的时期不仅领导公共事务，而且还给舆论定型，给作家设定基调，给思想赋予权威。到了18世纪，法国贵族彻底丧失了这一部分统治权。他们的信用与他们的权势遭遇了同样的命运。贵族阶层在精神方面占据的统治地位空了出来，于是作家们得以排除其他人，自由地取代了他们的角色。

更有甚者，被作家们取代的贵族却喜欢支持作家们的事业。他们完全忘记了，普适理论一旦被接受，就会无可避免地转化成政治激情和行动，那些学说与他们的特权甚至贵族阶层的存在水火不容，可他们却视之为精巧的智力游戏。为了消磨时间，贵族们亲自参加这些游戏，一边安稳地享受豁免权和特权，一边心平气和地讨论既有的习俗多么荒谬。

旧制度社会的上层等级竟然自掘坟墓，这种古怪的盲目令很多人感到惊讶。但是谁能教给他们别的路呢？无论是向一个国家的首要公民指明他们面临的险境，还是保障底层公民的权利，自由的制度都是必不可少的前提条件。自从一个多世纪前公共生活的最后痕迹在法国消失，即使最直接地关注维护旧政治体制的人也没有注意到可能暗示了这座古老建筑濒临崩塌的征兆，没人感觉到地基在震动，没人听见支柱在嘎吱作响。因为外表缺乏变化，他们就以为一切都保持原样。他们继续以祖先的眼光看待事物。1789 年的陈情书表明，贵族阶层还是像 15 世纪时那样全神贯注于王权僭越的问题。与此同时，正如伯克正确指出的那样，直到葬身于突然爆发的民主革命那会儿，时运不济的路易十六仍然以为贵族是王权的主要竞争对手。他小心翼翼地对待贵族，仿佛仍然生活在投石党运动的时代。他与他的祖先们一样，将资产阶级和平民视为君主统治的最可信赖的支持者。

然而我们已经目睹过许多次革命的残骸，所以可能觉得更加奇怪，为何我们祖先的头脑中缺少暴力革命的概念。他们既没有讨论过也没有设想过暴力革命。政治自由不断引起轻微的震颤，每天提醒人们即使最稳固的社会也有可能发生大动荡，促使人们保持警惕的审慎状态。可是在 18 世纪的法国，虽然社会处于深渊边缘，却没有警示危险形势的预兆。

我仔细阅读过 1789 年三个等级在开会之前准备的陈情书。这里的三个等级是指贵族等级、教士等级和第三等级。我发现有些人要求改变法律，有些人要求改变习俗，我都做了记录。完成了这项收集大量文本的工作，并把全部具体的请求放到一起之后，我惊恐地意识到，他们是在要求同时并有系统地废除在整个国家通行的全部法律和惯例。我立刻明白，这将导致一场史无前例的规模最大、最危险的革命。可是即将成为革命的牺牲品的那些人却对此浑然不觉。他们以为单凭理性的帮助和理性的力量，就能够让如此陈旧而复杂的社会实现突然而全面的转变，不会使它陷入混乱。可怜的傻瓜们！他们甚至忘记了祖先们在四百年前用当时简单有力的法语表述过的格言："如果要求过度的自由和自主，你只会得到过度的奴役。"

长期以来贵族和资产阶级一直被排除在公共生活领域之外，所以如此缺乏经验的表现并不那么令人惊讶。然而更令人震惊的是，那些掌管国家事务的人——大臣、地方行政官和总督们同样缺乏先见之明。其中很多人在自己的职业领域很有才干。他们彻底地了解行政管理的细枝末节。可是治理的学问是教人理解社会的普遍动向，判断群众的精神方面的变化并预测其后果，遇到治理的问题时，他们就与人民一样一窍不通。其实只有通过自由的制度的运作，政治家们才能学到这方面的治理技巧，这也是最重要的部分。

1775 年杜尔哥呈递给国王的报告相当清楚地表明了这一点，除了其他内容，他还建议国王允许进行全民选举，选出代议制议会，每年在国王出席的条件下开会六个星期，但是不给予议会实际权力。议会的职权仅限于行政管理，永不涉及统治，只提供意见而不表达意志。实际上议会的唯一使命是讨论法律而不是制定法律。"通过这种方式，王权在得到启发的同时不会受到束缚，"杜尔哥说道，"舆论将得到满足而没有危险，因为议会没有权力反对实质的政府运作，即使存在议会不愿意服从的微小可能性，国王陛下也仍然是主宰。"对于一项措施的含义或者时代的精神，不可能存在更多的误解。如果按照杜尔哥的提议，只给予自由的幻影而不是实质性的自由，确实在多数情况下王权有可能不受损害。奥古斯都就尝试过并且成功了。如果国民厌倦了无休止的辩论，也许会乐于同意被哄骗，只要能获得安宁。根据历史经验，只要在全国招募一定人数的无名之辈或者恭顺的走卒，付钱让他们扮演政治议会的角色，就足以使国民满意。可以引用一些相关例证。但是在一场革命的开端，这种措施必定失败，只会徒然激怒人民，却无法满足人民。自由国家的最微不足道的公民也明白这个道理，杜尔哥身为重要的行政官员却一无所知。

法国人疏远自己的公共事务，丧失了经验，受到制度的束缚，却没有能力改变它们，与此同时，法国人又是最有文化修养、最倾心于智力的民族。想到这些就很容易理解，作家何以变成法国的一支政治力量，而且最终成为了最重要的力量。

在英格兰，研究国家治理的作者与实际进行统治的人有密切联系，后者将新思想引入实践，前者根据事实修正和限定理论；可是在法兰西，政治世界被分割成两个不相干的区域，互相没有交流。一个区域用于实际的行政管理，另一个区域用来确立构成实践基础的抽象的原则。一个区域按照惯例的要求采取具体的措施，另一个区域宣布普适的法则，却不思考运用它们的措施。一个区域掌管公共事务，另一个区域掌管人们的精神。

在现实社会中，政治体制仍然是传统、混乱、无规则的，法律依旧五花八门、互相抵触，社会等级界限分明，社会地位固定不变，捐税负担不平等，而在现实之上逐步构筑起了一个假想的社会，在那里一切事物都简单、协调、均一、公正，都由理性决定。

于是大众的空想逐渐舍弃了现实社会，退却到假想社会中。由于憧憬可能的未来，人们对现状失去了兴趣，在精神上，他们相当于在作家们构筑的理想世界中生活。

许多人将大革命归因于美国独立革命。美国革命确实对法国大革命造成了重大影响，但是那时的法国人民的思想比在美国发生的事件发挥了更大作用。在欧洲的其他国家，美国独立革命仅仅是新奇和单一的事件，而在法国，它反映了人民已经知道的想法，只是更鲜活、更引人注目而已。它在别处令人惊异，在法国却是令人信服。美国人似乎仅仅是实现了我们的作家的构想。他们将实质赋予我们的梦想，使之化为现实。这仿佛是芬乃伦（Fénelon）忽然发现自己来到了萨朗特（Salentum）。[①]

一个伟大民族的政治教育工作全部交给了作家，这是最罕见的历史形势，对于法国大革命的与众不同的特征，以及大革命导致的延续至今的后果，这种情况可能是最大的诱因。

作家们不仅将思想传授给发动大革命的人民，而且将自己的某些气质和性格赋予他们。由于缺乏其他领导者，国民在他们的长期训练下，对影响所有人的实践惯例极度无知，通过阅读他们的著作，沾染了他们的本能、思维习惯、口味甚至怪癖。因此当国民最终开始行动的时候，他们便就把文学的全部习惯代入了政治活动。

研究法国大革命历史的人会发现，指导大革命的精神恰恰是大批关于国家治理的抽象理论作品所包含的精神：同样喜爱普适理论，偏好完整的立法体系和精确对称的法律；同样蔑视既存的现实；同样信任理论；对于制度中的原创、精巧和新颖性的相同品味；同样极力主张按照逻辑规则和前后一致的计划彻底改造政治体制，而不是设法改良有缺陷的部分。多么可怖的景象啊！因为就作家而言值得赞赏的品质，放到政治家身上却是缺点，所以经常在伟大的文学作品中流露的品质，却有可能引发重大革命。

那个时代的政治语言本身也带有作家使用的语言的某些特色，充满了笼统的表达方式、抽象的术语、自命不凡的词汇和文学性的修辞。政治激情利用了这种文风并推波助澜，渗透进社会的全部阶层，而且异常轻松地影响了最底层百姓。在大革命之前，路易十六

---

① 芬乃伦（1651~1715 年），法国教士，路易十四的廷臣，社会和政治问题作家，被认为是 18 世纪启蒙思想家的先驱。代表作是《忒勒马科斯历险记》，这部小说讽刺了法国君主，萨朗特在其中被描述为一种乌托邦。

的敕令就频繁地谈及自然法和人权。我发现农民在他们的请愿书中称呼邻居为同胞公民，称呼总督为可敬的最高行政长官，称呼教区神父为圣坛使者，称呼上帝为最高主宰。只要掌握拼写的知识，他们就能成为水平普通的作家。

这些新特点与法国人性格的古老源泉完全融合在一起，以至许多观察者将这种纯粹出于异常教育的产物归因于我们的天性。我曾经听人说，过去六十年间我们在政治方面偏好普适的思想、系统和夸张的语言，或者不如说这种爱好的激情来源于我们种族的一种特性——虽然据我所知它并非法国人独有的——用稍微有点夸张的说法就是“法兰西精神”，好似这种所谓的特征在以前的历史中始终隐而未现，不知为何却在 18 世纪末忽然迸发出来。

异常的是，我们执着于通过文学作品养成的习惯，却几乎完全失去了以前那种对文字的热爱。在我的公职生涯中，我时常惊讶地发现人们既不阅读 18 世纪的作品，也不阅读其他时代的书籍，而且十分蔑视作家，可是他们却相当忠实地保留了文学精神在他们出生之前很久培养出的某些主要缺点。

第二章 反宗教何以在 18 世纪的法国成为普遍占优势的情绪，以及它如何影响大革命的特性

在 16 世纪的宗教革命中，批判精神致力于从各种各样的基督教传统中鉴别真伪，唤醒了更加无畏、更加好奇的人们，他们敢于一再挑战或者拒斥所有宗教传统。在路德（Luther）的时代，这种精神引导数百万天主教徒放弃天主教，而且每年都促使个别基督教徒放弃基督教本身：继异端之后，无信仰的思想开始盛行。

总体而言，到了 18 世纪，基督教在整个欧洲已经失去了很多权势。不过在大多数国家，基督教只是遭到忽视，而不是粗暴的攻击。纵然是抛弃了宗教的国家，也几乎都感到遗憾。反宗教思潮仅在王公贵族和智者中间广泛传播，尚未渗透到中下层阶级心中。它只是理智的一时兴起，还不是普遍见解。1787 年米拉波说：“德意志人普遍认为，普鲁士的地盘上到处都是无神论者。而真相是，虽然那里有少数自由思想家，普通人却与最虔诚的国家的人民一样信仰宗教事实上宗教狂热者也为数甚多。”①此外，令人深感遗憾的是

① 引文有些不准确。米拉波的话实际上是：“德意志有一种广泛流传的偏见，认为普鲁士诸省、特别是柏林都是无神论者的地盘。”接在一些插入的文字后面的第二段引文针对的是“德国的宗教狂热分子，即所谓的虔诚派教徒”。见于《腓特烈大帝统治下的普鲁士君主制度》，第五卷（伦敦，1788 年），22 页。

腓特烈二世禁止天主教神父结婚，而且拒绝允许已婚的神父保留圣职的薪俸，“我敢说，那位伟人本来是值得采取这项措施的。”除了法国之外，其他国家的反宗教思想尚未成为普遍、热烈、不容异议而暴虐的激情。

在法国发生的事情是完全史无前例的。地位确立的宗教以前也遭到过粗暴的攻击，但是针对旧宗教的激情总是来源于某种新宗教所激发的热情。古代的虚假而可憎的宗教从未遇到大批充满激情的敌手，直至基督教开始代替它们。在那之前，旧宗教只是在怀疑和漠不关心的环境里悄无声息地逐渐稳步衰退：这是旧时代的死亡。而在法国，人们狂乱地攻击基督教，却没有人尝试用另一种宗教信仰代替它。宗教信仰的反对者们热情并坚持不懈地设法从灵魂中驱逐信仰，留下空虚的灵魂。大批充满热情的人投身于这项徒劳无功的任务。绝对的怀疑是违背人类自然天性的状态，给灵魂带来最大的痛苦，但不知它为何对大众有吸引力。以前它只能导致精神的病态和衰弱，此时却引起了狂热和改换宗教信仰的精神。

在那个时代同时出现了几位倾向于否认基督教真理的主要作家，可是这好像不足以解释如此非同寻常的事件。为何这些作家无一例外地全部倾向于这个方向，而不是其他方向？为何没有人考虑替相反的论点辩护？为何他们能让群众如此热切地聆听他们的声音，相信他们的观点，超过他们的任何前辈？只有完全限于他们的时代和地点的特定因素，才能解释他们试图去做的事情，以及他们成功的原因。伏尔泰的精神早已在世间存在，可是伏尔泰本人只有在 18 世纪的法国才能获得胜利。

首先应当承认，法国的教会与其他国家的相比，没有更多值得攻击的弱点。其实与大多数天主教国家相比，在法国与宗教信仰混合的罪恶和不正之风没有那么严重。与过去或者其他国家的情况相比，教会的宽容度大得多。因此这种现象的特定因素更应该从社会状况而不是宗教状况中寻找。

为了理解这一点，必须始终注意前一章所述的内容：政治上的反对精神是政府的缺陷引起的，由于不能在公共生活中明确地表示反对，就只有在文学作品中寻找避难渠道，于是作家就变成了企图推翻国家所有社会和政治制度的重要党派的真正领袖。

一旦正确地掌握这一要点，问题的焦点就改变了。关键不是解释那个时代的教会作为宗教机构如何可能犯下罪孽，而是解释它如何阻碍了行将发生的政治革命，以及为此它在这场革命的主要推动者即作家们看来必然是特别讨厌的麻烦。

教会用于统治的原则恰好与作家们希望在世俗政府的统治中占优势的原则针锋相对。教会首先建立在传统基础上；作家们则公开声称彻底轻视建立在尊重过去的基础上的一切制度。教会承认超越个人理性的权威；而作家们只信赖个人理性。教会以等级制度为基础；作家们却赞同抹消一切阶级地位的界线。若要达成和解，双方就必须承认，因为政治社会与宗教社会在本质上是不同的，所以不能采用同样的统治原则。可是那时双方远远不能就这一点达成一致，既然教会是国家的基础和模型，那么为了攻击国家制度，好像首先就必须得摧毁教会制度。

况且那时教会本身是首要的政治势力，事实上还是最令人憎恶的，尽管不是最暴虐的。教会参与政治活动，虽然它的天职或者性质并未强迫它这样做；它一边在其他地方谴责罪恶，一边又经常认可政治活动中的罪恶，利用自己的神圣不可侵犯性洗刷、掩盖罪恶。教会似乎打算使其自身和其他政治权力一样永垂不朽。对教会的任何攻击必定会立刻引起公众的激烈反应。

不过除了这些一般的理由之外，作家们攻击教会还有更加具体的理由，也可以说是更加私人的理由。教会所代表的那部分政府与他们最接近、也与他们最直接地敌对。其他权力只是偶尔影响作家，而教会不断地干预他们，因为监管思想和审查、指责书面作品是教会的特殊职责。作家们在全面捍卫思维自由、反对教会干涉正常活动的同时，也在为自己的利益作斗争，他们的第一个目标是打破束缚他们最紧的枷锁。

此外在他们看来，在他们攻击的巨大建筑中，教会是最脆弱、防御最少的侧翼，事实也的确如此。世俗的君主越强大，教会的势力就越薄弱。教会的地位曾经超越君主，后来与之平起平坐，最后降格成了君主的委托人。双方确立了某种互惠互利的关系：教会向君主提供道德权威，君主向教会提供物质力量；教会劝诫教徒尊重君主的意志，君主迫使民众服从教会的戒律。当革命迫近时，这种交易可能是危险的，对于一个建立在信仰而非强制基础上的政权，这必然是不利因素。

法国国王仍然自称教会的长子，可是他们严重忽略了对教会的义务。他们保护教会的热情远远不及捍卫自己统治的热情。他们确实不允许任何人直接对教会出手，却又袖手旁观，任凭远处飞来的无数箭矢刺中教会。

那时政府用半吊子的措施强制约束教会的敌人，结果非但未能削弱他们的力量，反而助长了他们的势头。压迫作家有时可以使思想运动暂停，有时却适得其反助长了思潮。不过对新闻出版业的监控向来是使其力量成百倍地增加。

对作家实施政治迫害，只能引起抱怨，却不足以激起畏惧。他们遭受的约束、管制足以激起抵抗，但这不是可能镇压他们的沉重枷锁。作家遭受的攻击始终是旷日持久、剧烈混乱而又不了了之，仿佛其意图不是阻止他们写作，而是刺激他们写作。如果有完全的出版自由，对教会的损害就不会那么严重。

1768 年，狄德罗写信给大卫·休谟（David Hume）时说：“你认为我们的不容异议比你们的无限自由更有利于思想的进步；霍尔巴赫（d'Holbach）[①]、爱尔维修（Helvétius）[②]、莫尔莱（Morellet）[③]和絮亚尔（Suard）[④]不赞同你的意见。”然而这位苏格兰人是正确的。休谟在自由的国家生活，从经验中认识到这个道理。狄德罗从作家的视角看问题，休谟从政治家的视角看问题。

不管在美国还是别的国家，如果我问路上遇到的第一个美国人，他是否认为宗教信仰有助于稳定法律制度、维持良好的社会秩序？他会毫不犹豫地回答说，文明社会没有宗教信仰就无法长久存续，遑论自由的社会。在他眼里，尊重宗教信仰是国家稳定和个人安全的最大保障。甚至最不懂治国之道的人也了解这一点。在世界上的全部国家之中，只有美国最广泛地运用了那些 18 世纪启蒙思想家的最大胆的政治学说，唯独他们的反宗教学说未能在美国确立地位，即便有无限出版自由的有利条件。

英国的情况同样如此。甚至在法国的大多数启蒙思想家出生之前，我们的反宗教哲学已经在英格兰传播：正是博林布鲁克（Bolingbroke）[⑤]完成了对伏尔泰的教育。在整个 18 世纪，英格兰都有无信仰的著名倡导者。聪明的作家和深刻的思想家们拥护这项事业，但是从未像在法国那样获得胜利，因为所有对革命保有某种恐惧的人都赶紧支持地位已确立的信仰。甚至与当时的法国社会关

---

① 霍尔巴赫（1723~1789 年），百科全书派哲学家，主张机械唯物主义和无神论，代表作《自然的体系》有无神论的“圣经”之称。

② 爱尔维修（1715~1771 年），百科全书派哲学家，主张功利主义、机械唯物主义和无神论。

③ 莫尔莱（1727~1819 年），百科全书派哲学家、作家、经济学家。

④ 絮亚尔（1732~1817 年），法国作家、记者，1774 年当选法兰西学院院士。

⑤ 博林布鲁克（1678~1751 年），英国政治家、自然神论哲学家、托利党领袖之一，是英国民族主义思想的典型代表。著有《论政党》《论人》。

联最密切、相信法国哲学家没有错误的那些人也拒绝接受，因为他们的理论很危险。重要的政治党派发现将自己的事业与教会的事业绑在一起是有利的，自由的国家总是发生这样的事情。博林布鲁克本人变成了主教的同盟者，由于这些榜样的激励，教士从未感到孤立，精力充沛地为自己的事业斗争。尽管英国的教会体制有缺陷，内部存在各种各样的不正之风，却成功地承受住了打击。出身教士阶层的作家和演说家们热切地致力于捍卫基督教。由于社会自身的努力，而不是政府的干涉，在经过讨论和驳斥之后，敌视基督教教义的理论最终被舍弃了。

可是为什么在法国之外寻找实例？如今还有哪位法国作家想写狄德罗或者爱尔维修那样的作品？谁愿意阅读它们？我几乎可以说，还有谁知道那些书名？过去六十年间，我们通过公共生活获得的经验尽管不算全面，却足以破坏我们对这种危险的文学作品的胃口。且看国民的各个阶层的现状，随着他们在革命的严酷学校中学到了经验，对信仰的尊重及宗教的影响力逐渐恢复了。1789年之前，旧贵族是最反宗教的阶层，1793年之后，他们变成了最虔诚的阶层。他们首先遭到攻击，也首先皈依宗教。起初胜利的资产阶级在感到自己遭受攻击之后，也开始接近信仰。如果盛行的混乱会给他们造成损失，人们对宗教的尊重就逐步恢复，随着革命的恐怖开始显现，怀疑消失了，或者至少变得隐蔽了。

旧制度终结时的形势与此不同。我们完全失去了关于人类重大事务的实用主义知识，彻底遗忘了宗教在帝国治理中所起的作用，以致怀疑论首先占据了那些出于最迫切的、个人的利益需要维护国家秩序并使人民服从的人们的头脑。他们不仅乐意接受怀疑论，而且盲目地向社会下层传播它。在他们的无聊生活中，不敬上帝成了一种消遣。

法国教会以前涌现过诸多大演说家，此时感到本应与教会有共同利益并捍卫其事业的人全都背弃了教会，从而陷入了沉默。一度似乎存在这种可能性：只要允许教会保留其财富和地位，它就准备承认关于信仰的错误。

否定基督教的人大声发表意见，仍然相信基督教的人却保持沉默，从那以后我们经常看到这种现象，不仅限于宗教领域，其他一切领域同样如此。坚持旧信仰的人害怕其他人都不再忠于信仰，他们畏惧孤立甚于错误，故而选择从众，虽然他们有不同的思想。于是在当时只属于一部分国民的态度，好像就成了全体国民的意见，结果在那种假象的制造者本人看来，它显得无法抗拒。

在上个世纪末，所有宗教信仰普遍失去了信誉，这无疑在总体上对大革命产生了最重大的影响；它标示了大革命的特征。大革命经常被描述得很恐怖，它就是给人留下这种印象的最大原因。

当我试图解析反宗教在法国产生的各种各样的影响时，发现与其说反宗教使人心灵堕落或者道德败坏，不如说令人精神错乱，导致人们走向了如此异常的极端。

当宗教信仰舍弃灵魂时，与经常发生的情况不同，灵魂并非变得空虚软弱。一时之间新的思想和感情会充满灵魂，暂时取代宗教的位置，阻止灵魂立即偏离正道陷入低迷状态。

纵然引起大革命的法国人比我们更不信仰宗教，至少他们保留了一种我们缺乏的值得赞赏的信仰：他们相信自己。他们从不怀疑人类的完善性或者力量。他们高声、热切地主张人类的荣耀，信任人类的优点。这种骄傲的自信强化了他们自己的力量，虽然骄傲的自信经常导致错误，但是没有它的人就只能受奴役。他们毫不怀疑自己的使命是改造社会、让人类获得新生。这些情感和激情对他们而言已经成为一种新宗教，它产生了旧式宗教产生过的一些重要效应，使人们摆脱自我中心的利己主义，养成英雄主义和自我牺牲精神，在很多情况下还使人们有长远眼光，不像我们一样计较琐碎的利益得失。

我做过大量的历史研究，可以大胆地断言我从未见过这样的革命，从一开始就有如此众多的人表现出如此真诚的爱国主义、如此无私的性格或者真正的伟岸。这个民族在革命中显示的既是主要的缺点又是青春时期的主要优点：缺乏经验和慷慨宽容。

然而反宗教造成了极大的公共危害。

在以前发生过的重大政治革命中，绝大多数攻击既存法律的人都尊重信仰，在绝大多数宗教革命中，攻击宗教的人并未企图同时改变所有权力的性质和秩序，彻底废除既存的政治体制。因此纵然社会处于最大的动荡之中，也始终存在一个稳定的支撑点。

然而在法国大革命中，在宗教法律遭到废除的同时民事法律也被颠覆，于是人类的精神完全迷失了方向。人们再也不知道可以抓住什么，应该在哪里停留，突然出现的革命者仿佛是未知的物种，他们大胆冒失到了愚蠢的程度，他们对任何革新都不会感到惊讶或者于心不安有所顾虑，他们在执行任何计划时都不会退缩。而且千万不能以为这些新生物是单独出现、生命短暂的造物，注定很快绝迹。此后他们形成一个种族，渗透和散布至世界上的全部文明地域，在任何地方都保持同样的外表、同样的激情和同样的特性。当我们出生时这个种族已经存在，如今它依然在我们周围。

第三章　法国人为何在要求自由之前先要求改革

有一件值得注意的事：在替大革命作铺垫的所有思想和情感之中，严格意义上的政治自由的思想及喜好是最迟出现又最早消失的。

旧政体的大厦早就开始动摇。它已经摇摇欲坠，可是政治自由的问题尚未浮现。伏尔泰几乎没有思考过这个问题：在旅居英格兰的三年间他见识到了自由的模样，却没有爱上自由。他很喜欢在英格兰自由传授的怀疑论哲学。可是他对英国的政治法律无动于衷；他注意的是其缺陷而不是优点。关于英国的书信是他的杰作之一，可是他在其中很少提及议会，有关议会的内容是最少的。其实他最羡慕英国人在文学方面的自由，几乎不关心政治自由，好似文学自由能够脱离政治自由而长期存在。

接近18世纪中期，一批着重论述行政管理问题的作家开始出现，由于他们共有某些类似的原则，人们将他们当作一个集体，称之为"经济学派"或"重农学派"。经济学派在历史上的地位不如哲学家。对于引起大革命，他们的贡献可能也比较小。但是我相信，他们的作品是研究大革命的真正本质的最佳材料。关于国家治理，哲学家们的思想基本上没有超出非常普遍、非常抽象的理论范围。经济学派在坚持自己理论的同时，却更加贴近事实。哲学家描述能够想象的东西，经济学派有时指出应该做的事情。后来大革命废除的所有制度都是他们攻击的特别对象，他们对其没有好感。正相反，可以认为是大革命自身产物的所有制度都是他们预先宣示和热烈推荐过的。那些制度的萌芽几乎都可以在他们的作品中发现，很难举出例外。大革命的最实质性的内容都可以在他们的著作中找到。

此外，在他们身上已经可以辨认出我们熟悉的那种革命和民主的气质。他们不仅憎恨某些特权，而且讨厌多样化本身。他们尊崇平等，哪怕是奴役之下的平等。他们主张捣毁阻碍他们计划的任何东西。他们基本上不尊重契约，也不关心私人权利。或者确切地说，在他们看来，严格意义上的私人权利已经消失了，存在的只有公益。整体而言，经济学派是一群低调、态度和善的人，有拥有一定资产的人和正派的地方法官，也有能干的行政管理者。可是他们的工作所独具的精神使他们着了迷。

对经济学派而言，过去只是蔑视的对象。“数世纪以来，错误的原则一直统治着国家，”勒特罗纳写道，“好像一切都任凭运气决定。”他们从这种思想出发着手工作。不管是多么古老或者似乎有牢固基础的制度，只要它稍微阻碍了他们的计划或者扰乱了对称性，他们就试图废除它。其中有人提议彻底取消旧的领地界线，改变各行政区名称，四十年后的制宪会议实施了这项建议。

在他们想到自由制度的念头之前，经济学派已经构想出后来由大革命实现的全部社会和行政改革措施。他们固然非常赞同商品的自由贸易，赞同商业和制造业中的自由放任政策。但是他们并不向往政治自由，甚至当他们脑海中偶然出现政治自由的想法时，他们的第一反应是拒斥。其中大多数人最初就十分反对审议制议会，敌视地方和次级政权，总而言之，反对在不同时期的任何自由国家中设立的用于制衡中央政权的一切平衡力量。魁奈(Quesnay)说：“在政府中设置对抗力量的制度是致命的错误。”他的一位朋友评论道：“引导人们想象出平衡力量制度的思考纯属妄想。”

他们构想的对抗政府滥用权力的唯一保障是公共教育，因为魁奈说："如果国民得到启蒙，专制就不可能存在。"他的一位门徒评论道："官方滥用权力造成的罪恶令人震惊，于是人们发明了无数完全无效的补救办法，却忽略了唯一真正有效的措施，即以公正和自然秩序为精髓的全面而持续的公共教育。"他们希望凭这种文学性的蠢话，满足政治保护措施的全部需求。

勒特罗纳描述了法国农村既无道路、又无工业、又无启蒙的景象，对政府忽略乡村的状况感到痛惜和难以接受，可是他从未仔细考虑过，假如让农村居民自己管理农村，这项工作可能会完成得更好。

杜尔哥拥有伟大的灵魂和罕见的天赋，因而成为卓越的人物，可是他对政治自由的喜好并不比一般人更多，抑或没有养成这种喜好，直至晚年才由于公众态度的推动而开始爱好政治自由。他与大多数经济学派一样，认为首要的政治保护措施是国家按照某种程序、根据某种精神提供的公共教育。按照同时代的某个人在"有原则的教育机制"中的说法，杜尔哥对这类理智处方显示出无限的信心。在一份写给国王的备忘录中，他提议过这类计划："陛下，我可以冒昧地回复，在十年之内，您的民族将变得易于辨认，借助教育，您的民族将远远超越其他民族，养成良好的道德和见识，满怀热忱地为您和国家服务。现在十岁的孩子到那时将准备好报效国家，不是出于畏惧而是出于理性服从权威，并帮助同胞，习惯认清和尊重公正。"

法国的政治自由早已被破坏，所以人民几乎完全忘记了它的条件和效果。而且政治自由遗留下来的变形的残余，以及看似用于代替它的制度，都使政治自由显得可疑，并激起诸多偏见。那时保留的三级会议不仅形式过时，而且观念属于中世纪，远远谈不上帮助社会进步，反而是一种阻碍。取代政治团体的唯一机构是最高法院，可是它不能阻止政府做坏事，却经常阻止政府做好事。

经济学派认为，借助这些旧工具实施他们设想的革命是不切实际的。他们也不喜欢委托现在掌握自身命运的国民去实行他们的计划，因为怎么可能说服全体人民采纳各个部分之间的关系如此错综复杂的巨大改革体系？他们觉得更容易、更合时宜的做法是劝诱王室政府为他们的方案服务。

新政权并非起源于中世纪的制度，没有中世纪的印记。尽管它有错误，经济学派能够分辨出某些有前途的特征。新政权与经济学派一样天生喜好地位的平等和法律的一致。他们同样极其憎恶一切源于封建制度和倾向于贵族统治的旧势力。在欧洲的其他国家都不可能找到如此结构良好、令人印象深刻、强有力的统治机器。法国存在这样的政府，对经济学家而言是天赐的幸运。如果那时像现在一样流行动辄援引上帝，他们也许会称之为天意。勒特罗纳写道："法国的情况远比英国好，因为在法国，人们可以在顷刻间实施改革，改变整个国家的状况，而在英国，这种改革总是受到党派的阻碍。"

因此经济学派的目标不是摧毁这个专制政权，而是转变它。德·拉·里维埃（de La Rivière）先生写道："统治国家必须依照基本秩序的规则，为此必须拥有'无限权力'。"另一位作家说："让政府明确理解自己的职责，然后让它自由行动。"从魁奈到博多神父（Abbé Baudeau），他们都有这样的性格气质。

经济学派不仅指望王室政府改革那个时代的社会，而且向它部分地借鉴了关于他们希望建立的未来政府的想法。看到其中一方，就对另一方的样子有了概念。

根据经济学派的观点，国家的责任不仅是统治国民，而且应以某种方式塑造他们。国家的职责是依照某种预先设立的模范统一塑造公民的精神；用它认为必要的某种思想充实人民的精神，用它认为必要的某种情感充实人民的心灵。实际上，它的特权不受限制，它的行动也没有界限。它不仅改造而且转变国民。也许它有力量将他们变成某种彻底不同的人。博多说过："国家随心所欲地制造人。"这句名言概括了他们的所有理论。

经济学派所设想的极大的社会权力不仅大于他们所见的一切权力，而且有不同的起源和性质。它并非直接来源于上帝，与传统也毫无关联，更是非个人的。它不再是"国王"，而是"国家"。它不是家族遗产，而是所有人的产物和代表，有义务确保任何个人的权利从属于整体的意志。

这种名为民主专制统治的特殊形式的暴政在中世纪时无从想象，却是经济学派熟悉的东西：不再有社会等级制度，不再有严格区分的阶级，不再有固定的社会地位；民族由几乎同一化并完全平等的个人组成，定义模糊的"群众"得到承认并拥有唯一合法的最高主权，却被小心地剥夺了可能允许群众亲自统治甚或监督政府的一切能力；在群众之上有一个委派的行政机构，以群众的名义掌管一切，而无须征询群众的意见；公共理性无法控制它，因为失去了宣传媒体；法律不能阻止它，除非发动革命——在法律上，它是级别较低的代理人，而在事实上，它才是主宰。

经济学派在附近找不到任何符合这种理想的东西，就到亚洲遥远的另一端寻找。我可以毫不夸张地说，他们每个人的作品中都有一些颂扬中国的溢美之词。他们作品的读者肯定看到过这样的内容，不管有没有别的。况且由于我们现在也对中国知之甚少，他们的描述只能是一派胡言。中国那个既无能又野蛮的政府被少数欧洲人随意操控，在他们眼里却是值得所有国家模仿的完美典范。他们看待中国的方式就像是法国人起初看待英格兰、后来看待美国的方式。在他们心目中，中国的君主拥有无上权力却没有偏见，每年举行亲耕礼，奖励有用的技术发明，所有行政职位都通过科举考试获得，哲学是唯一的宗教信仰，文人是唯一的贵族统治阶级，想到这样的国家，他们无比感动和欣喜。

人们以为如今名为“社会主义”的毁灭性理论是最近产生的，这是个误会：这些理论与最早的经济学派源于同一个时代。当经济学派梦想利用全权政府这个工具改变社会结构的时候，社会主义者正在设想夺取同样的权力，用以破坏社会基础。

阅读摩莱里（Morelly）①的《自然法典》，就会找到经济学派关于国家的无限权力、国家特权不受限制的全部学说，以及近年来法国最恐惧的大量政治理论，我们以为自己目睹了这些理论的诞生：财产公有制、劳动权利、绝对平等、一切事物的均一化、所有个人活动的机械规律性、管理的暴政、公民的个性彻底融入社会整体。

摩莱里法典的第一条规定：“社会上的任何东西都不属于个人，或说作为财产属于任何人。”法典第二条规定：“财产是可憎的，任何试图恢复私有财产的人必将被视为疯子和人类公敌，遭到终身监禁。每位公民都由公共资金提供食物、赡养和工作……所有产品将储存在公共仓库中，分配给所有公民，满足他们的生存需求。所有城市将按照同样的规划建设。所有私人房屋将统一规格。所有年满五岁的孩子都要离开家庭，用公共资金以统一的方式共同培养。”读者或许会以为这部书是在昨天写的，可是它已经有一百年历史。它发表于1755年，正是魁奈创立他的学派的时代。由此证明，中央集权制与社会主义是同一块土壤的产物。它们之间的关系相当于种植的果实与野生的植株的关系。

假如把他们那个时代的人放到我们的时代，其中违和感最少的就是经济学派。他们对平等的热情如此明显，对自由的爱好如此含糊，从表面上看会误以为他们与我们是同时代的。当我阅读那些引

---

① 摩莱里（约1700~1780年），是18世纪法国学术史上最神秘的人物之一，“摩莱里”是笔名，真实姓名不详。主要著作有《自然法典》《论人类精神》《论人类心灵或教育自然原则》。

起大革命的人们的演讲词和作品时，感觉自己好像突然被流放到一个陌生的地方，身处陌生的社会，可是当我浏览经济学派的作品时，感觉好像与这些人共同生活，在片刻之前还与他们交谈。

1750年，法国人整体上对于政治自由的要求甚至不如经济学派急迫。既然失去了运用自由的权力，法国人也失去了对它的爱好，甚至连政治自由的概念也消失了。比起权利他们更想要改革，假如当时在位的君主具有腓特烈大帝那样的才干和性格，我毫不怀疑他将实施一些由大革命最终完成的最重要的社会和政体改革，然后他不仅不会丢掉王位，而且他的权力将大大巩固。据说路易十五最能干的大臣之一德·马绍尔（de Machault）①先生曾经隐约有过这种想法，并向国王提议过。可是单凭别人的建议，这类方案永远不会付诸实施。只能由那些有能力构想计划的人实行。

二十年之后，情况不同了：法国人的头脑中形成了政治自由的概念，它的吸引力与日俱增。变化的迹象随处皆是。外省自治的愿望再次产生了。人民作为一个整体有参与治理的权力的观念深入人心。古老的三级会议的记忆苏醒了。这个民族厌弃自己的历史，唯独愉快地回忆起这个部分。新的潮流也影响了经济学派，迫使他们在自己的一元体系中加入少量自由制度的复合成分。

1771年高等法院被撤销，过去公众经常由于高等法院的偏见而受害，此时看到它垮台却感到深深困扰。在他们看来，可能抑制王权专制的最后一道障壁陷落了。

看到人民的反对，伏尔泰十分惊讶并勃然大怒。“几乎整个王国都陷入了骚乱和惊惶失措的状态，”他写信对朋友说，“外省与巴

---

① 德·马绍尔，达诺维尔伯爵（de Machault d'Arnouville，1701~1794年），法国政治家，1745年任财政总监，推行改革，遭到贵族和教士反对。大革命时期死于狱中。

黎一样群情激奋。可是敕令给我的印象是充满了有益的改革。结束卖官鬻爵，司法审判免费，避免上访者从王国边境徒劳地跑到巴黎以致倾家荡产，让国王支付领主法庭的费用，这些难道不是为国民服务的措施吗？况且这些高等法院在多数情况下不是野蛮的迫害者吗？说实话，卑微的'法国佬'竟然支持这些无礼又不服从的资产者，这令我感到惊奇。而我认为国王是正确的，既然必须服从，与其服侍两百只与我同类的老鼠，不如服侍血统纯正的雄狮，因为它天生比我强大。"他又自我辩解地补充道："设想一下，国王替所有领主承担法庭的开销，这种恩典让我无比高兴。"

伏尔泰已经离开巴黎很久，以为公众意见依旧像当年一样。然而情况今非昔比。法国人的要求不再仅限于用更加有效的方式管理事务。他们开始要求自己掌控事务，形势越来越明显，一场改变一切的重大革命即将爆发，它不仅得到人民的赞成，而且由人民亲自发动。

我想从那时起，这场激进的革命就无可避免了，它将不加区分地抛弃并毁灭旧制度中最坏和最好的东西。人民尚未准备好自己行动，很难期待他们能够在改革一切的同时不摧毁一切。专制君主原本可以成为危险性较小的改革者。当我考虑到这场革命摧毁了众多对自由有害的制度、思想和习惯，同时摧毁了很多确保自由存在的事物，便倾向于认为，假如实行革命的是专制君主，而不是在自己主权的名义下行动的人民，也许我们更可能准备好有朝一日成为自由的民族。

凡是希望理解法国大革命的人，必须牢记这一点。

当法国人对政治自由的热爱再次燃起时，他们已经形成了关于国家治理的某些理念，它们不仅难以与自由制度和谐共存，而且几乎与之敌对。

于是法国人信奉的社会理想是唯一的统治阶级由行政官员和一

个全权政府组成，它管理国家并保护个人。他们虽然希望自由，却又无意抛弃这个基本的理念。他们只想尝试让它与自由的理念协调一致。

因此他们企图混合无限制的行政中央集权制与占绝对优势的立法机构：官僚主义的行政机构与代议制政府的组合。国民作为一个群体享有全部主权的权利，公民作为个人却受到最牢束缚的附庸。对前者的要求是自由人民的经验和优点，对后者的要求是忠实仆人的品德。

人们已经习惯或者倾向于接受与自由截然不同或者对立的思想和制度，政府却盼望在这种环境下引入政治自由，60年来进行了多次无效的尝试，引起了多次悲剧性的革命，最后法国人精疲力竭了，厌倦了徒劳无功的努力，于是很多人放弃了第二个目标，重新回归第一个目标，将他们的想法简化成在一个主子手下平等地生活，这样毕竟能得到某些好处。所以如今我们发现自己更加近似于1750年的经济学派，而不是1789年的祖辈。

我时常问自己，政治自由在所有时代引导人类实现了最伟大的成就，这种追求政治自由的激情来源于何处？植根于什么样的情感？从哪里吸取养分？

我清楚地看到，当人民误入歧途时，就容易盼望自治。可是这种对独立自主的热爱从不会持久，因为唤醒它的仅仅是专制统治的某些特定而暂时的祸害。这种激情总是与引发它的意外因素一起消失。人们好像热爱自由，其实只是憎恨主人。为自由而生的人民憎恨的是不独立所造成的祸害本身。

我还认为，单凭物质回报不会引起对自由的真诚热爱，因为物质报酬的前景经常几乎无法察觉。确实，就长期而言，自由必定会给维护自由的人带来舒适的生活和福祉，经常还会带来财富。然而有些时候，它会暂时阻碍人们利用这些益处。在别的时候，只有专制统治能确保人们短暂地享受。仅仅为了物质利益而重视自由的那些人，从未长久地保有过自由。

对自由的真正热爱总是存在于一些人心中，燃起这种热情的是自由所固有的吸引力、内在的魅力，与它带来的利益无关。它意味着只受上帝和法律的统治，可以无拘无束地说话、行动、呼吸的快乐。谁若向自由寻求自由本身之外的东西，就注定受奴役。

有些人经历各种各样的危险和困难，顽强地追求自由。他们热爱自由，并非为了自由给予的物质利益。他们认为自由本身是珍贵和不可或缺的，如果失去自由，任何其他东西都不足以补偿，如果享有自由，就足以抵偿其他一切。另一些人则耽于财富，厌倦自由，任凭别人从他们手中抢走自由而毫不抗拒，害怕维护自由就会损及他们应得的福利。这些不能留住自由的人所缺乏的是什么？正是对自由的渴望。请别要求我分析这种令人赞叹的渴望，你必须感受。无需借助外力，它自会进入天生准备好接纳它的伟大心灵。它充满这样的心灵，使其燃烧发光。至于从未有过这种感受的平庸灵魂，当然不可能期望他们理解这种激情。

第四章 路易十六统治时期是旧君主制度下法国最繁荣的时期，为何正是这种繁荣加速了大革命的来临

无可置疑的是，当路易十四在欧洲称霸时，他的王国已经开始衰败。甚至在这位君主当政的最光辉的岁月，就可以看到衰退的最初迹象。在停止征服之前很久，法国就已沦落。谁没有读过沃邦（Vauban）元帅留给我们的那篇关于行政管理统计数据的恐怖文章？早在 17 世纪末，甚至在那场不幸的西班牙王位继承战争[①]之前，总督们呈递给勃艮第（Burgundy）公爵的报告都暗示了日益严重的衰落，而且从他们的表达方式来看，那并非新近发生的情况。其中一名总督说，他的辖区的人口近年来一直急剧减少。另一名总督报告说，某座城市曾经富裕繁荣，如今没有工业了。另一位说，他的行政区曾经有制造业，现在工厂都废弃了。还有一位说，以前农夫从土地得到的收益远远超过现在的。20 年前的农业更加繁荣兴旺。同时期的奥尔良的一位总督注意到，人口和产量在大约三十年里减少了五分之一。应当推荐欣赏专制政府的公民们和喜欢战争的君主们读一下这些报告。

因为这些苦难的首要缘由在于国家政治体制的缺陷，无论是路

① 1701~1714 年法德两方争夺西班牙王位继承权的战争，英、荷、葡等国均卷入。

易十四的死亡还是和平都无法令法国恢复繁荣。在 18 世纪上半叶，凡是写到行政管理或者社会经济的作者都一致认为外省尚未复原。其实很多人认为外省在继续衰退。他们说，唯独巴黎的财富和人口不断增加。在这点上，总督、前任大臣和实业家们也持相同意见。

我承认，我并不相信法国在 18 世纪上半叶继续衰落，但是如此众多了解情况的人们都普遍同意这种看法，这至少证明当时没有可察觉的进步。我阅览过的关于这一历史时期的所有行政文件确实表明，社会陷入了某种倦怠状态。政府除了墨守成规之外什么都没做，不去创造任何新东西。城市几乎从未努力使居民的生活更舒适或更健康。连个人也避免从事任何有意义的事业。

在大革命爆发之前三四十年，形势开始变化。在社会机体的每个部分，都可能察觉内部的动摇不安，这种迹象以前从不明显。最初只有非常细心的考察者才清楚地看到这些迹象，可是它们逐渐变得显而易见。这种现象逐年扩散并加速发展。最后整个民族活动起来，似乎得到了新生。但是请注意：这不是老生命的复活。是一种新的精神推动了这巨大的机体，它只是在终结之前暂时复苏而已。

每个人都变得焦虑不安，对自己的境遇感到不满并渴望改变。改善是普遍的需求，但它令人急躁而缺乏耐心，使人们诅咒过去，想象一种与现实彻底不同的状况。

不久之后这种精神影响了政体本身，从内部改造它，却没有触动表面的一切。法律没有改变，执行的方式却变了。

我在前文中说过，1780 年的总督和总监与 1740 年的总督和总监再无相似之处。行政管理的函件详细表明了这种变化。1780 年的总督与前任有相同的权力、下属和专横权威，唯独目标不同。前者大致上只关心使本省保持服从、招募新兵，最主要的是征收军役税。后者还关心其他许多事务：他的头脑中有无数用以增加公共财富的计划。他全神贯注地考虑的主要是道路、运河、工厂和商业；农业特别吸引他的注意。在那个时代的行政管理者中间，萨利（Sully）[①] 成了流行的偶像。

从那个时代开始，总督们组织起了前面讨论过的农业协会，举办比赛并颁发奖赏。总监们发布的通告看上去更像关于农业技能的论文，而不是官方的函件。

充实国库的各种各样的税赋的征收，最明显地反映了统治者的态度变化。税法与过去一样不公平、专横而严苛，但是在执行过程中，这些缺陷都得到了一些弥补。

莫里恩（Mollien）先生在回忆录中写道："当我开始研究税法时，我的发现令我震惊：对于单纯的漏税，特别法庭就有权处以罚款、监禁、体罚；包税官几乎可以对所有资产和个人无条件地行使职权，诸如此类。幸运的是我没有仅限于阅读法典，我很快意识到，法律的条文与实际运用之间存在差异，正如老税务官与新税务官的习惯存在差异。法定的当局通常倾向于尽量减轻罪责和处罚。"

1787 年，下诺曼底的省议会说："征收捐税会引起多少不正之风，激怒多少人！尽管如此，我们必须承认近年来征税实践中表现出的温和与仁慈。"

文献的细致研究充分证实了这种主张。对人的生命和自由的尊重经常显而易见。最主要的是对于穷人困境的明显真诚的关心，这是前所未有的。税务当局极少诉诸暴力手段对待可怜的穷人；税赋的减免更加常见，赈济更加普遍了。国王增加基金的数额，用于乡村的慈善工坊以及救济穷人，还经常设立新基金。1779 年时仅仅在上吉耶纳一个财政区，政府用于这些用途的资金就超过了 8 万里弗；1784 年时分配给图尔财政区 4 万里弗；1787 年时分配给诺曼

① 萨利（1560~1641 年），亨利四世重臣，在军事、财政、农业各方面均有贡献。

底财政区 4.8 万里弗。路易十六不想让大臣们专门管理这方面的事务，所以有时他亲自主管。1776 年，御前会议裁决确定，国王打猎时毁坏了王室狩猎总管管区[①]附近的田地，应当赔偿农民的损失，国王亲自介绍了相关情况。杜尔哥告诉我们，这位好心的倒霉君主曾经拿给他看这份文件，并说："你看，我也在做我的工作。"如果根据旧制度末年的情况描绘旧制度，得出的将是一幅颇有些美化、却与原貌不太相似的写照。

随着统治者与被统治者的精神同样发生变化，社会以前所未有的速度繁荣了起来。其迹象有很多：人口增多，财富以更快的速度增加。北美的战争[②]并未延缓这种发展。国家负债累累，个人的财富却在继续增加。人们变得更勤劳、更有事业心、更有发明创造才能。

当时的某位行政官员说："自 1774 年以来，我们发展了各种类型的工业，从而扩大了所有消费税的基础。"如果对比在路易十六统治下的不同时期政府与管理收税的金融公司制定的协议，确实会发现每次契约延期时地租价格都在上涨，而且速度越来越快。1786 年的租约比 1780 年的多 1 400 万里弗。内克尔在 1781 年的报告中写道："可以计算出，全部消费税的收益以每年 200 万里弗的速度增长。"

阿瑟·扬使我们确信，1788 年时波尔多（Bordeaux）的贸易量大于利物浦（Liverpool）。他补充说："近年来，法国的海上贸易发展速度比英国快，在 20 年间翻了一倍。"

此外，只要对比不同的历史时期就容易确信，在大革命之前的

---

① 王室狩猎专用，有完全的司法权。

② 指英法七年战争（1756~1763 年），由欧洲主要国家组成的两大交战集团在欧洲、北美洲、印度等广大地域和海域争夺殖民地和领土的战争。结果法国失去了北美殖民地，英国成为世界第一殖民大国。

20年，社会繁荣迅速发展，其速度超过大革命之后的任何时期。从这个角度看，若论和平与迅速进步，只有立宪君主制度的37年间[①]能够与路易十六朝代相提并论。

考虑到在政府仍有很多缺陷、工业仍有很多束缚的状况下，法国社会已经如此普遍的繁荣，进步如此迅速，即使感到诧异也是合理的。很多政治家甚至可能否认事实，因为他们不能解释它，他们像莫里哀戏剧中的内科医生那样相信，破坏规则的患者不可能痊愈。这也难怪，在不平等的税赋、五花八门的习俗、国内关税、封建权利、行会、卖官鬻爵等等仍旧存在的环境里，法国如何可能兴盛发达？可是尽管如此，法国却开始获得财富并全面发展，因为除了那些构造拙劣、无法啮合、好像是用来减速而不是推动社会机器的齿轮，还隐藏着两种非常简单而强大的机制，它们已经使社会结成整体，驱使它向繁荣的目标前进：一个在停止专制之后仍然强有力的政府，在各地维持秩序；一个其上层等级在欧洲最自由、最有见识的民族，任何人都可以赚钱，并在致富之后保住自己的财产。

国王继续以主宰的身份发言，而实际上他服从舆论，习惯性地向公众征询意见，对之既害怕又要奉承，每天受到舆论启发，或者随舆论而动。根据法律条文，国王拥有不受约束的权力，其实要受到惯例的限制。早在1784年，内克尔在一份公开文件中叙述了一个无可争议的事实：“很多外国人难以想象如今公众舆论在法国具有的权威。他们发现很难理解这种甚至能够支配国王宫廷的无形权力的性质。然而事实就是如此。”

如果以为人民的伟大和力量仅仅是由于法律机制，那是最肤浅的看法，因为产生结果的不是工具的完善而是发动机的力量。且看英格兰：时至今日，英国的行政法律似乎仍然比我们的更复杂、更

① 指1815~1852年。

五花八门、更不合规范。然而在欧洲，还有哪个国家拥有更多的公共财富，还有哪个国家拥有规模更大、更可靠、或更多样化的私人财产，还有哪个社会更富裕、更健全？个中原因并非某些特定法律的完善，而是在整体上推动英国立法的精神。只要生命强大有力，即使器官可能有缺陷，也不会阻碍有机体的运作。

如前所述，法国发展得越来越繁荣，然而人民却似乎越来越焦虑和不安定。不满情绪变得日益严重，对一切古老制度的仇恨愈演愈烈。显然，这个民族正在走向革命。

此外，后来成为这场革命的主要中心的那些地区，恰恰是法国的进步最明显的地方。如果研究以前的大巴黎财政区留下的档案文件，就能轻易地看出，正是在巴黎周边的地区，旧政体发生了最快、最深刻的改革。与其他财政区行省相比，那里的农民的自由和财产已经得到了最有效的保障。1789 年，个人徭役早已在那个地区绝迹了。军役税的征收比其他地区更正规、更平等，负担更轻。为了理解那时的总督能够在多大程度上影响全省的繁荣或者造成苦难，必须阅读 1772 年改进军役税征收制度的法规。它还左右着税收的其他方面。政府每年向每个教区派遣专员，社区民众在他们面前集会，然后公开确定每份财产的价值。通过互相审核的程序记录每个人的资产，任何人都可以提出异议。这样就可以在纳税人在场的情况下确定军役税的根据。再没有市政官专横地滥用权力，再没有无意义的暴力。诚然，无论征收制度如何，军役税固有的缺陷依旧存在。它只由一个阶层的纳税人承担，既影响工业又影响不动产。但是在其他一切方面，它都与邻近行政区的相同名称的捐税大相径庭。

与此形成对照的是，从卢瓦尔河流域直到河口，在普瓦图的沼泽和布列塔尼的荒野，旧政体保存得最完整。恰恰在那些地方，内战的战火开始燃起并蔓延，那里的人民对大革命的抵抗最持久、最激烈。于是或许会有人说，法国人处境越好，就越感到不堪忍受。

当人的处境日益恶化时，未必总会导致革命。最常见的情形是，人民毫无怨言地忍受最暴虐的法律，仿佛无知无觉，而当负担减轻时，他们却开始最激烈地拒斥那些法律。革命所摧毁的那个政权几乎总是比它之前的那个政权更好，根据历史经验，当一个坏政府着手改革的时候，常常就是它最危险的时刻。如果一位君王开始设法缓解长期受压迫的臣民的苦难，除了伟大的天才就没有人能拯救他了。人们长久而耐心地忍受祸害，因为那似乎是无法避免的，然而消除祸害的可能性一旦出现，它就变得难以忍受。因此每次消除弊端，结果只是暴露出其他的弊端，令人们感到更痛苦。虽然弊病确实消除了，对弊害的敏感度却增加了。全盛时期的封建制度并不比濒临消亡的封建制度更加激起法国人的憎恨。路易十六的最微不足道的专横规定仿佛比路易十四的全部专制统治更加难以忍受。与龙骑兵迫害新教徒[①]相比，博马舍（Beaumarchais）[②]的短暂监禁在巴黎引起了更强烈的反应。

1780 年，没有人再断言法国在衰落。确实，似乎没有什么能限制法国的进步了。正是在这一时期，首次出现了人类可以不断和无限地完善自身的理论。二十年之前，人们对未来不抱期待；如今人们对未来无所畏惧。由于预先沉浸于前所未有的即将到手的幸福，这种想象驱使人们对已经拥有的东西习以为常，匆忙地追逐新事物。

除了这些普遍原因，这种情况还有其他更加具体却同样有力的原因。虽然财政管理与其他方面一起改进了，与专制政府本身有关

① 指 1685 年废止“南特敕令”之后，路易十四对新教徒为主的城镇实施宗教迫害。

② 博马舍（1732~1799 年），法国 18 世纪后期最重要的戏剧作家，名作《费加罗的婚礼》公演于 1784 年，对封建社会进行全面指责，可以说“就是进入行动的革命”（拿破仑语）。

的缺陷仍然使财政状况恶化。因为财政管理是秘密进行的而且没有保障，路易十四和路易十五时代的一些最坏的惯例仍在沿用。政府采取措施促进繁荣，分配救济和奖励，承揽公共工程，这些开支每天都在增加，收入却不能以同样幅度增加。因此国王日渐陷入更严重的困境，他的前任们从未遇到过这种麻烦。他与以前的国王一样，一再使他的债权人因拿不到钱而苦恼不已。他像前任们一样，到处借债却没有公开的命令，也没有竞争，债权人从来不确定能收到利息，连能否收回本金也总是取决于国王的善意。

有一位值得信任的证人亲眼目睹了当时发生的事情，而且他的地位使他比其他人看得更清楚，他评论说："那时法国人与政府的关系充满了风险。如果他们用自己的资金投资国债，他们永远不可能指望政府按照固定的时间间隔支付利息。如果他们为政府建造军舰、修建道路，或者给士兵提供服装，他们的贷款没有偿还的保证，也没有偿还的期限，他们好像投机高风险的贷款一样，被迫估算与大臣签订合同的成功概率。"他还意味深长地补充道："在那个时期，工业迅速发展，这使很多人养成了对财产的热爱以及对财富的需求和嗜好，那个本应当最小心地尊重合同法的债务人却违背了合同法，致使将一部分财产委托给国家的人们更加恼怒。"

这里批评的法国政府的恶习其实不算新鲜。新鲜的是它们造成的印象。实际上，过去的财政体系的缺陷甚至更加显眼。但从那时以来，政府和社会的变化使人们的容忍度比过去低了许多。

在二十年间，政府的行动比以前积极得多，从事了从未梦想过的各种各样的事业，因而变成了工业产品的最大消费者以及整个王国的公共工程的最大承包者。与政府做生意、与政府有借款关系、靠政府的薪俸谋生、通过与政府的合同投机的人数都以惊人的速度增加。国家与私人的财产从未如此密切地纠结在一起。长期以来，糟糕的财政管理只是一种公共弊病，此时却成为无数家庭的个人灾祸。1789年，国家的债务多达将近6亿里弗，而那些债权人几乎全都同时是债务人，正如当时的一位金融家所言，他们与一切由于不负责任的政府而遭受损害的人联手，向政府发泄他们的不满。而且请注意，随着这类不满者越来越多，他们也愈加恼怒，由于投机的强烈愿望、攫取财富的激情和寻求安逸的爱好伴随着生意到处传播，在30年前能够毫无怨言地忍受这些祸害的人，现在却觉得它们不堪忍受了。

结果食利者、商人、实业家、企业家和银行家应运而生，他们构成的阶级通常最敌视政治革新、最支持现存政府——无论其性质如何、最服从他们鄙视或者憎恶的法律，现在这个阶级又最急切地赞同改革，成了改革的最可靠的支持者。它大声要求对整个财政体系进行彻底的变革，却没有考虑如果彻底改变政府的这个部分，就将牵连其他部分一起崩溃。

事已至此，怎么可能避免灾难发生？一方面，这个民族发财的欲望每天都在膨胀。另一方面，这个政府一边不断地刺激这种新激情，一边使其不稳定，既煽动人们又挫败他们，这两方面都加速了它的灭亡。

第五章　减轻人民负担的尝试何以反而激起了他们的反叛

整整140年间，法国人民完全退出了政治舞台，所以有些人十分理所当然地认为，他们永远没有能力再出现了。由于他们看上去对政治漠不关心，就以为他们天生聋哑。这些人开始对人民的命运感兴趣时，就当着他们的面谈论，仿佛他们并不存在。这些人料想只有位居人民之上的人才能听他们的言论，唯一值得担心的风险是那些人或许听不懂。

那些人本应最害怕暴怒的人民，却在人民面前大声讨论令人民遭受磨难的残酷的不公正状况。他们互相揭发那些最压迫人民的制度的骇人听闻的缺陷。他们用修辞技巧描述人民的苦难和报酬微薄的劳动。他们试图缓解人民的痛苦，反而激怒了人民。我指的不是作家，而是政府及其主要代理人，是特权阶层。

在大革命之前13年，国王尝试废除个人徭役，他在前言中说道："除了少数几个省（三级会议省）之外，王国的道路几乎全部是由我们最贫穷的臣民无偿修建的。承担所有负担的是那些除了劳力一无所有、并且与道路只有次要利益关系的人。与道路有真正利益关系的是土地所有者，他们几乎都是特权者，其财产价值由于公路的建造而增加。通过强迫穷人自己维修道路，无偿付出时间和劳力，我们剥夺了他们抵御苦难和饥饿的唯一本钱，迫使他们为富人的利益工作。"

在这个时期，政府开始努力消除工业行会制度加诸工人的束缚，一份以国王的名义颁布的公告宣称："劳动权利是所有形式的资产中最神圣的；任何侵害这种权利的法律都违背了自然法则，应当被视为无效法律；此外，现存的行会是怪诞而暴虐的惯例，是自私、贪婪和暴力的产物。"这种话是危险的。更危险的是它们毫无效果。几个月之后，行会和徭役又重新出现了。

传说是杜尔哥让国王说了这些话。他的多数继任者也做了类似的事情。1780 年，国王向臣民宣布，从此以后多征军役税的命令必须公开，还仔细地添加了一段注解："征收军役税的方式一直困扰着纳税人，意外增加的税负也容易伤害他们，以致我们的臣民中最贫穷的人所支付的捐税份额的增长速度比其他人的更加迅速。"国王还不敢使税赋完全平等，不过他尝试用平等的方式征收已经共通的捐税。他说："本王希望富人不会认为受到了损害，这只是恢复一般的水准，他们需要承担的仅仅是早就应该以更加平等的方式分担的税负。"

最大的问题是在饥荒时期，特权阶层的目标似乎是激起人民的怒火，而不是供给他们必需品。有位总督企图刺激富人的仁慈之心，就说："那些土地所有者不公正，为富不仁，他们占有的一切都应感激穷人的劳动，却在穷人替富人服务而精疲力尽之后，任凭他们饿死。"国王在类似的境况下说过："本王希望保护人民抵御各种花招，使他们免受衣食短缺之害，富人却强迫他们劳动，随意支付工资。国王不容许一部分人成为另一部分贪婪的人的牺牲品。"

直至君主制度的末年，不同行政权力之间的斗争还经常导致这类冲突，争斗双方都谴责另一方造成了人民的苦难。有一个清楚的例子，1772 年，为了谷物运输问题，图卢兹（Toulouse）高等法院与国王突然发生了争论。高等法院说："政府的错误措施有饿死穷人的危险。"国王回应道："高等法院的野心和富人的贪婪造成了大众的贫困。”这就是论战双方都努力向人民灌输的思想：你们的不幸应当全部归咎于你们的上级。

记载这些陈述的并非机密函件，而是公开文件，政府和高等法院故意印刷并发布大量的文件副本。通过这种方式，国王替他本人和前任们说出了严酷的事实，有一天他说道：“由于数代挥霍，国库已经不堪重负。我们不得不以非常低的价格租借出许多不可转让的领地。”在另一个场合，国王以讲求准确而不是谨慎的态度说道：“工业行会首先是历代国王的贪财的产物。”后来他评论说：“如果开支浪费成了普遍现象，如果军役税征收过度，其原因在于财政部门发现军役税是暗中决定的，是最方便的资金来源，就决定利用它，虽然此外还有许多对人民而言负担较轻的税种。”

这些话针对的都是国民中有知识的那部分人，目的是说服他们相信，遭到过特殊利益集团抨击的某些措施是有用的。至于人民，说这些话的人想当然地认为，就算他们听见了也不能理解。

必须承认，在这些善行之中，虽然含有减轻可怜百姓的痛苦的真诚愿望，却也包含了对想拯救的对象的极度轻蔑。有些方面让人联想起夏特莱夫人①，据伏尔泰的秘书说，夏特莱夫人毫不在乎地在仆人面前脱光衣服，因为没有不容置疑的证据证明贴身男仆也是人。

请不要误会，并非只有路易十六及其大臣们才用我刚才说明的危险方式讲话。即将成为人民发泄愤怒的最直接对象的特权者也使用同样的表达方式。无可否认，当法国社会的上流阶层开始关心穷人的命运时，穷人还没有令他们感到恐惧。他们对贫民感兴趣时，还不相信贫民的痛苦可能导致自己的灭亡。主要在1789年之前的十年间，这种情况变得显而易见。在那个时期，人们经常对农民表示怜悯，不断

---

① 夏特莱夫人（1706~1749年），伏尔泰的情妇，爱好科学，写有各种论文。

地讨论农民。人们寻找减轻农民苦难的方式，揭露使农民受苦的最坏恶习，公开指责最不公平的税法。然而在表达这种新同情的同时，人们通常仍旧缺乏远见，与以前长期麻木不仁的时候一样。

1779 年，省议会先在法国的一些地区、后来在整个王国召开，只要读过这些会议记录，研究过其他留存下来的公开文件，就会被其中包含的善意感动，而其中明显缺乏谨慎的表达方式又令人惊讶。

1787 年，下诺曼底的省议会评论道："国王专门用于公路的钱所起的作用经常只是让富人的生活更加舒适，却对人民毫无益处。钱经常用于修缮通往城堡的道路，而不是方便人们进入城镇或者村庄。"在这个议会，贵族等级和教士等级在公开谴责了强制性修路工作的罪恶之后，自愿捐献 5 万里弗修缮外省的道路，以便既使道路通行又不增加人民负担。如果这些特权者用普遍征税代替徭役制度并分担税负，他们也许不用花那么多钱，然而他们在情愿放弃不平等税制带来的利益的同时，却选择维持免税的表象。他们放弃了特权的有利部分，却坚持保留招致憎恶的部分。

其他一些省议会的议员全部是免缴军役税的土地所有者，他们无疑打算维护自己的免税权，却用最黑暗的色彩描绘这种税强加给穷人的灾难。他们描绘了军役税所有弊端的恐怖图画，又特意制作了无数副本。而且相当怪异的是，在关心人民利益的引人注目的表述中，他们又偶尔公然加入轻蔑的表述。人民虽已成为他们同情的对象，却依旧是他们鄙视的对象。

上吉耶纳的省议会热情地为帮助农民的事业请愿，同时却称呼农民是"粗野愚昧的生物，喜欢惹是生非，生性粗俗无礼、没有修养"。甚至连为人民做过很多事的杜尔哥，他的措辞也大致类似。

使用这些措辞的文件是给农民看的，预定要做最广泛的宣传。这仿佛是生活在欧洲的某些地方，比如加利西亚，那里的上层等级使用的语言与下层等级不同，百姓听不懂。对于交纳年贡和其他封建税的农民，18 世纪的封建法学家经常表现出善意、节制和他们的前任通常没有的正义感，但是在某些场合，他们仍然谈及“卑鄙的农民”。似乎这种侮辱词汇完全是形式上的。

随着 1789 年临近，这种对人民苦难的同情变得越来越深刻和鲁莽。为了从他们那里具体了解人民心中的不满与怨恨，我收集了几个省议会发给各个教区的居民的通告。

这些通告中的一份是由一位神父、一位大领主、三位贵族和一位资产者签署的，他们都是议员，以议会的名义办事。这个委员会命令每个教区的理事集合所有农民，询问他们对各种各样的税赋的征收额和征收方式的意见。“我们在总体上知道，大部分税赋，特别是盐税和军役税给农民造成了灾难，不过我们盼望详细了解每种恶习。”省议会的好奇心并非仅限于此。它还要了解每个教区有多少人享有某种免税特权，包括贵族、神职人员和平民，以及那些特权的准确内容。那些享有免税权的人拥有的财产价值多少？他们是否在自己的土地上居住？教会资产——或者用那时的说法就是永久营业的资产——的价值是多少，又有多少是不可用于出售的？这些问题仍然不够满足他们。委员会还想了解，如果实现税赋平等，特权阶层必须承担的捐税份额是多少，包括军役税、人头税和徭役等等。

这相当于逐一列举每个人遭受的不幸，激怒他们，又向他们指明罪魁祸首，透露那些人的人数很少不足为惧，鼓励受害者报复，煽动他们内心深处的贪婪、妒忌和憎恨。他们似乎彻底忘记了扎克雷起义[①]、铅锤党人[②]和十六人委员会[③]，也没有察觉到这个事实：

---

① 1358 年在法国北部博韦西爆发的反抗贵族的农民起义。

② 1382 年巴黎人为反抗新征间接税而爆发的市民起义。

③ 16 世纪末宗教战争期间巴黎的联盟派组成的起义委员会，代表 16 个区，支持吉斯公爵，一度推行暗杀恐怖。

只要天性保持平静，法国人是全世界最绅士、最和善的民族，然而一旦被剧烈的激情唤醒，他们就会变成最野蛮残暴的人。

很遗憾，我未能得到农民们对这些致命问题的全部回应，不过我找到了一部分，足以构成关于他们思想状态的总体写照。

这些回应指明了每个特权者的名字，不管是贵族还是资产阶级。他们的生活有时被具体描述，并且总是遭到批判。为了测定他们资产的价值，耗费了大量精力。农民讨论了那些特权的数量和性质，尤其是特权对村庄的其他居民造成的损害。他们记录了作为地租上交的小麦的斗数；还满怀嫉妒地估算特权者的收入，据说谁都不能分享这些利益。他们描述了本堂神父的过多的额外收入，那已经被称为“他的薪水”；他们辛酸地抱怨，教会的一切服务都必须付钱，贫民甚至不能免费安葬。所有税赋的评定都不公平，并且负担沉重。农民的眼里没有任何恩泽，他们充满怒气，用感情强烈的措辞谈论一切。

他们说：“间接税令人厌恶。没有哪个家庭能免于包税员的搜查，在他们眼里或手下，没有神圣不可侵犯的东西。印花税是一种压榨。军役税的收税员是个暴君，他贪婪地攫取金钱，不择手段地骚扰穷人。法院执行官并不更好，没有哪个诚实的农夫能逃过他的恶意。为了避免受到这些贪得无厌的专制者的伤害，征税员不得不使自己的邻居们倾家荡产。”

这次调查不仅预示了大革命的迫近，而它就在其中。它已经在使用自己的语言，露出真正的面目。

16 世纪的宗教革命与法国大革命存在许多区别，其中一种区别特别引人注目。在 16 世纪，大多数大贵族是出于野心或者贪婪参与宗教变革。相反地，人民是出于坚定的信仰接受变革，没有期待从中得益。而在 18 世纪，事情不同了。有知识的阶层受到无私的信念和慷慨的同情的感动，走上了革命的道路，而驱使人民行动的是苦涩的怨恨和改变自己处境的强烈欲望。前者的热情最终点燃了后者的愤怒，给后者的贪婪提供了武器。

第六章　帮助政府完成人民的革命教育的一些实践

长期以来，政府一直努力向人民逐步灌输一些后来被称作革命的思想，这些思想与个人或者私人权利对立，并喜欢暴力。

国王第一个向民众示范，可以用多么轻蔑的态度对待最古老、表面上地位最稳固的制度。路易十五的革新与罪恶、活力与懒惰同样动摇了君主制度，加速了大革命的发生。高等法院几乎与君主制度一样古老，曾经被认为无法动摇，当人民目睹它的垮台和消失时，就模糊地感觉到暴力和冒险的时代来临了，一切皆有可能，没有古老的事物值得尊重，没有崭新的事物不能尝试。

路易十六在他当政的整个时期都在谈论试图进行的改革。在大革命实际来临横扫一切制度之前，他的话几乎全部预示了它们迫在眉睫的毁灭。他从立法中消除了几种最坏的制度，随即又恢复了它们。好似他的意图只是将这些制度连根拔起，任凭其他人打倒它们。

在他亲自推行的改革中，有些未经充分准备就唐突地改变了受尊重的古老习惯，有时侵害了既得权利。这样的改革替大革命做了准备工作，不仅推倒了大革命的障碍，而且向人民示范了他们也可以这样做。虽然国王和大臣们的意图是单纯无私的，但正是这一点使祸害变得更严重，因为最危险的榜样是出于好意、为了善的目标而行使的暴力。

很久之前，路易十四曾经在敕令中公开传播一个理论，即王国的所有土地都属于国家，只是被有条件地租借，因此国家才是唯一真正的土地所有者。其他任何人都仅仅是持有土地的承租人，其权益是有缺陷的，而且存在争议。这种学说植根于封建法，不过法庭从未承认过，直至封建制度行将灭亡，它才在法国被正式宣示。它是现代社会主义的中心学说。这很奇妙，它居然首先植根于君主专制。

在路易十四之后的时代，行政机构每天都用更实际、更容易领会的措辞教导人民，蔑视私有财产是正确的。在 18 世纪后半叶，随着公共工程特别是道路的修建开始盛行，政府毫不收敛地占据了其建设项目所需的全部土地，拆毁了阻碍计划的房屋。桥梁与道路工程部从那时起就像今天这样，迷恋直线的几何之美。它小心地避开现有道路，如果稍微有一点弯曲，它宁可穿过无数遗产，也不愿意绕一个小小的弯子。为此遭到破坏或毁灭的资产几乎总是迟迟得不到赔偿，政府随意决定赔偿金额，而且经常分文不给。

下诺曼底的省议会从总督那里接管行政时发现，过去 20 年间国家为了修路而征用的土地的地价还全都没有支付。在法国的这个小小角落，国家尚未偿还的债务已经累计达到了 25 万里弗。为此受到损害的大土地所有者人数有限，但是因为土地所有权已经太分散，受害的小所有者为数甚众。亲身体验让每个人学会，当公共利益号召人们侵害个人权利时，个人是不值得尊重的，他们小心地记住了这个教训，当时机到来，就会为了自己的利益将其应用到别人身上。

很多教区曾经设有慈善基金会，按照创建者的意图，它们将通过创建者的遗嘱所指示的方式救济教区的居民。可是在君主统治末年，仅仅由于御前会议的政令，即政府的专横决断，这些基金会大多数被破坏，或者转变了原来的宗旨。常见的做法是用这种方式给村庄提供资金，帮助附近的济贫院。而在这一时期，这些济贫院的资产也发生了转变，其创建者们从未预想过、也很可能不会接纳这种变化。1780 年，一道敕令授权这些机构出售过去的人们遗赠的财产，条件是所有权永久有效；然后其销售收益转让给国家，由国家合计支付利息。据说这种做法是比捐赠者更充分地利用祖先们的仁慈。他们忘记了，教人们侵害活人的个人权利的最佳方式，就是完全不遵从死人的意愿。旧政权的行政当局表现出的对死人的轻蔑程度超过了其后的任何政权。况且它们从未有过一丝不苟和顾虑的表现，英国人与它们不同，借助全社会的力量帮助每个公民实现最后的遗愿，结果使英国人对人的记忆比对那个人更加尊重。

征用制度、食品强制出售、价格限制，这些政府措施都在旧制度下有过先例。我发现在物资短缺时期，行政官员预先设定农民希望在市场出售的货物的价格，如果农民害怕被迫低价出售，不按时去集市，他们就下达命令强迫农民去，否则就处以罚金。

不过最有害的示范还是刑事法庭对待人民的某些方式。在抵御更有钱有权的公民的劫掠方面，穷人已享有的保障可能比旁人设想的更好，但是如同我在前面指出的，当穷人与国家打交道时，他们就别无选择，只得与特别法庭、有偏见的法官、草率或虚假的程序、强制判决作斗争，在不允许上诉的条件下争取损害赔偿金。“特此召集警察局局长及其副手，防备由于粮食供应状况而可能发生的任何骚乱或非法集会。特此下令，由警长审理的案件及做出的裁决一律不允许上诉或特赦。国王陛下禁止其他任何法庭介入此类案件。”御前会议的这项法令在整个 18 世纪一直有效。从警察局的记录可以得知，在这种环境中，警察会在夜里包围可疑的村庄，在天亮前进入住宅，不需要授权证就能逮捕指定的农民。遭到逮捕的人在获准上法庭之前经常会被长期监禁，尽管敕令规定任何被告都必须在二十四小时之内提审。与今天一样，人们既不绝对遵守这条法规，也不尊重它。

一个温和而地位稳固的政府，就这样每天用最适合革命年代、最方便施行暴政的刑事法典教育人民。这所学校总是大门敞开。直至最后，旧政权把这种危险的教育推广给了底层阶级。在这方面，连杜尔哥都忠实地效仿他的前任。1775 年他的新谷物法引起高等法院的反抗和乡村的暴乱时，他说服国王颁布旨意，剥夺常规法庭的司法裁判权，并把叛乱者交给重罪法庭，“其主要作用是镇压民众动乱，迅速判决，以儆效尤”。此外，没有神父和理事签署的许可证就擅自离开本教区的农民，将遭到通缉和逮捕，由重罪法庭审讯，作为流浪者惩处。

诚然，在 18 世纪的君主统治下，刑罚的形式很恐怖，但是惩罚几乎总是温和的。它偏向恐吓而不是伤害人，或者在一定程度上，可以说是出于习惯和漠不关心的专横和暴力，而气质缓和了专横暴力。但是对草率审判的喜好最终只会轻易地占上风。惩罚越轻，就越容易忘记宣布判决的方式。温和的宣判隐藏了程序的恐怖。

根据掌握的事实，我可以大胆地说，革命政府所利用的许多诉讼程序，其判例和实例都来源于在君主统治的最后两个世纪中采取的对付下层等级的措施。旧制度向大革命提供了许多形式上的程序；大革命所添加的仅仅是它残忍的精神。

第七章　一场重大的行政革命如何先于政治革命发生，以及它带来的后果

在政体形式还没有改变的时候，支配个人生活和行政管理事务的次级法律已经被废除或修改。

行会遭到破坏，随后又部分而不完全地修复，这深刻地改变了工人与雇主的全部既存关系。他们之间的关系不仅变得不同，而且既不确定又紧张。主日警察制度遭到废除。国家监督尚未稳固地确立，手工业者在政府与雇主之间处于一种模糊不清的为难立场，不知道哪一方能保护自己，也不知道哪一方要监视自己。城市下层等级全部突然陷入了令人不安的无秩序状态，一旦人民开始重返政治舞台，这种状况就造成了极其严重的后果。

大革命之前一年，国王的一道敕令颠覆了司法体系。国王创立了一些新的司法权，废除了许多旧司法权，改变了所有司法裁判规章。而在法国，如同前面提及过的，参与审理或执行司法判决的人数非常巨大。其实整个资产阶级都与法庭有直接或间接的关联。因此法律的影响即刻威胁到无数家庭的地位和财产，他们突然发现自己的新处境不安全。敕令对诉讼当事人造成了同样不幸的影响，他们身处这场司法革命的中心，很难识别出适用的法律和应当审判他们的法庭。

不过最主要的是，政府本身于1787年经历了彻底的改革，这首先导致公共事务的处理陷入混乱，然后在公民中间造成巨大破坏，

甚至扰乱了私人生活。

我们已经看到，在财政区行省，也就是在法国将近四分之三的地区，地方行政都由唯一的总督管理，他的行动不仅不受监督，而且不接受别人的建议。

1787年，总督的旁边设立了省议会，它成为了真正的地方行政管理机构。在每个村庄，选举产生的自治机构同样取代了以往的教区议会，在大多数情况下，还取代了理事。

与旧法律截然相反的新法律不仅改变了事务秩序，而且改变了个人的相对地位，它计划在各地以几乎相同的方式同时实行，不考虑以往的惯例和每个省的特殊环境。这个即将被大革命推翻的旧政府，已经在这种程度上具备了大革命的一元精神。

于是习俗在政治机构的相互作用中所起的重要作用变得明显起来，长期以来人们与熟悉的含糊而复杂的法律打交道，比运用简单的新法律容易得多。

在旧制度下的法国，各种权力由于各省情况不同而有无穷的变化，所有权力都没有固定或者明确界定的界限，因此每种权力的作用领域都与其他一些权力重叠。尽管如此，最终仍然确立了一种常规的、相当不复杂的秩序，而数量较少的新权力既受到仔细限制，又彼此类似，它们立刻陷入最大的混乱状态，经常互相抵消而软弱无力。

此外，新法律还包含一个严重缺陷，尤其在开端，单单这个缺陷就足以使法律难以运用：它创建的权力全部是集体权力。

在旧君主制度下，只有两种治理方法。当治理委托给一个人时，他的行动无需借助任何议会。当议会存在时，比如在三级会议行省和城市中，行政权力不委托给任何特定的个人。议会不仅统治并监督行政管理机构，而且以自己的名义或者通过它委派的临时委员会进行管理。

既然只知道这两种方法，一旦抛弃其中一种，就必须采纳另一种。相当奇怪的是，在如此开明的社会中，长期以来行政管理一直发挥重大作用，却没有任何人想到可以联合这两种制度，可以区别而不分离执行权与监督和指示权。这种想法看似很简单，却没有人想到，直至本世纪才有人发现。从某种意义上说，这是在行政管理领域我们能够声称属于自己的唯一主要发现。我们很快就将看到相反的实践的后果：人们把行政习惯带入政治活动，在遵循旧制度的传统的同时憎恶它，在国民公会运用三级会议省和城镇地方议会曾经遵循的制度，以前仅仅阻碍了处理公务的环境在一夜之间变成了恐怖统治的温床。

在总督曾经独断行动的大部分地方，省议会于 1787 年获得了自治权。在中央政府的授权下，它掌管摊派和监督征收军役税，决定兴建哪些公共工程，并管理这些项目的执行。省议会直接指挥桥梁与道路工程部的所有成员，从督查直到监工。省议会给这些下属分配任务，向大臣报告他们的工作，并告知他们应得的补偿。地方政府的监督几乎全部交给了这些省议会。举例来说，以前由总督处理的所有诉讼案件现在由议会进行初审。这些新职能中有许多并不适合一个无法对自己的行动负责的集体权力机构，而且履行职权的都是没有行政管理经验的人。

虽然总督地位降低失去了权力，却被允许保留职位，这最终让事情愈加混乱。国家剥夺了总督随意行事的专制权力，却又指派他协助并监督议会的一切行动，好似一个被剥夺权力的公职人员竟能理解免去他职位的立法精神，并协助其执行。

总督代理的遭遇与总督一样。在他旁边，在他本来占据的地方，设置了一个地区议会。它接受省议会的指导并按照类似的原则办事。

1787 年创立的省议会的法令及其会议记录告诉我们，它们刚刚成立就马上开始与总督进行无声并且经常公开的交战，总督们利用丰富的经验，阻碍继任者们的行动。我们发现，某个议会抱怨费了很大力气才从总督手里夺回非常重要的文件。在另一个地方，总督指控议会成员企图篡夺据他说是诏书授予的特权。他向大臣上诉，大臣常常不予回应或者支吾搪塞，因为无论对他还是对其他人而言，这些都是模棱两可的新问题。在有些事例中，议会得出结论说总督没有做好工作，他负责修建的道路状况很差或者缺乏维护；他任凭自己监督的社区破败毁掉。议会经常由于陌生的法律含义晦涩不明而困惑。它们到处征询其他意见，从稳定的来源收集建议。欧什（Auch）省的总督断言他有权质疑省议会，因为它授权一个公社自己设定征税额度。省议会声称在这件事上，今后总督只有提供建议的权限，不能发布命令，它还征询了大巴黎地区的省议会的意见。

因为处于这种相互指责和咨询的环境中，行政管理工作经常进度迟缓，有时停滞不前。公共生活仿佛暂停了。洛林（Lorraine）省议会的这句话只是随声附和了其他许多议会的抱怨：“事务完全处于停顿状态。这令所有善良公民都感到苦恼。”

在另一些情况下，这些新的行政管理机构由于过度勤勉和自信而犯下过错。它们都充满焦躁不安的破坏性热忱，希望立刻改造全部旧秩序，一蹴而就地纠正陈年积弊。它们借口说今后监督城镇将是它们的工作，设法自己管理公共事务。简单地说，它们试图改善一切，结果却是到处制造混乱。

如果读者愿意，请考虑一下长期以来行政管理机构在法国发挥的巨大作用，考虑一下政府每天影响的大量利益，以及依靠它或者需要它合作的大量利益。请想一想，个人要更多地依靠政府而不是自己才能在冒险事业中取得成功，才能筹划推进自己的实业，确保生计，设计和养护道路，保持安定并得到福利保障。想到这些就能明白，如果行政管理机构受害，必定会有无数个人受到影响。

不过这个新组织的缺陷在村庄表现得最明显。在那里它不仅扰乱了权力之间的关系，而且突兀地改变了个人的相对地位，使所有阶层陷入了对抗和冲突状态。

1775年，杜尔哥向国王提议改革乡村的管理方式，他本人告诉我们，他面临的最大困难是税赋的不平等摊派。因为教区的主要事务涉及到评估课税基数、税赋征收和使用，如果一个教区的人不完全按照同样的方式纳税，有些人完全免税，怎么能让他们一起商讨事务并共同行动呢？每个教区都有不用交纳军役税的贵族和教士，部分或全部免交的农民，还有全额交纳的其他人。这就像由三个截然不同的教区构成，每个都需要有自己的行政管理机构。这是无法解决的困难。

事实上，乡村地区的税赋差距比其他地方更显而易见。居民分裂成不同团体，经常彼此敌对，这种情况在乡村最严重。若要在农村设置集体行政机构和自由的政府，首先必须实现税赋一律平等，并缩减等级之间的差距。

1787年终于开始改革的时候，这些条件并未具备。教区之内仍然维持从前的等级分离状态，其最主要的标志税赋不平等也未改变，可是行政管理的任务却全部转交给了选举产生的机构。这直接造成了一些相当怪诞的后果。

选举议会应该是选择市政官员的，神父和领主不允许加入，因为他们属于贵族或教士等级；而在这种情况下，主要由第三等级选举它的代表。

然而地方议会一经选出，神父和领主却成了成员，因为如果将这两类如此卓越的居民排除在教区治理之外，好像不合体统。领主不可以参选议员，却有权主持议会的会议，同时又被禁止参与议会的大多数决定。例如在评估课税基数和分摊军役税的时候，神父和领主没有投票权。他们都是免交军役税的。同样地，议会与人头税完全无关。人头税依旧由总督使用特殊程序确定。

由于领主这位主席与他应该指导的机构互相隔绝，人们担心他可能发挥一些间接影响，损害他不属于的那个等级的利益，就要求他不计算他的佃农的票数。征询这方面的意见时，省议会认为这个要求十分公正，完全符合他们的原则。教区的其他贵族不可以进入平民的地方议会，除非农民选举他们，按照规章的注明，在这种情况下他们只有代表第三等级的资格。

领主在地方议会出现，结果只是在各个方面都成了自己以前的臣民的下属，原来的臣民在一夜之间变成了他的主人。他与其说是他们的领袖，不如说是他们的俘虏。将这些人集合到一起，目标似乎不是让他们互相接近，而是让他们更清楚地看到彼此的分歧和利益对立的程度。

理事仍然是丧失信誉的公职人员，只能靠强制手段履行职责吗？抑或他的地位与他继续担任主要代理人的社区一起提高了？没人知道确切答案。我发现了一封某个地方执行官 1788 年写的信件，他对自己当选理事感到很愤怒。他说："这是与我的公职所享有的全部特权不相配的。"总监答复说，必须改变此人的想法，"让他知道，他应当认为被同胞选中是一种荣誉，此外，新的理事与以前的名称相同的官员完全不同，应当得到政府更多的尊重"。

此外，当农民成为一种应该纳入考虑范围的势力时，教区的重要居民甚至贵族都突然试图与农民结成密切关系。巴黎郊外的一个村庄的某个有高级审判权的领主抱怨说，敕令阻止他以普通居民的身份参与教区议会的活动。根据另一些人的记述，他们赞成"出于对公共利益的忠诚，在理事的职位上服务"。

可是为时已晚。有钱阶层开始接近乡村人民，试图与他们交往的时候，乡村人民退回了他们以前的孤立状态，设下了防线。一些教区议会拒绝领主加入。另一些议会不愿意接纳后来致富的平民，为此诉诸各种各样的欺骗手段。下诺曼底的省议会评论道："我们得知，一些地方议会拒绝接纳在本教区拥有土地但没有定居的平民，即便这些人毫无疑问拥有成为议员的资格。另一些议会甚至拒绝接纳在管区内没有自己资产的农夫。”

因此早在触动涉及国家政体的主要法律之前，次级法律已经牵涉到了新鲜、含糊和争议的内容。留下的东西也已经动摇，与基础的联结变得松散了，似乎所有规章都被中央政府宣布废除或者即将修改。

这场巨大而突然的革新先于政治革命发生，彻底改变了所有规则和行政惯例，如今我们很少谈及它，然而当时它已经是在一个伟大民族的历史上从未发生过的最大动荡之一。政治革命受到这第一场的革命的巨大影响，因而不同于那之前或之后发生的其他任何同类事件。

英国的第一次革命[①]颠覆了本国的整个政体结构，废除了君主统治，但它对次级法律只有表面上的影响，实际上并未影响习俗和惯例。司法和行政惯例机构保留了原有的结构，一如既往地沿用以前的办事方式。据说在英格兰内战最激烈之际，12 位法官每年两次的巡回审判仍在继续。革命的影响范围是有限的，虽然英国社会的上层被扰乱了，其基础却保持稳定。

自 1789 年以来，我们在法国目睹了多次彻底颠覆政体结构的革命。其中大多数革命是突然发生并依靠武力实现的，公开违背了现存的法律。不过革命造成的混乱不持久，影响也不广泛。很多国民几乎感觉不到任何影响，有时甚至没有意识到革命正在发生。

原因是自 1789 年以来，尽管政体结构一再毁灭，行政管理结构却在这样的环境中始终完整无损。国家的统治者换人了，或者中央政府的形式改变了，但是处理事务的日常进程从未中断，没有被

① 指 1642~1649 年的英国资产阶级革命。

触及。在涉及个人的琐碎事务中，人们继续服从熟悉的规则和惯例。他们依靠次级政权，长期以来习惯与之打交道，并且通常与同一批代理人交往，虽然行政管理机构在每次革命中都被砍掉脑袋，它的躯体仍然活着而且完整无损。同一批公职人员履行同样的职能。这些官员通过多种多样的政治法律使相同的精神和秩序永久留存。他们最初以国王的名义，接着以共和国的名义，最后以帝王的名义进行审判和管理。然后当命运之轮转动一周，他们再次开始为国王、为共和国、为帝王审判和管理，他们总是同样的一群人，仍旧使用同样的方法。主人的名称对他们有什么意义呢？他们的职责不是成为公民，而是成为优秀的行政管理者和法官。因此一旦最初的震动平息，国家似乎仍是原来的样子。

政府的这个部分虽然是级别较低的附属，却影响着每个公民的日常生活，并以最持久有效的方式影响着所有人的福祉，而大革命爆发时，这个部分刚刚被完全颠覆。行政机构的所有管理者在一夜之间被撤换了，其原则也全部改变了。最初国家似乎没有受到这场巨大改革的严重影响，但是每个法国人都体验到了私人领域的小规模动荡。每个人的处境都被扰乱，每个人的习惯都被打乱，每个人的工作都受到阻碍。某种规则继续管理那些涉及面最广泛的最重要的事务，可是在构成社会日常事务的比较琐碎的问题上，已经没人知道应当服从谁，应当找谁办事，或者应当如何行动。

由于国家的每个部分都失去了稳固的基础，最终一击就足以推翻整座大建筑，导致历史上从未发生过的最大动荡和最可怕的混乱。

第八章　大革命如何在以往的环境中自然爆发

作为总结，我想归纳我分别描述过的一些特征，看看大革命是如何从我刚刚描绘过的旧制度环境中自然出现的。

当我们考虑到，唯独在法国，封建制度最彻底地失去了保护自己或者为自己服务的能力，同时却没有失去损害或者激怒人的能力，于是这场如此粗暴地横扫欧洲的古老政体的大革命在法国而不是在其他国家爆发，也就不那么令人惊讶了。

当我们注意到，贵族已经失去了以前的政治权利，与欧洲的其他封建国家相比，已经在最大范围内停止管理和领导居民，然而他们不仅保留而且大幅度增加了自己在金钱方面的免税权和个人利益；他们变成了一个次要的阶层，同时仍然是封闭的特权阶层，或者如同我在前面说过的，它变得越来越像种姓，而不是贵族统治阶层；我们就毫不意外地发现，法国人眼里贵族的特权是如此可憎而无法解释，民主的妒忌在法国人内心燃起了如此强烈的激情，而且至今仍未平息。

最后我们看到，这个贵族阶层发自内心地排斥资产阶级并与它分离，对人民漠不关心并脱离人民，最终在国民中间陷入孤立，表面上是统帅，实际上是一群没有士兵的军官，于是我们就可以理解，贵族存在了千年之后，何以在一夜之间被打倒。

我说明了王室政府在废除各省的自由之后，如何在四分之三的法国领土上取代了全部地方政权，事无巨细地接管了所有公共事务。我还在别处说明，这种情况造成的必然结果是巴黎以前仅仅是首都，后来变成了国家的主宰，或者说变成了整个国家。这两项法国独具的事实足够解释为何一场暴乱就完全摧毁了君主制度，虽然数百年来它承受住了许多暴力冲击，直至垮台前夕，在将要推翻它的人眼里它好像仍旧是无法撼动的。

法国是政治生活完全消失了很久的欧洲国家之一，公民个人与公共事务最完全地隔绝，失去了审时度势的能力，不熟悉群众运动，而且几乎忘记了人民这个概念，所以我们很容易设想，法国人如何同时陷入了一场可怕的革命却毫无自觉，那些受到革命的最大威胁的人却带头革命，以照亮和拓宽革命的道路为己任，由此走向了他们的厄运。

因为法国的自由制度不复存在，政治阶层、发挥作用的政治团体或者有组织有纪律的党派都不复存在了，既然缺乏这些政治力量，公共舆论一旦恢复，就全部由哲学家支配，于是可以预见，大革命主要不是由某些具体事实引导，而是符合抽象原则和相当普遍的理论。或许还可以预料，革命者不是逐一攻击坏法律，而是攻击全部法律，企图用这些作家们构想的全新的政府系统代替法国的古老政治政体。

教会当然与所有要被摧毁的古老制度混合在一起，因此大革命无疑要在推翻世俗政府的过程中也扰乱宗教信仰。从此刻开始就不可能断言，一旦革新者的思想摆脱了宗教、习俗和法律通常加诸于人类想象力的所有约束，他们可能犯下什么非同寻常的轻率错误。

任何仔细研究过国家状况的人都能轻易地预见到，法国人可能尝试任何轻率行为，可能容许任何非同寻常的暴力。

伯克在他的一本雄辩的小册子里大声惊呼：“我从未听说过哪个拥有充分力量或者影响力的人替另一个人作担保，更不用说替国内的一个最小的行政区抗辩……我们看到雅各宾党的每个人都选择在自己家里或者村庄束手就擒，被转送进监狱而没有丝毫反抗，无论他的罪名是属于保皇主义、联邦主义、温和派、立宪君主派，还是属于其他任何小派系。”[①]伯克为君主制度哀悼，却不了解它曾经在什么情况下把我们留给了我们的新主人。旧制度的行政机构已经事先剥夺了法国人互相帮助的能力与愿望。当大革命来临，已经不可能在法国绝大部分地区找出十个习惯遵守纪律共同行动并保卫自己的人了。只有中央政府应该承担保卫所有人的任务，以致当王室失去对中央政府的控制权，权力落入了独立自主却不负责任的议会手中时，这个自满的团体变得可怕，任何东西都无法阻止它，甚至无法暂时拖延。在它垮台之后，轻易推翻君主制度的因素使一切都可能发生。

宗教宽容，有节制地行使权力，人道甚至仁慈，这些品质在18世纪得到最广泛的宣扬，或者表面上得到更充分的接受。战争法作为暴力的最后避难所，已经被削减并缓和。然而在道德观念如此温和的环境中，却即将发生最不人道的革命。不过道德观念的温和并非仅仅是假象，因为大革命的怒火消退之后，这种温和立刻遍及所有法律，充斥于所有政治习惯。

理论的善良性质与行动的暴力形成了明显对照，这是法国大革命的最奇怪的特征之一，不过只要注意到为大革命做准备工作的是国民中最文明的阶层，而推行革命的是最粗野、最没有教养的阶层，就不会觉得惊奇了。前一类人彼此之间没有先存的纽带，没有互相接触和理解的经验，也没有掌控人民，于是一旦旧政权遭到摧毁，人民几乎立即取得了控制权。在人民不亲自统治的地方，他们仍然

---

① 引文见于埃德蒙·伯克，“同盟国政策评论”，出自《正确可敬的埃德蒙·伯克作品集》（波士顿：小布朗出版公司，1869年），416页。

将自己的精神赋予政府。此外，只要考虑到人民在旧制度下的生活方式，就能轻易猜想到他们何以变成了这样。

独特的处境使人民具备了一些稀有的美德。法国人早已摆脱农奴制度，一直拥有部分土地，互相隔离而不依赖，证明自己既有自尊心又善于克己。他们习惯忍受痛苦，对生活的舒适漠不关心，能忍受最大的苦难，能够坚定地面对危险。他们形成了一个单纯率直有男子气概的种族，不久将组成一支强大的军队，征服整个欧洲。然而同样的因素也使他们成为危险的主宰。数个世纪以来，人民几乎独自承担各种恶习造成的重负；他们分开生活，默默地养成了偏见、妒忌和仇恨，因此严酷的命运使他们变得冷酷无情，既能够忍受一切，又可以将任何苦难强加给别人。

在这种状况下，人民攫取了统治权，设法完成大革命的事业。书本提供了理论，人民负责实践，调整作家们的思想，使其适用于自己的狂暴。

那些细心研究过 18 世纪的法国的读者目睹了从人民中间萌生并发展出两种主要的激情，它们既不是同时存在，也不总是朝向同样的目标。

其中一种激情更古老，有更深的根源，它是对不平等的无法抑制的强烈仇恨。它的起源和激化是由于不平等本身，具有持续而无法抗拒的力量，长期以来一直驱使法国人设法摧毁中世纪遗留的任何制度，彻底破坏其基础，清出空地之后再建立一个新社会，让所有人彼此相似，如同人道所允许的一样地位平等。

另一种激情较晚出现，根源比较浅，它使人们希望不仅平等而且自由地生活。

在旧制度末年，这两种激情同样真诚，好像也同样有活力。大革命开始时，它们相遇了。它们混合到一起，暂时融合了，并互相敞开胸怀，最终点燃了所有法国人的心。这就是 1789 年，无疑它是一个缺乏经验的年代，却也慷慨大度、热情洋溢、充满男子气概和宏伟气魄，它是一个不朽的年代，在亲历那些事件的人们和我们这一代全部从世间消失之后，后人将带着钦佩和敬意长久凝望那个时代。那时法国人对自己的事业感到充分自豪，相信自己能够过上既平等又自由的生活，因此他们在各处一起创建了民主制度与自由制度。他们不仅清除了将人们划分成种姓、等级、行会并导致他们的权利比地位更不平等落后于时代的法律；而且一举废除了较新的法律，那些君主制的产物剥夺了国民的自由享受，将每个人置于政府的监视之下，由政府担任他们的导师、监护人，必要时还是压迫者。中央集权与专制政府一起垮台了。

然而，当发动大革命的充满活力的一代人遭到毁灭或者精疲力竭——尝试这类事业的人通常会遇到这种情况，当根据这类事件的自然规律，对自由的热爱在政治混乱和人民专政的环境中受到挫折而变得衰弱，当困惑的民族开始摸索、寻找一位主宰，专制统治就有机会重建和复兴。那位天才[①]证明这奇迹般地容易做到，他既是大革命的继承人，又是大革命的破坏者。

事实上，旧制度已经包含许多近代的制度，它们不敌视平等，很容易在新社会中找到位置，却又为专制统治提供很特殊的帮助。人们在所有旧制度的残骸中间搜寻并发现了它们。它们以前曾经培养过倾向于使人们分裂和顺从的习惯、激情和思想，现在它们再次流行并投入运用。人们从废墟中回收中央集权并恢复了这种制度。因为在它得以重新建立的同时，曾经制约它的一切仍未复原，结果从刚刚推翻君主统治的国家内部，突然出现了一个比法国历代国王所执掌的政权规模更大、更完备、更专制的政权。

这项事业显得异乎寻常地鲁莽，其成功史无前例，因为人们只

---

① 指拿破仑。

考虑眼前的事情，忘记了曾经看见的事情。压迫者倒台了，但是他的成果中最实质性的部分依旧留存。他的政府消亡了，他的行政管理机构却活了下去，从那以后，无论谁在什么时候试图推翻专制政权，结果都仅仅是将自由的脑袋放置到受奴役的躯体上。

从大革命开始直至目前，我们好几次看到对自由的激情熄灭了又重燃，消亡了又重生。这种反复的过程将继续很长一段时间：永远缺乏经验、处理失当，容易气馁、恐惧、被征服，浮浅而转瞬即逝。与此同时，最早攫取人心的对平等的激情将继续占据人们的内心深处。它与我们最珍视的感情紧密联系在一起。前一种激情随着事件而不断变化，或显现、或缩减、或成长、或增强、或消逝；后一种激情却始终不变，总是以固执的、常常盲目的热情追求同样的目标，准备为那些满足它的人牺牲一切，只要政府愿意支持和奉承它，就会向政府提供专制统治所需要的习惯、思想和法律。

对于只愿意观察它本身的那些人，法国大革命必定是令人费解的。必须借鉴法国大革命之前的时代，才能找到照亮谜团的灯火。如果不清楚地遍览以往社会的法律、缺陷、偏见、苦难以及伟大，就永远无法理解旧制度垮台之后六十年间的法国人的行动。不过如果没有领会法国人的本质性格，单凭这种理解还不够。

当我想起法兰西民族时，我发现它本身比它历史上的任何事件都更非同寻常。世界上存在过这样的民族吗？它的性格如此充满对立，每次行动都如此极端，更多是由感情驱使而不是由原则指引；它总是比预期的更好或者更坏，有时低于人类的一般水平，有时远远超出一般水平；这个民族的主要天性固定不变，以致在两三千年前的肖像中就可以辨认出它的样子，同时它的日常想法和喜好又如此易变，以致变成了令自己也惊讶不已的模样，对于自己刚刚做过的事情经常像外国人一样惊诧；如果放任不管，他们比任何人都更喜欢待在家里以及遵循惯例，可是如果把他们从壁炉边和习惯中强行拉出来，他们又无所畏惧，准备前进到世界尽头；它的性情桀骜不驯，却更愿意顺从专横甚至暴力的君主的统治，而不是由首要公民组成的自由而合法的政府；今天它是任何服从的死敌，明天却又热情地服从主人，连那些最擅长奴役的民族也难以企及；只要没有抵抗，一根细线就能牵走它，可是一旦出现抵抗的榜样，它就变得难以统治；它总是欺骗主人，而主人不是太轻视它就是太害怕它；它从未自由到不可能被征服的程度，也从未被奴役到不可能打碎枷锁的程度；它本适合做任何事情，却唯独擅长战争；它尊崇机遇、力量、成功、才华和表面的强大，而不是真正的荣耀；它更擅长英雄行为，而不是德行，更具有天赋，而不是常识；它适合构想规模巨大的计划，却不适合完成伟大的事业；它是欧洲各民族中最辉煌也最危险的，面目最多变，有时令人钦佩，有时令人憎恨，有时令人怜悯，有时令人恐惧，却永远不是忽视的对象。

只有这个民族，能够引起一场如此突然、如此激进、如此迅猛的革命，其过程中又充满了退缩、互相矛盾的事件和互相对立的例子。如果没有我陈述过的原因，法国人永远不会发动大革命。不过必须承认，若非在法国，这些原因全部合在一起也不足以解释其他国家的这种革命。

于是，我来到了这场值得纪念的革命的门口。现在我还不会推开门。或许不久之后我就能这样做。那时我将搁置大革命的起因，只考察它本身，最后我才敢于评判从大革命中诞生的社会。

附　录

论三级会议各省，尤其是朗格多克行省

在这里我无意详细考察大革命时期仍旧存在的每个三级会议行省的事务状况。

我只想记录它们的数量，辨别出哪些三级会议省还保持活跃的地方生活，描述它们与王权政府的关系，以及它们在哪些方面脱离前面说过的共同规则，在哪些方面遵守共同规则，最后以其中之一为例，向读者表明它们可能轻易变成什么样子。

法国的大多数省份都曾经存在三级会议。换言之，每个省都在王权政府的支持下进行管理，按照人们习惯的说法，就是由“三个等级的人”治理。“三级议会”的意思是指由教士、贵族和资产阶级的代表所组成的议会。与其他中世纪的政治制度一样，欧洲的所有文明国家几乎都存在这种行省政治体制，并且具有相同特征，至少那些受到日耳曼风俗和思想影响的地方都是如此。在德意志的许多省份，三级会议直至法国大革命时仍然存在。纵然消失，也是到了 17、18 世纪。两个世纪以来，每个地方的君主都毫无间断地与之作战，有时是隐蔽的，有时是公开的。他们不设法按照时代的进步改善这一制度，而是宁愿摧毁它，如果不可能做到，就尽力扭曲它。

在 1789 年的法国，只有五个面积较大的行省和几个微不足道的小行政区还有三级会议。其实只有布列塔尼和朗格多克这两个省还算拥有真正的省内自由。其他省的三级会议制度已经彻底耗尽活力，只是徒具其表。

我将以朗格多克为例，进行进一步的考察。

在三级会议行省中，朗格多克面积最大、人口最多。省内有 2 000 个以上的公社，用那时的说法就是“共同体”，全体居民将近 200 万。此外，它还是三级会议省中组织最好、最繁荣的。所以朗格多克是很好的案例，可以通过它研究旧制度下省内自由的状况，以及在王权势力最强大的地区，这种自由在多大程度上附属于王权。

在朗格多克，必须由国王下令，并把召集会议的信件发送给每位成员，才能召开三级会议。因此某位时代的叛逆者评论道：“组成三级会议的三个群体之中，教士由国王委派，因为主教和有薪圣职的任命权在国王手中，另两个群体也由国王选择，因为如果国王希望排除某位成员，宫廷的一道命令就能禁止他参加会议，不需要流放或者起诉他，只要不邀请他就足够了。”

三级会议不仅必须在国王选择的日期召开，而且要在他选择的日期散会。御前会议规定，开会的时间通常是 40 天。国王派专员代表他参加会议，他们有随时出席的权利，负责陈述政府的意愿，而且三级会议在严格的监督下召开。它们不能做出任何重要决定，不能公布任何类型的财政措施，除非获得过御前会议政令的批准。无论是捐税、借款还是诉讼，都要征求国王的许可。三级会议的所有一般规章，包括会议事务，都必须经过批准才能生效。它们的收入支出——用今天的说法就是预算——每年都要受到审查。

此外，在朗格多克，中央政府与在其他地方一样行使政治权力。无论它选择颁布什么法律，公布什么一般规章——它始终在这样做，决定采取什么普遍措施，都既适用于朗格多克也适用于财政区行省。它还履行政府的全部自然职能。它在这里与在其他地方一样，同样雇佣警察和代理人；不时设立许多新的公职，行省被迫花费大量钱购买这些职位。

与其他省一样，朗格多克也由总督统治。总督在每个地区都有总督代理，后者与社区领袖通信，指导他们的工作。总督行使行政管理监督权，正如在财政区行省一样。纵然是位于赛文山脉（Cévennes）峡谷的最小、最偏远的村庄，除非得到巴黎的御前会议政令的批准，连一分钱都不能擅自支出。在朗格多克与法国其他地区，所谓行政诉讼的司法制度同样广泛地推行，事实上甚至更广泛。对于与公路有关的问题，总督都拥有初审权；他审理关于道路的所有诉讼，整体而言，凡是涉及政府或者被认为与政府利益相关的案件，都要由总督判决。与其他地方一样，政府努力庇护其代理人，避免受害的公民提起诉讼给他们招惹麻烦。

如此说来，朗格多克有什么特殊之处，使其与众不同并引起其他省的羡慕呢？这三个特点足以使它与法国的其他地区截然不同：

1. 朗格多克有一个由实力派人物组成的议会，他们享有全体居民的信任和王权政府的尊重。中央政府的任何公职人员——用那时的说法就是“国王的官员”——都不能担任议员，议会每年召开会议，自由而认真地讨论关于本省特定利益的问题。单凭这个开明的群体的存在，就足以确保王权政府用完全不同的方式行使特权，即便它雇佣同样的代理人、具有同样的本能，也与其他地区的王权政府不同。

2. 朗格多克的许多公共工程由国王出钱，由国王的代理人负责建设，还有一些工程由中央政府提供部分资金并管理大部分工作，但是大多数项目是由该省单独供给资金的。一旦国王批准了规划和费用，就由三级会议选择官员监督施工，并委派议员担任检查专员。

3. 最后，朗格多克有权用自己选择的方法征收一部分国王规定的税赋，以及获准用于满足自己需求的其他所有税赋。

让我们来看一下这些特权能够给朗格多克带来什么益处。这是个值得仔细审视的问题。

引人注目的是，财政区行省实际上完全没有地方税赋。一般税的负担常常很沉重，但是这些税几乎没有用于这些省。朗格多克则相反，每年用于公共工程的费用巨大，1780 年超过了 200 万里弗。

对于如此巨额的开支，中央政府有时感到烦恼。它担心朗格多克为此耗尽财力，不能履行向中央政府交税的义务。它批评三级会议不节制开支。我读过一份三级会议回应这些批评的报告。我打算逐字引用报告的内容，它用最好的方式描述了赋予这个省政府生机活力的精神。

这份报告承认，朗格多克确实计划并已经实行规模巨大的工程项目。它不找借口，而是表示假如国王不反对，就将继续这种做法。它已经修缮或者弄直了流经该地区的主要河流的河道，着手拓展在路易十四时代开凿、如今不再适用的朗格多克运河，使新的河道穿过下朗格多克，经过赛特（Cette）和阿格德（Agde），延伸至罗讷河（Rhône）。它将赛特港改造得适合贸易，并花费相当多的钱维护。报告指出，所有这些开支对于全国比对于本省的意义更大。不过由于朗格多克从这些工程中获益更多，所以同意支付这些费用。另外它正在排干埃格 - 莫尔特（Aigues-Mortes）的沼泽，使其重新变成可耕种的土地。不过它的主要兴趣在于道路：它已经建造或者修缮了与王国其他省份相连的道路，并且修好了仅仅连接省内城市和乡镇的道路。即便在冬季，这些各种道路也全部保持良好的路况，与周边大多数省份——包括多菲内、凯尔西（Quercy）、波尔多财政区（报告注明是财政区）——的行走艰难、崎岖不平、缺乏保养的道路形成鲜明对比。关于这一点，报告引述了商人和旅行者的意见，它的判断准确无误，阿瑟 · 扬提供了证据，十年之后他旅行经过这个地区时评论道：“朗格多克，三级会议行省，道路通坦，而且无需强制劳役修建。”

报告继续说道，假如国王不反对，三级会议还将进一步行动。

它将着手修缮次级道路，它们与别的道路一样重要，“因为如果农民的产品不能运出仓库进入市场，它们怎么能运送到更加遥远的地方？”此外，“关于公共工程，三级会议的信条始终是应当注意项目的实际效用，而不是表面的宏伟”。河流、运河与道路让人们在任何季节都能以低廉的成本将货物运送到任何有需求的地方，从而使工业产品和农产品增值，商业也通过这种途径渗透至全省的每个角落，尽管耗费了成本，却使该地区富裕了起来。而且如果在全省各地区同时以大致相等的水准明智地推行这样的规划，这有助于维持工资水平,以及救济各地的穷人。报告在结束时带着自豪写道:“与法国其他地区不同，国王无须花钱在朗格多克建造慈善工坊。我们不请求这项恩典。我们自己每年从事的有用工程可以代替它，为每个人提供有成效的工作。”

朗格多克采取的这些措施需要得到国王许可，但通常并非由国王指示，而是由三级会议在其行政管理职权的范围之内斟酌决定的，越深入研究，我就越赞赏它们体现的智慧、公平与和善，越感到地方政府所采取的办法比那些国王直接支配的地区的做法更优越。

朗格多克划分为许多社区（城镇和村庄)、被称为主教辖区的行政区，最后还有被称为司法总管辖区的第三个大区域。这些部分各自都有独立的代表权，都有小型政府，不是由国王就是由三级会议指导管理。如果公共工程牵涉到这些小政治主体之一的利益，只要它提出要求，就可以开始那个项目。如果某个社区的工作可能有益于整个主教辖区，主教辖区就理应做出一些贡献，分担其成本。如果司法总管辖区受益，它也理应提供帮助。最后，即使只牵涉到社区的利益，如果该工程是必要的又超出了它本身的能力，主教辖区、司法总管辖区和行省都应当援助社区。正如三级会议反复说的那样，“我们的政治体制的基本原则是，朗格多克的所有部分都无法分割地联系在一起，必须始终如一地互相帮助”。

行省实施的工程按规定要进行长期的准备，并由预计提供捐助的所有次级政府仔细检查。必须有钱支付工资才可以开工，没有徭役。我们已经看到，在财政区行省，为公共工程征用的土地总是迟迟拿不到补偿，就算能拿到补偿也只有很少一点钱。1787 年省议会召开时，这是他们抱怨的主要事情之一。有些人甚至抱怨说，由于资产在正确估价之前就遭到摧毁或者篡改，损害了他们通过这种方式订下契约偿还债务的能力。而在朗格多克，工程开始之前必须先仔细估价每小块从主人那里征用的土地，并在开工的第一年支付补偿金。

我已经具体引述了朗格多克的三级会议应用于公共工程项目的规则，它们设计得非常好，中央政府也表示赞赏，虽然没有模仿它们。御前会议在批准执行这些规则之后，曾经让王家印刷厂制作副本，下令分发给所有总督作为一种参考标准。

前面所说的关于公共工程的内容完全适用于省行政管理的另一个同样重要的方面：征税。尤其在这个方面，看王国与行省的区别，实在难以相信是属于同一个国家。

我曾经提到，朗格多克征收军役税的程序在某种程度上与我们今天征税的程序相同。我不想多谈这个话题，只补充一点，朗格多克很满意自己的征税方法的优越性，所以每当国王设置新税种，三级会议就毫不犹豫、不惜代价地买下征税的权利，通过自己的方式、自己的代理人收税。

尽管要支出前面列举的那些费用，朗格多克的事务还是井然有序，有地位稳固的信用，连中央政府也时常依赖它，以省的名义向它借款，虽然它不能得到同样好的贷款条件。我发现在君主制末年，朗格多克借给了国王 7 320 万里弗。

尽管如此，政府和大臣们对这些特殊的自由不以为意。黎塞留首先缩减然后废除了它们。路易十三[①]圆滑又懒惰，什么都不喜欢，也嫌恶这些自由。按照布兰维利耶（Boulainvilliers）[②]的说法，外省的所有特权都令路易十三恐惧，只要提及它们就会激怒他。软弱的灵魂憎恶任何迫使他们努力的事物，这种怒气激发的干劲是无法估量的。他们在其他方面软弱无力，唯独在这方面几乎总是强硬的，他们剩余的男子气概全都用于这个目的。幸运的是，朗格多克的古老政治制度在路易十四的童年时期得以恢复。他将其作为自己的成果保留了下来。路易十五使它暂停实行了两年，不过随后又复原了它。

市政官员的设置使行省处于危险之中，虽然不是直接的，却是不小的危险。这种可恶的制度不仅摧毁了城市政治结构，而且改变了外省政治结构的本质。我不知道省议会的三级会议代表是否曾经是选举产生的，只能确定在过去相当长时间内并非选举产生。城镇的市政官员是资产阶级和平民的唯一合法代表。

如果城镇居民通过普选自由地选举官员，而且官员任期通常很短，即使没有特殊授权，这种根据暂时利益给予的权力也相对而言不为人觉察。在三级会议内部，市长、执政官或者理事代表人民的意志，以人民的名义讲话，忠实得仿佛他们正是由人民选出的。显而易见，如果是花钱购买管理自己同胞的权力，情况就不同了。那种人只代表自己，或者最多代表自己所在的小集团的琐碎利益和爱好。可是那些通过竞拍方式买下自己权力的人同样保留了选举产生的官员过去具有的特权。这立即改变了整个制度的特性。在省议会

---

① 亨利四世之子，1610~1643 年在位，经过斗争取得政权，任用黎塞留大主教为相，介入德意志三十年战争，恢复法国的国际地位。

② 布兰维利耶（1658~1722 年），法国历史学家，曾任行政官，著有《法国旧政府史》《论贵族》，提出法兰克贵族起源论。

中，位于贵族和教士旁边或者对面的不是人民的代表，而是只有孤立、胆小、无能的资产阶级，虽然第三等级的财富稳定增加，在社会中越来越强大，他们在政府中却日趋成为附属性的角色。但是朗格多克的情况不同，每当国王设置官职，它总是花钱购买。为此仅仅在 1773 年一年之内，它的借款就超过了 400 万里弗。

另外还有一些更强有力的因素帮助把新的精神灌输进这些旧制度，使朗格多克的三级会议具有超过其他省的无可争议的优越性。

朗格多克与法国南部的大多数地区一样，军役税是按照实际而不是人的身份征收，换言之，它是根据资产的价值而不是所有者的地位设定的。有些土地确实享有免税特权。这种土地曾经属于贵族，但是随着时间流逝和经济进步，其中一些已经落到了平民手里。与此同时，贵族已经拥有许多应该交纳军役税的资产。特权从人转移到物，这无疑是荒谬的，可是这种感觉并不强烈，因为它不再带有羞辱的性质，尽管它仍然令人烦恼。既然特权不再与等级思想无法分离地联系在一起，不再为某个等级创造与其他等级不同或者对立的利益，那么它就不再阻碍全部等级共同参与治理工作。在绝对平等的基础上，朗格多克的所有等级事实上都参与治理，这一点超过了其他任何地区。

在布列塔尼，每个贵族都有权以个人身份出席三级会议，因而常常与波兰议会相似。在朗格多克，贵族只以代表身份参加三级会议，由 23 名贵族代表其他贵族，23 名主教代表其他教士。值得特别提及的是，城镇居民的选票与前两个等级合起来的选票相等。

由于议会是单一的主体，投票表绝不是按等级而是按人数计票，第三等级自然获得了相当重要的地位。第三等级的独特精神逐渐浸染了整个机构，而且三级会议委派被称作总理事的三位地方行政官担任代表，掌管常规事务，他们的职业总是与法律有关，也就是说都是平民。虽然贵族能够维持自己的地位，却不再有足够的力量单独统治。与此同时，虽然教士大多数都是贵族，却与第三等级关系密切。他们热情地支持第三等级的计划，与之合作，提高所有公民的物质生活水平，促进贸易和工业的繁荣，利用丰富的人事知识和极其熟练的处理事务的技巧，为第三等级服务。议会几乎总是选派一位教士前往凡尔赛宫，与大臣们辩论那些关于王权与三级会议之间的冲突的争议性问题。在整个 18 世纪，可以说是资产阶级在管理朗格多克，他们受到贵族的监督和主教的帮助。

新的时代精神能够无声无息地渗透进旧制度，彻底改变它而没有摧毁它，应当归功于朗格多克的与众不同的政治结构。

法国的其他地区本来也可以如此。假如那些国王们能在占据和保住王位之外考虑些别的事情，只要把他们用于废除或者扭曲省三级会议的坚持不懈的干劲拿出一小部分来，就足以按照朗格多克的模式改善三级会议制度，使其适应现代文明的需求。

注 释[①]

第 16 页，第 9 行。

罗马法在德国的影响力——它取代日耳曼法的方式。

在中世纪末年，罗马法成为了德国法学家的主要——实际上是唯一的研究对象。在那个时代，大多数德国法学家不是在国内而是在意大利的大学接受教育。这些学者没有政治权力，却承担了为社会解释和运用法律的责任，他们不能废除日耳曼法，于是试图将其勉强纳入罗马法的框架。日耳曼制度的任何方面只要与《查士丁尼法典》[②]有丝毫相似之处，他们就套用罗马法。他们在民族法律中引入了新精神和新惯例，逐渐转变它，使其终于面目全非。到了 17 世纪，谁都不能识别德国法律了。某种我无法描述的东西取代了它，虽然名义上是日耳曼法，实际上却是罗马法。

我有理由相信，这些学者的工作使旧日耳曼社会的大量人民的处境进一步恶化，尤其是农民。以前许多农民都能设法保留部分或者全部的自由以及个人财产，后来却失去了，因为学者们认为他们的地位等同于古罗马的奴隶或者佃农。

国家法律的逐渐转变在符腾堡（Würtemberg）的历史上特别明

---

① 此部分为作者本人所撰写。

②《查士丁尼法典》，东罗马皇帝查士丁尼一世下令编纂的一部汇编式法典，是罗马法的集大成。（第 16 页，第 9 行）

显，尽管有人反对，终究归于徒劳。

从1250年符腾堡伯爵领地开创，到1495年符腾堡公国设立，当地的法律完全是土生土长的。它们由习惯法、城镇或领主法庭制定的地方法以及三级会议颁布的法规组成。只有教会的事务是由特定的外来法——教会法——管理的。

从1495年开始，法律的特征改变了。罗马法开始渗入。在外国学校学习法律的人被称为博士，他们进入政府，掌管了高等法院。在15世纪前半叶，政治社会都反对法学家，正如同一时期在英格兰发生的斗争，[①]但是其结果截然不同。在1514年的图宾根议会以及随后的历届议会中，封建领主的代表和来自城镇的代表都用各种各样的方式抗议正在发生的变化。他们攻击法学家，因为后者在法院占据支配地位，改变了一切既存的惯例和法律的精神甚至条文。最初形势似乎有利于反对者。政府承诺从此以后要从贵族阶层和公爵领地中选择有名望、有见识的人担任高等法院的法官，不再任命博士；由政府代理人和三级会议代表组成的委员会将起草一份全国通用的法典。纯属徒劳！不久之后，罗马法已经在大部分领域取代了民族法，即使在允许保留民族法的地方也扎下了牢固的根基。

许多德国历史学家将外来法战胜本地法的原因归结为两个：其一，那个时代智力活动的整体趋势是倾向于古代的语言和文学，并伴随有由此造成的对日耳曼民族精神成果的轻视；其二，在中世纪始终盛行并从那时起就影响了德国法律的思想，即神圣罗马帝国是古罗马帝国的延续，它继承了古罗马的立法体系。

然而这些因素还不足以说明，为什么罗马法在这个时代传遍了整个欧洲大陆。在我看来，这是因为这个时期，在欧洲古代自由的

---

① 指英国约克家族与兰开斯特家族为争夺王位进行的红白玫瑰战争，结果后者取胜，建立了都铎王朝。(第16页，第9行)

废墟之上到处建立起了君主专制统治，而罗马法作为一种奴役的法律，正好适合专制统治者的想法。

罗马法到处致力于完善公民社会，同时又到处贬低政治社会，因为整体而言，它是一个高度文明却奴性十足的民族的作品。因此国王们热切地信奉它，在他们统治的全部地方采用罗马法。在整个欧洲，罗马法的解释者成为了国王的大臣和主要官员。一旦有必要，法律学者们就为国王提供法律支持，反对法律本身。从那时起，这样的事情重复过无数次。每当一位君主违背了法律，几乎肯定会有法学家站出来断言，君主的行为完全合法，并引经据典证明这种破坏是正当的，错误的是被压迫者。

第 17 页，第 20 行。

从封建君主制向民主君主制转变。

由于所有的君主国家都在同一时期变成了君主专制政体，没有证据证明某种假说，即这种变化与这个时期偶然存在于所有国家的某些特殊条件相关。我们不得不承认，这些相似并同时发生的事件必然是在所有国家同时发生同等作用的普遍原因造成的。

这种普遍原因就是从一种社会状态向另一种社会状态的转变，从封建不平等向民主平等的转变。贵族已经被打倒，人民尚未崛起；前者太低，后者还不够高，不能阻止国家的行动。结果是君主制度的黄金时代——或许可以这样称呼——延续了 150 年，其间专制君主享有稳定而无限的权力，虽然这两个特点通常是互不相容的：他们既像世袭的封建王侯那样神圣不可侵犯，又像民主社会的统治者一样拥有无限权威。

第 18 页，第 9 行。

德国自由城市的衰落——帝国城市

根据德国历史学家的说法，这些城市最辉煌的时代是14世纪和15世纪。那时它们是财富、艺术和学术的宝库，欧洲贸易的东道主，欧洲文明的支配中心。尤其在德国北部和南部，中心城市最后与附近的强大贵族结成了独立同盟，正如瑞士的城市与农民结成了同盟那样。

16世纪时，这些城市仍旧繁荣，但是已经开始走向衰落。三十年战争①最终毁掉了它们。事实上它们全部未能逃脱破坏或毁灭的命运。

尽管如此，《威斯特伐利亚和约》②仍然给了这些城市独立邦国的待遇，也就是只附属于皇帝，但是它们的主权范围十分有限，一方面受到相邻的主权者的制约，一方面受到皇帝的限制。而在三十年战争之后，皇帝的权力就受到很大程度的限制，只能统治这些帝国的次要诸侯。到了18世纪，德国还剩下51个独立的城市国家。它们在议会占据两个席位，可以提出不同的意见，然而事实上它们再也不能控制一般政策了。

所有城市都被沉重的债务压垮了。部分原因在于它们继续按照在以前的辉煌时代决定的标准交纳帝国税，部分原因是城市治理非常糟糕。特别值得注意的是，这种糟糕的治理似乎归因于一种共有的秘密弊病，与政体无关。无论是贵族政体还是民主政体都引起了民怨，就算抱怨的内容不同，至少程度同样激烈。如果是贵族政治，据说政府变成了少数家族的小集团，恩惠和特殊利益支配一切。如果是民主政治，阴谋诡计和卖官鬻爵的现象随处可见。不管是哪种情况，政府都受到不诚实和偏袒的指控。这迫使皇帝不断干预帝国

---

① 战争发生于1618~1648年，是由神圣罗马帝国的内战演变而成的一场欧洲主要国家纷纷卷入的大规模国际战争。(第18页，第9行)

② 象征三十年战争结束而签订的一系列条约。(第18页，第9行)

内城市国家的事务，以便重建秩序。城市人口减少，居民陷入了苦难之中，它们不再是日耳曼文化的中心。艺术离弃了它们，到新城市绽放光彩，那些王侯们创建的新城市是新世界的象征。商业贸易转移到了全国。德国城堡中的活力和爱国热情消失了。事实上，唯独汉堡仍然是财富和知识的主要中心，不过这是由于它自身特有的原因。

第 25 页，第 6 行。

农奴制在德国各地废除的时间。

如下面的时间表所示，在德国的大部分地区，农奴制直到相当晚的年代才被废除：

1. 巴登（Baden），1783 年。

2. 霍亨索伦（Hohenzollern），1798 年。

3. 石勒苏益格（Schleswig）和荷尔施泰因（Holstein），1804 年。

4. 拿骚（Nassau），1808 年。

5. 在普鲁士，1717 年腓特烈 · 威廉一世（Frederick William I）在他的领地终结了农奴制。如同我们看到的，腓特烈大帝的法典声称在王国全境废除农奴制，但是实际上只是取消了它最严酷的形式人身奴役（Leibeigenschaft），却保留了比较温和的形式世袭隶属（Erbuntertänigkeit）。农奴制直到 1809 年才完全消失。

6. 在巴伐利亚（Bavaria），农奴制于 1808 年绝迹。

7. 1808 年拿破仑在马德里颁布的一项政令废除了贝尔格（Berg）大公的领地以及其他一些次要领地的农奴制，包括厄福特（Erfurt）、拜罗伊特（Bayreuth）等地区。

8. 在威斯特伐利亚王国，农奴制于 1808 年至 1809 年间废除。

9. 在利珀 - 代特莫尔德（Lippe-Deltmold）公国，1809 年。

10. 在绍姆堡 - 利珀（Schomburg-Lippe），1810 年。

11. 在瑞典波美拉尼亚（Pomerania），也是 1810 年。

12. 在黑塞 - 达姆施塔特(Hesse-Darmstadt),从 1809 至 1811 年。

13. 在符腾堡，1817 年。

14. 在麦肯伯格（Meckenburg），1820 年。

15. 在奥尔登堡（Oldenburg），1814 年。

16. 在萨克森（Saxony）的卢萨蒂亚 (Lusatia) 地区，1832 年。

17. 在霍亨索伦 - 锡格马林根（Hohenzollern-Sigmaringen），1833 年。

18. 在奥地利，1811 年。早在 1782 年，约瑟夫二世便取消了人生奴役，但是农奴制仍以世袭隶属这一比较温和的形式继续存在，直至 1811 年。

第 25 页，第 6 行。

如今属于德国的一些领土，比如勃兰登堡（Brandenburg）、旧普鲁士和西里西亚（Silesia），那里原来的居民是斯拉夫人，后来被日耳曼人征服并部分占领。在这些地区，农奴制甚至比德国的更严酷，在 18 世纪晚期仍然残留着很深的影响。

第 26 页，第 10 行。
腓特烈大帝的法典。

在腓特烈大帝的功业中，他下令起草并由继位者颁布的法典最不引人注目、最不为人所知，甚至在他自己的国家也是如此。可是我不确定还有什么比这部法典更能反映腓特烈本人及其时代，或者更好地揭示二者之间的相互影响。

就通常赋予宪法这个词的意义而言，这部法典名副其实。它的意图不仅是管理公民之间的关系，还在于管理公民与国家之间的关系：它既是民法典，又是刑事法典，还是宪章。

它的基础是——或者不如说表面上是——某些用非常哲学化的、高度抽象的形式表述的普遍原则，它们在许多方面类似于1791年宪法中的《人权宣言》所包含的内容。

这份公文规定，社会的目的是国家及其居民的繁荣幸福，这也是法律的界限，除非是为了促进共同的事业，否则法律不能限制公民的自由和权利，国家的每个成员都必须按照自己的地位和财产为公益做出相应的贡献，个人的权利必须服从公益。

法典完全没有提及君王或者王室成员的继承权，甚至没有提及与国家权利完全分开的个人权利。“国家”这个词已经成为用于指代王权的唯一词汇。

与此相反，法典谈到了普遍人权：普遍人权的基础是寻求个人利益而不损害他人权利的与生俱来的自由。凡是自然法或者国家的某些成文法没有禁止的行为，都是被允许的。国家的任何居民都可以要求国家保护他的生命和财产，如果国家没有提供援助，他有用武力自卫的权力。

法典制定者表述了这些重要原则之后，并未像1791年的宪法那样，从中得出人民主权的信条以及自由社会中民选政府的结构，而是突然转向，得出了另一个同样民主却不自由的结论。法典认为君王是国家的唯一代表，并授予他刚刚承诺给予社会的所有权力。在这部法典中，君主不再是上帝的代表，他只是社会的代表、代理人和仆人，腓特烈在他的所有作品中都这样清楚明确地说过。但是君主是唯一的代表，单独行使所有权力。法典的引言写道，社会的唯一目的是组织公益，为了这个目标，国家的首领被授予所有权力，指导和管理所有个人行动。

我发现，这位全权的社会代理人的主要职责包括以下几项：维护国内的和平与公共安全，保护每个人不受暴力侵害。对于外国，他有权决定议和或者开战；只有他有权制定法律和规则。只有他拥有赦免或者撤销刑事诉讼的权力。

国内现存的全部社会团体和公共机构都服从他的监督和指导，为和平与公共安全服务。为了履行这些义务，他必须拥有一些收入和能产生收益的有用权利，因此他有权设置税赋，根据私人财产、身份、职业、商业、产品和消费征税。公职官员在职权范围内以首脑的名义下达的命令必须得到遵守，如同首脑本人的命令。

我们现在知道，在这颗相当现代的头颅之下，是相当哥特式的躯体。腓特烈仅仅从该躯体上排除了一切可能阻碍他行使权力的东西，使它整个变成了古怪的庞然大物，好像从一个物种转变成了另一个物种。通过这个奇怪的产物，腓特烈既表明了对逻辑的轻视，又表明了对自己权力的关心；他还希望不要攻击仍然有自卫能力的事物，以免给自己带来不必要的麻烦。

除了少数区域和地点之外，乡村地区的居民依旧处于世袭的农奴状态，这种奴役不仅限于伴随着拥有某些土地而附带的强制性服务和徭役，而且扩展至拥有者的人身。

土地所有者的大多数特权得到了法典的重新认可。甚至可以说，这些特权违背了法典，因为法典规定，如果地方惯例与新法律不同，就应当遵循地方的惯例。它还正式宣布，除非通过适当的司法手续并进行补偿，国家不能撤销任何这种特权。

诚然，法典明确废除了人身意义上的奴役，但是又用世袭的隶属取而代之，看法典条文就可以明白，它同样是一种奴役。

法典继续谨慎地维持资产阶级与农民的界线。在资产阶级与贵族阶层之间可以识别出一种中间阶层：它由非贵族的高级官员、神职人员以及专科学校、高级中学和大学的教授构成。

这些人既与其他资产阶级分开，又不与贵族混同。正相反，他们的地位低于贵族。一般而言，他们不能购买骑士的地产，也不能在民政部门获得最高职位。他们也没有晋见的资格，也就是说除了极少的例外情况，他们不能进入宫廷，更不能带家族成员一起前往。与法国一样，由于这个阶层的见识和影响力与日俱增，这种地位引起的劣等感更加伤人，而资产阶级出身的政府官员纵然尚未占据最显赫的职位，但也已经到处占据了那些最必需、最有用的职位。对贵族特权的愤怒在法国是促成大革命的重要因素，在德国则是人们起初欢迎并赞成大革命的原因之一。虽然法典的主要起草者属于资产阶级，但他们无疑是在服从主人的命令。

在普鲁士地区，欧洲的古老政治体制尚未被充分摧毁，所以腓特烈认为，尽管他蔑视旧政体，但要彻底清除其残骸还需要一段时间。整体而言，他的行动仅限于剥夺贵族作为一个群体进行集会和管理的权利，同时又允许贵族保留个人的特权。他只是限制并管理特权的运用。因此这部由法国哲学家的一位学生下令起草、在法国大革命爆发之后付诸实行的法典，成为了时间最近、最真实可靠的立法文件，给大革命即将从整个欧洲废除封建不平等的实践确立了法律基础。

法典宣称贵族阶层是国家的主要群体，规定应当优先选择有能力的贵族担任所有荣誉职位。只有贵族可以拥有贵族地产、设立代理继承、享有贵族地产所固有的狩猎权和司法权，以及赞助教堂的权力。只有贵族可以用自己的土地命名自己的头衔。作为特例，资产阶级可能得到授权拥有贵族的土地，但是只能享有授权明确规定的与那些地产相应的权利和荣誉。拥有贵族地产的资产阶级不可以将其留给资产阶级的继承人，除非该继承人属于直系第一级亲属。如果没有这样的继承人或者其他贵族继承人，就必须卖掉这些地产。

腓特烈法典的最典型的部分，是附录中适用于政治侵犯的刑事法律。

尽管法典包含这里描述的封建和专制主义的条款，腓特烈大帝的继承者腓特烈·威廉二世（Frederick William II）仍然认为叔父的这件作品有革命倾向，因而搁置了它，直到1794年才公布，据说因为法典包含的优秀刑罚条文可以纠正那些邪恶的原则，他才终于放下了顾忌。事实上，无论在此前还是此后，都从未出现过比它更全面的刑罚清单。不仅造反和密谋要遭到最严厉的惩罚，对政府行为的无礼批评也要遭到十分严苛的镇压。购买和散布危险的作品是严格禁止的；印刷者、出版者和发行者也要对作者的行为各自承担连带责任。舞会、化装舞会和其他娱乐活动都被视为公开集会，必须得到警方批准。连在公共场所聚餐也需要申请批准。出版和言论自由都要服从严格而专横的监管。携带火器也是禁止的。

这部一半借鉴中世纪的法典中，处处可见极度倾向中央集权的精神。举例来说，法典规定凡是既无力维持生活、又没有资格获取领主或者村社的救助的人，国家有义务给他们提供食物、工作和工资。国家必须给这些人提供适合其体力和能力的工作；还必须设立援助穷人的机构。此外，国家有权撤销鼓励懒惰的慈善机构，把这些机构可能拥有的资金全部分给穷人。

腓特烈大帝的法典在理论上大胆创新，在实践上却胆怯谨慎，这是随处可见的明显特点。它一方面宣布，现代社会的重要原则是每个人都必须平等地纳税，另一方面，它又任凭包含免税内容的地方法律违反这个规则。它声称臣民与君主之间的任何诉讼都应当按照用于其他诉讼的正式手续和规章进行审判，可是实际上，当这条规则与国王的利益或者情感发生冲突时，它从未被遵守过。国王一边骄傲地展示桑苏西宫（Sans-Souci）的风车[①]，一边在其他许多场合暗中使法庭屈从。

普鲁士民族似乎未曾注意到法典的公布，这证明这部法典表面

---

① 桑苏西宫是1745年腓特烈二世模仿凡尔赛城堡在波茨坦附近建造的一座小宫殿，附近的大风车是德国法制的象征。（第26页，第10行）

上颇具革新精神，实质上却没有多少创新，如果希望了解 18 世纪末期德国这方面的真实社会状况，它倒是很有趣的材料。以前只有法学家们研究它，如今很多受过教育的人都从未读过它。

第 28 页，第 4 行。
德国农民的地产。

德国曾经有很多自由的农民拥有土地，不过其家庭资产必须服从永久性限定继承的规则。无论家庭拥有的土地是否可分，只有一个儿子可以成为继承人。土地通常传给最小的儿子，英格兰的某些地区也存在这种习俗。该继承人的唯一责任是向兄弟和姐妹们提供一份结婚的彩礼。

农民的世袭资产在整个德国相当常见。任何地方都不存在土地所有权全部属于封建保有权的情况。西里西亚的贵族阶层至今仍然占据着大量领地，包括大多数村庄，即便如此，那里的一些村庄还是完全属于居民并且完全自由。在德国的有些地方，例如迪罗尔（Tyrol）和弗里希亚（Frisia），农民的世袭资产占据优势。

然而在德国的绝大多数地区，这种类型的资产属于例外，只是在一些地方比另一些地方更常见。在存在这类资产的村庄，这种小土地所有者在农民中间构成了一种统治阶层。

第 28 页，第 9 行。
莱茵河沿岸地区贵族的地位与土地的分割。

根据在当地收集到的资料和在旧制度下生活过的人们的消息，举例来说，科隆选帝侯（electorate of Cologne）的地盘上有许多没有领主的村庄，它们由选帝侯的代理人管理。在有贵族阶层的地方，贵族的行政管理权力十分有限。贵族的地位（至少作为个人）很显赫，实际上却没有那么强大。贵族享有很多荣誉，接受君王的任命，但是不对人民直接行使真实的权力。我还查明，在这个选帝侯国，地产被大规模地细分，非常多的农民拥有土地，这种情况的原因在于一个特定的事实，即长期在拮据或者半贫困环境中生活的贵族家庭在贵族总数中所占比例相当大，他们不断出售自己的小块土地，结果农民用地租或者现金交换，得到了这些土地。我找到的一份文件记录了18世纪初科隆主教辖区的全体居民，还列出了当时每块土地的状况，它说明已经有三分之一的土地属于农民。从这样的环境中发展出了一系列情感和思想，因此与缺乏这些特定条件的德国其他地区的居民相比，莱茵地区的人民更加接近大革命。

第28页，第17行。
关于生息贷款的法律如何加速了土地的分割。

无论利率多少一概禁生息贷款的法律直至18世纪末仍然生效。杜尔哥告诉我们，1769年时许多地方仍旧存在这样的法律。他说这些法律尽管常常遭到违反，却继续保留在书面上。只要没有资本转让，执政官就允许支付利息，而普通法庭禁止沿用这种惯例。如果借钱而没有资本转让，不诚实的债务人可能会使债权人面临犯罪指控。

这样的立法必然对国家的商业造成影响，除此之外，在产业风俗方面，它还对土地和土地保有权的分配产生了更加普遍的重要影响。它导致了数量巨大的永久性地租，包括土地，也包括其他形式的财产。过去的土地所有者不是在需要的时候借钱，而是被迫卖掉小部分地产，地价部分以资金、部分以永久性地租的形式支付。一方面，这是导致土地分割的重要因素，另一方面，这也是导致租种小块土地的佃农负担大量永久性费用的重要因素。

第 31 页，第 11 行。

在大革命之前十年，教区什一税已经激怒了人民的实例。

1779 年，来自吕塞（Lucé）的一位不知名的律师用一种已经预示了大革命的充满仇恨的文体抱怨道，连麦秆也要交纳什一税，神父以及教区什一税的其他主要受益者们对麦秆的收费极高，不顾农夫们绝望地急需肥料。

第 31 页，第 11 行。

教士由于行使特权而疏远人民的实例。

1780 年，拉瓦勒（Laval）修道院的院长和修士们抱怨说，他们不得不按照价目表支付修理修道院所需的资金与材料费。他们声称，因为这张价目表上的费用与教区什一税相等，他们有免税权，所以什么都不欠。大臣建议他们向地方当局申请，假如得不到补偿，可以向审理间接税案件的法院上诉。

第 31 页，第 12 行。

神父拥有的封建特权。无数实例之一。瑟堡（Cherbourg）大修道院（1753 年）。

那时瑟堡大修道院拥有领主地租，可以用现金支付，也可以用瑟堡周围的几乎任何教区的支付方式支付。有一个教区欠了 306 蒲式耳的小麦。大修道院拥有圣吉内维（Sainte-Geneviève）的男爵领地，巴斯杜罗尔（Bas-du-Roule）的男爵领地和领主磨坊，以及纽维勒-普雷因（Neuvilleau-Plein）的男爵领地，它与后者相距至少十里格。此外，它从半岛的十二个教区收取教区什一税，其中几个距离相当远。

第33页，第13行。

封建权利在农民中间激起的怒火，尤其是神父拥有的封建权利。

这里有某位农民在大革命前不久写给总督的一封信件。对于信中断言的事情，它不构成权威性证据，不过它确实精确地描述了写信者所属的阶层的精神状态。信件内容如下：

> 虽然这个地区的贵族人数很少，请别相信这里地租的负担比较轻。正相反，几乎所有封地都属于大教堂、大主教、圣马丁（Saint-Martin）的教堂联合会、努瓦尔穆蒂耶（Noirmoutier）的本笃会修士和圣朱利安（Saint-Julien）以及其他神职人员，他们永远能拿到钱，他们永远带着陈旧发霉的羊皮纸，天知道那些文件是谁编造出来的！
>
> 整个地区都受到地租的影响。大多数土地每年要交纳每英亩小麦收成的七分之一，其他土地则是上交葡萄酒。有一个果园要交给庄园主果实的四分之一，另一个要上交五分之一，诸如此类，而且这是扣除教区什一税之后的情况；另外还有交纳十二分之一和十三分之一的。这些封建权利的变化幅度很大，我能列举的例子从四分之一到四十分之一的都有。
>
> 这些地租的支付形式多种多样，包括谷物、蔬菜、现金、家禽、劳役、木材、水果以及蜡烛，对此该有什么想法呢？我知道还有其他更少见的支付形式，例如面包、鸡蛋、蜡、除去猪头的猪肉、玫瑰花圈、紫罗兰花束、镀金的马刺等。此外还有许多领主权利。为什么没有人帮法国人摆脱这些过多费用的负担？终于，平民开始睁开眼睛，期待现在的政府运用智慧做许多事情。作为旧财政制度的领主权利永远不能让渡或者出售，是压榨勒索的制度，希望政府向那些深受其害的穷苦人伸出援手。

对被称作土地转移和变卖税的横征暴敛有什么想法呢？买方要花很大力气去购置土地，被迫支付巨额金钱用于评估课税基数、订立契约、结算、制作副本、印花、权益注册登记、百分之一便士、每里弗八个苏的税等等，最重要的是他必须出示与领主的契约，领主将根据购买的本金让买方支付土地转移和变卖税。收费标准有时是十二分之一，有时是十分之一。有些要求支付五分之一，另一些是在五分之一的基础上再加上这部分的五分之一。有各种各样的价格，据我所知有些人的收费甚至达到本金的三分之一。不，就连世界上最凶狠、最野蛮的民族都无法设想这样的压榨勒索，我们的暴君却把它重重堆叠到我们的祖先头上。（这位作者在写这段兼具哲理和文学性的激烈的长篇指责时，没有注意拼写规则。）

什么！最近去世的国王允许折算城镇地产的租金，却不包括乡村的地产？他应当从乡村开始。为什么不允许贫穷的农夫打破他们的枷锁，诸多领主权利和土地租金严重损害了附庸，却只能给领主带来很少一点点收益，为什么不减免这些负担，放农民自由？既然允许折算，城镇与乡村、领主与平民之间应当没有区别。

每当教区什一税发生变化，那些教会资产的附带权益的管理者们就劫掠所有的佃户。我们可以提及一个最近的例子。新任大主教的管事在他抵达时通告说，前任大主教德·弗鲁里（de Fleury）的所有佃户都必须离开。他宣布，佃户与后者缔结的一切租约都没有法律效力，凡是不愿意支付双倍地租和大量贿赂的人都要被驱逐，虽然他们已经贿赂过德·弗鲁里大主教的管事。于是尽管这些人的租约已经得到公开认可，却被剥夺了其剩余七至八年的租借时间，被迫立即离开。那会儿时值圣诞前夜，由于喂养牲畜的困难，这正是一年中最关键的时刻，他们不知道还能到哪里去谋生。普鲁士国王也不可能干这么坏的事。

关于教士资产，继任者无须为前任权益所有者制定的租约承担任何法律责任，这好像确实是真的。封建地租可以在城镇减免却不能在乡村减免，这一点信件作者的说法也十分正确。这是关于离弃农民的进一步的证据，与之形成对照的是，地位比农民高的每个人都能以某种方式设法照顾自己的利益。

第 33 页，第 13 行。

任何长期占支配地位的制度，在其自然领域确立了地位之后，就会向领域外扩张势力，直至终于对一部分合法构造发挥重大影响，尽管它在其中的位置并非至高无上。虽然封建体系首先在政治法律方面失势，但它改变了民法，并使人类和财产状况在与私人生活相关的一切方面发生了深刻转变。它通过财产的不均等分割影响了遗产继承，在某些省份（诺曼底就是例证），这条准则扩展到连中间阶级都适用。它涵盖所有土地资产，因为几乎不存在不应用它的土地，或者不受封建法律影响的土地所有者。它不仅影响个人资产，而且影响自治市或自治区的资产。它通过征收费用影响工业和制造业。它通过不平等征税影响收入，在几乎每种类型的事务中，它全面影响金钱利益：土地所有者付出税费、租金和劳役；影响农夫的方式更有无数种，比如专卖权、地租、土地转移和变卖税等等；商贩支付市场管理费；行商支付道路通行费，诸如此类。通过推翻封建制度，大革命使其成为了看得见摸得着的存在，可以说在每个个人利益容易受影响的方面都是如此。

第41页，第6行。

国家特别喜爱发起的公共慈善。

1748年，国王发放了2万磅大米的津贴（那是个大饥荒的苦难年份，18世纪发生过很多次这样的不幸）。图尔大主教声称，得到援助的是他，援助只能用于他的主教管区，并且只能由他分配。总督坚持说，援助是给予整个行政区的，应该由他分配给所有教区。争斗持续了很长时间，为了平息争端，国王只得送给这个行政区双倍的大米，以便大主教与总督各分一半。此外，双方同意让教区的神父来分配赈济，领主和理事都不可参与。总督与总监的通信显示，根据前者的说法，大主教只想把大米分给自己的领民，尤其希望属于德·罗切夏特公爵夫人（Mme la duchesse de Rochechouart）的教区独占大部分赈济。同一包文件里还有来自大领主的信件，他们请求发放粮食，特别是给自己的教区，来自总监的信件还给教区指明委派了某些个人。

无论体制如何，合法的慈善引起了不正之风。如果像这个事例一样，由中央政府远程操纵，缺乏公共监督，慈善措施就难以实行。

第41页，第8行。

这种合法慈善的运作方式的例子。

在一份于1780年递交给上吉耶纳省议会的报告中，我们看到，“为了建设慈善工程，自1773年以来，国王陛下总共给这个行政区拨款38.5万里弗，而在1779年，总督先生任职和居住的蒙托邦（Montauban）行政区就拿到了24万里弗，其中大部分钱都用在了蒙托邦本地”。

第41页，第15行。

总督管理工业的权力。

总督的档案里充斥着关于工业管理的文件。

那个时代的工业界不仅受到政府机构、行会等的束缚，而且受制于政府突发的奇想，通常体现是御前会议发布的一般规章，还有总督对这些规章的具体应用。可以发现总督们没完没了地关心布料的尺寸、对织物的选择、使用方法以及如何避免制造过程中的错误。除了总督代理，还有当地的工业检查员在他们手下服务。在这方面，中央集权甚至比今天的更广泛，它更加变幻不定而专横随意。因此公职人员数量飞速增加，人们养成了各种各样依赖和顺从的习惯。

请注意，首先受这些习惯浸染的是资产阶级、商人和贸易阶层，是即将获得胜利的阶级，而不是将被击败的阶级。因此大革命没有摧毁这些习惯，反而确保它们占据优势地位并到处传播。

促使我写下前面这段评论的，是许多题为“制造与工坊、布料、化学品”的保密文件和信件。在大巴黎总督辖区的档案文件中可以看到它们。这批档案文件包括检查员交给总督的常见而详细的报告，内容是关于造访手工业者，确保他们遵守业界规则，以及御前会议应总督的请求制订的各种规章——禁止或允许在某些地方进行生产，织造某种织物，或者使用某种方法。

这些检查员十分蔑视手工业者，他们的观察报告中有一种思想特别突出：国家有权也有义务强制他们竭尽全力，这不仅是为了公共利益，也是为了手工业者的利益。因此他们感觉有义务强制手工业者采用最好的方法，谈论他们手艺的最小细节，同时做出大量侵害行为，强迫他们缴纳数额巨大的罚金。

第 42 页，第 7 行。
路易十一的统治精神。

路易十一授予城镇的众多任命文件最充分地反映了他真实的统治精神。我曾经有机会仔细研究过他授予安茹、曼恩和都兰

(Touraine）的城镇的文件。

这些任命全都在某种程度上基于同一种模式，并显示出昭然若揭的目的。透过它们可以看出，路易十一的形象迥异于我们所熟悉的那个人物。这位国王通常被视为贵族阶层的敌人，同时却是人民的真诚朋友，纵然有些无情。而在此处，他对于人民和贵族的政治权利怀有同等的憎恨。他还利用资产阶级，一边削弱地位比他们高的阶层的权势，一边压制地位比他们低的阶层。他既反对贵族，又反对民主：资产阶级国王最卓尔不群。他将特权赏赐给城镇的显要公民，试图提高他们的重要性。他过分慷慨地给他们册封贵族头衔，因而贬低了贵族的价值，与此同时又毁掉了城镇行政管理的大众化的民主特性；他使治理局限于个别家族的小圈子，他们依附于他的改革，由于得到巨大利益而与他的权力共生。

第 42 页，第 19 行。
18 世纪的城镇行政管理。

我将引述 1764 年的一份关于翁热（Angers）的城镇行政管理的调查文件。该文件中，城镇的政治体制轮流遭到了初等法院、市政委员会、总督代理和总督的分析、攻击、辩护。由于在其他很多地方也可以见到同样的景象，这份文件所反映的必定不是个别的情况。

首先是初等法院的报告，它讲到了翁热的市政体制的现状以及应当进行的改革，“即使遇到最重要的课题，翁热的市政委员会也几乎从不征询大众的意见，除非有特别的命令，因此除了它的成员没有人知道这个市政委员会，连短期任职的市府参事也一无所知，因为他们对当地事务只有表面上的了解”。（事实上，这些由资产阶级组成的有限的寡头统治团体全都尽可能不去顾及这里提到的所谓“大众”。）

根据1681年3月29日的规章,市政委员会应由21名官员组成:

市长1人，按职权获得贵族地位，任期为4年；

短期任职的市府参事4人，任期为2年；

市府参事政务会委员12人，一旦当选任期终身；

公诉人2人；

有世袭权利的公诉人1人；

法庭书记1人。

他们享有各种各样的特权。例如，他们的人头税是固定而且适中的;他们可以免于履行向部队提供住宿、装备、食物、补给的义务;他们的免税范围包括二倍和三倍住房细分税、新旧地方捐税、食品补充税甚至“免费礼物”，根据初等法院的说法，他们认为自己有资格利用个人职权给自己免税。此外，他们能收到蜡烛津贴，其中一些人可以拿薪水并拥有免费住房。

这些细节清楚地表明，那时在翁热当一名任期终身的市府参事是件好事。请注意，这种体制总是在所有地方将免税权授予最富裕的个人。这份报告随后写道:“最富裕的居民们都觊觎这些职位,他们希望得到大幅度减免人头税的特权，由此把沉重的负担转嫁给别人。目前数位市政官员的人头税固定为30里弗，而他们本应支付250至300里弗。其中有一个人，按照他的财产计算，应当缴纳至少1 000里弗的人头税。”这份报告的另一段写道:“我们发现在最富裕的居民中，官员或者官员的遗孀（拥有官职）有40人以上,由于地位赋予的特权，他们对重要的人头税没有贡献。人头税本应是所有人分摊，现在负担落到了无数贫穷工匠的身上，他们感到不堪重负，不断抗议税负太沉重，然而这些抗议几乎总是得不到公正审判，因为在其余义务的分摊过程中并没有不平等。”

市民公会由76名[1]成员组成：

市长；
教士代理2人；
神职人员的理事；
警察副官；
市府参事4人；
市府委员2人；
附属于初等法院的王家公诉人；
市镇律师；
水利与林业部的代理2人；
来自财政区行省的2人；
来自盐仓的2人；
来自海关的2人；
来自铸币厂的2人；
来自律师行会的2人；
商事法院法官2人；
公证人2人；
来自商人社团的2人；
最后，16个教区各派2名代表。

来自商人社团的二人应该在严格意义上代表人民，特别是行会。很明显，这种安排是为了确保行会永远处于少数地位。

当市政委员会的成员位置出现空缺时，国民会议就挑选三个下属替补空额。大多数城镇的政务委员会的职位不会指派给特定的团

① 实际上一共只有74人。（第42页，第19行）

体，与我所见的其他市政结构的情况一样；换言之，不规定选民必须选择治安官或律师或其他什么人，在这种制度下，初等法院的成员被认为是相当没头脑的。

初等法院似乎受到对市政委员会的极端妒忌的驱使，我十分怀疑，它找出的城镇法规的错误仅限于它认为自己没有足够特权的方面，根据初等法院的看法，“国民会议规模太大，其部分成员不是非常聪明，只有在涉及让渡公共地产、贷款、设置关税和选举市政官员的问题时，才应当征询它的意见。其他事务可以交给仅由地方显贵组成的较小的议会审议。有资格人选该议会的人应当只有警察副官、王家公诉人以及另外 12 名从 6 个团体——教士、地方行政官、贵族、大学、商业界、资产阶级——中选出的显要，还有其他不属于团体机构的人士。选择这些显要的工作最初可以交给国民会议，随后可以交给显贵议会，或者每位显贵所属的团体机构。”

所有这些政府官员作为显要或者拥有公职的人加入旧政权的市政委员会，在行使职能的称号方面与今天的行政官员类似，有时连职能的性质也相似，但是在地位方面与今天有深刻的差异——在这种情况下，为了避免得出错误的结论，必须始终小心注意。事实上，在被任命公职之前，他们几乎全都是城里的显贵，或者觊觎公职的目的就是成为显贵。他们从未考虑过离职，也从不希望晋升，单凭这两个因素，他们就与我们熟悉的今天的行政官员完全不同。

接着是市政官员的报告。从报告中我们得知，市政委员会是 1474 年由路易十一在城镇旧民主体制的废墟上建立起来的，前面已经描述过它的模式。在这种制度下，大多数政治权利都仅限于中间阶层，大众化的成分被排除了或者削弱了，市政官员的人数太多，以致更多的人宁愿冒险改革，而参与行政管理的那部分资产阶级得到了过度慷慨的报酬——世袭的贵族身份和各种类型的特权。

这份报告包括路易十一的继位者专门发表的信件，他们认清了新法规，进一步限制了人民的权力。我们知道1485年时，查理八世为此专门发表的信件在高等法院遭到了翁热的居民的攻击，假如英格兰市镇的纲领在英国法庭上引起辩论，法律程序会完全相同。1601年，高等法院再次颁布法令，规定政治权利必须经由国王的许可而产生。然而从那以后，该报告只针对御前会议。

报告显示，国王不仅任命市长，而且任命市政委员会的其他所有成员，根据1738年6月22日的御前会议政令的规定，国民会议提名三位候选人，然后由国王从中选择。报告还显示，依照1733年和1741年的御前会议政令，城里的商人有资格担任市府参事或者委员（任期永久的市府参事）。最后我们得知，在那个年代，市政委员会负责管理分摊人头税、军用装备税、军队住宿税的征收数额，以及评估用于贫民救济、部队、海岸防卫队和弃儿育婴堂的费用。

这导致市政官员的职责清单十分长，因此在他们眼中，他们的特权和终身任期是完全合理的，我们可以看到，他们非常害怕失去这些好处。他们为自己的活动找的一些辩解理由相当古怪，其中之一是这样的："他们最基本的工作是审查数量庞大的账目，这些金融问题关系到范围不断扩张的销售税、盐税、印花税和注册登记费，非法征收的注册登记费，以及自由封地税。因为金融公司的活动不断激起对各种税赋的质疑，市政官员被迫在各种司法机构——包括高等法院和御前会议——面前替城镇辩护，以便对抗他们所服从的压制。三十年的经验和服务教育他们，为了保住自己的佣金，纳税人的各种代理人永远在市民的路上设置圈套和陷阱，耗费一生也不足以学会避开它们。"

稀奇的是，这些话全部是写给总监本人看的，是为了请总监开恩，保住作者的特权，他们习惯把负责收税的公司视为敌手，可能从任何角度攻击它们，而不惹怒任何人。随着这种习惯的传播及其程度的加深，他们最终把国库本身视为一个讨厌的、惯于欺骗的暴君，不是所有人的代理，而是所有人的公敌。

报告继续写道：“1694 年 9 月 4 日御前会议颁布了一道政令，所有公职第一次被并入了市政委员会，交换了 2.2 万里弗。”意思是当时用那笔钱赎回了所有公职。1723 年 4 月 26 日的政令发布之后，按照 1722 年 5 月 24 日的敕令设立的市政官职归入了城镇机构。换言之，就是允许城镇出钱购买它们。然而 1723 年 5 月 24 日的另一道政令又允许翁热借款 12 万里弗取得上述官职。1728 年 7 月 26 日的另一道政令允许翁热借款 5 万里弗购买注册主管和书记的职位。这份报告说：“翁热付出这些钱换取自由选举权，并确保当选的官员能够享受与官职挂钩的特权，他们在有些情况下任期两年，在其他情况下任期终身。”因为 1733 年 11 月的敕令重新设立了一些市政官职，所以御前会议应市长和市府参事的请求，于 1735 年 1 月 11 日颁布了一道政令，将赎回官职的价格设定为 17 万里弗，可以通过征收地方关税予以支付，期限延长至 15 年。

这是旧制度下的城镇行政管理的一个公平的样本。赎买官职的制度导致城镇负债，然后政府又批准他们为了偿还这些债务征收临时的特别税。一段时间之后，这些临时的税赋就变成了永久性的，当然中央政府会要求分一杯羹，我常常发现这样的例子。

报告继续写道：“在设置王家法庭之前，城镇官员一直没有失去路易十一授予他们的重要司法权。在 1699 年前，他们有权裁判主人与工人之间的争端。地方关税的账单被送交总督，详述了产生和扩展这些费用的全部法令。”

报告还表明，前面讨论过的出席市民公会的代表来自 16 个教区，由团体、行会和社区选出，并受到严格限制，只能代表选举自己的团体。无论涉及什么议题，他们都会收到必须执行的指令。

最后，整篇报告证明，翁热与其他地方一样，任何支出都必须得到总督和御前会议的授权。显然，如果一个城镇的行政管理权被当作个人资产交给某些人，而那些人获得的酬劳不是规定数额的金钱，而是个人的特权，无论他们的管理可能对同胞的私人财产造成什么影响，他们自己都能得到豁免，那么行政管理者玩忽职守也许就是必然的后果。

除了制作拙劣之外，整篇报告还显示，部分行政官员对于目前事态的任何变化都感到一种非同寻常的恐惧。为了维持现状，他们提出了一大堆理由，既是好的又是坏的。

下面是总督代理的报告。总督收到上述两份互相矛盾的报告之后，就向总督代理征求意见。总督代理也准备了一份报告。

“市政委员的报告不值得细究，”他写道，“它唯一的意图是证明这些官员享受的特权是合理的。初等法院的报告包含一些有用的情报，但是没理由把这些治安官要求的特权全部给他们。”

根据这位总督代理的看法，城镇的法规早就需要改进了。我们已经熟知翁热的市政官员具有的豁免权，除此之外他还告诉我们，市长在职期间有资格居住租金至少600法郎的房屋，外加50法郎的薪水、100法郎的邮资补贴以及出席费等特权。公诉人市政官和书记员还能得到住房。为了免交销售税和地方关税，每个市政官员都设定了消费估价等级。他们全部有资格每年进口很多桶葡萄酒而无须缴纳任何费用，这种特权适用于其他一切消费项目。

总督代理并未建议剥夺市政委员的免税权，不过他提议总督每年设置他们的人头税数额，而不是任凭它固定为一个非常不足的数额。他还感到这些官员应当像其他公民一样，受“免费礼物”的约束——他们不知道根据什么先例就给自己免除了这项义务。

报告进一步陈述，市政官员有责任编制当地居民的人头税名册。由于他们在执行这项任务时粗心而专断，总督每年都要收到大量请愿书和要求减免税务的申请。假如今后按照固定的一般规则，由每个公司或社区的成员为自己的利益进行这种财产估价，将是一种可取的做法。这样需要由市政官员进行人头税估价的就只剩下资产阶级和其他不属于任何组织的个人，比如某些工匠和所有特权人士的家庭仆佣。

总督代理的报告证实了市政官员已经说过的事：翁热曾经于1735年花费17万里弗赎回了市政官职。

然后是总督与总监之间的通信。看到手头的这些文件，总督写信对大臣说："为了居民和公益，缩小市政委员会的规模是件重要的事，由于其成员享有的特权，这个人数过多的机构给公众造成了极大的负担。"

"翁热在各个时期为赎回市政官职付出了巨额金钱，"他补充道，"这给我留下了深刻印象。假如这些钱用在更有生产性的事情上，本来可以帮助这个城市获得大笔利润，而不是仅仅让人们体会到官方强加的负担，以及这些官员的特权。"

"这种行政管理机构内部的恶习应当得到御前会议的充分关注，"总督继续说道，"出席费和蜡烛津贴这两项开支每年总计2 127里弗（这个金额是指正常预算下的这样类型的费用，预算是国王定期给城镇制定的），除此之外，这些官员还由于一时兴致而浪费或者暗中使用公共经费，而王家公诉人在过去30或40年间一直保有官职，在行政管理机构中占首要地位，只有他了解其中的内幕运作，因此无论在什么时候，居民都无法了解到关于公共税收的用途的丝毫消息。"于是总督请求大臣缩减城镇政务委员会的规模，保留1名任期4年的市长，6名任期6年的市府参事，1名任期8年的王家公诉人，以及任期终身的书记员和征税员各1名。

此外，这位总督还向图尔提议采用相同的政治体制。他认为下述步骤是必需的：

1. 保留市民公会，但是只作为一个选举机构，负责选举市政官员。

2. 额外创立一个地方显贵委员会，它必须履行 1764 年的敕令表面上指派给国民会议的全部职能。这个委员会应由 12 名成员组成，任期为 6 年，不是由市民公会选举，而是由 12 个所谓的显贵团体选出（每个团体选举自己的代表）。总督列出了下述显贵团体：

初等法院；

大学；

财政区行省（指挥每个地区一年一度的正式视察，确保财产估价公正公平）；

水利与林业部的官员；

盐仓官员；

税务员；

铸币厂；

律师和公诉人；

商事法院法官；

公证人；

商人；

资产阶级。

显然，这些显要几乎全部是行政官员，而所有行政官员都在显要之列，可以看出，从记录的其他无数地方也可以看出，那时中间阶层比今天的更加渴望公职，而且几乎不会为了自己的生计分心旁顾。如同我在正文中所说，唯一的区别在于那时的人们为了这份工作能够赋予的一点点重要性购买它，而今天的求职者要求免费得到职位。

总督的提议清楚地表明，真正掌握市政权力的是额外的显要委员会，这个小集团只允许非常少的资产阶级分子占据政府的职位。

唯一允许平民发言的公会的全部职能仅仅是选举市政官员，而且不再拥有向那些官员提出建议的权力。另外请注意，总督比国王更倾向于限制和反对大众，国王在敕令中好像将治理的主要职能授予了市民公会；但至少根据我在正文中引用的报告来判断，总督又显得比资产阶级宽容开放和民主得多，在该报告中，另一个城镇的显要们企图剥夺人民选举市政官员的权力，可是国王和总督都愿意给予人民选举权。

读者大概注意到了，总督使用资产阶级和商人这两个术语来指代完全不同类别的显要。为了说明资产阶级如何被分割成许多很小的部分，彼此又如何由于琐碎的虚荣而争论不休，或许值得暂停一下，给出这两个词的准确定义。

资产阶级这个词有一个普遍的含义和一个比较狭隘的含义：它指代中间阶层的成员，此外还特指中间阶层内部的某个群体。1764年的调查报告的其中一份写道："资产阶级是那些由于门第和财产而无须从事营利性工作就能过上体面生活的人。"报告的其余部分表明，"资产阶级"这个词不是用于指代某个工业公司或者行会的成员，确切地说，它应用的对象比较难以辨识。这份报告记述道："在号称资产阶级的那些人中间，很多人仅仅在无所事事这一点上符合要求，而在其他方面，他们既没有财产又没有教养，过着默默无闻的生活。与之相反，资产阶级应当在财产、门第、天资、礼貌和生活方式等方面都卓越出众。构成行会的工匠们从未拥有过显要的地位。"

除了资产阶级之外，商人是第二类不属于任何公司或者行会的人。那么这个微小阶层的界线是什么？这份报告继续说道："我们应当把商人归类为门第较低、从事零售和批发贸易的人吗？"为了解决这些难题，报告提议让市府参事每年编制一份著名商人的名单，把它交给商人的领袖或者市政官，以便只邀请名单上的那些人到议事厅参加商议。编制名单时应当小心，确保没有收录任何家庭仆佣、不法商贩、马车夫，或者其他从事低贱生意的人。

第 45 页，第 16 行。

18 世纪城镇治理的最显著的特征之一，不是废除所有代议制和干涉地方事务，而是治理所遵循的规则极度易变，地方权力时而被授予，时而被取消，时而被归还，时而增加，时而削减，并通过无数方式被不断地改动。尽管似乎没有人关注，法律的朝令夕改是这些地方自由如何遭到贬低的最佳象征。仅仅这种易变性就足以排除一切与众不同的地方思想、对过去的依恋和对地方的热爱，虽然制度本来最适合培养这些思想和感情。这样就为即将发生的大革命大肆破坏过去的事物做好了准备工作。

第 45 页，第 22 行。
18 世纪的一个乡村政府，摘自大巴黎总督辖区的文件。

我从许多类似事件中选择这一个作为例子，讨论教区管理机构所采取的某些形式，以便让读者理解教区政府为什么经常行动迟缓，并说明 18 世纪的教区市民公会的样子。

问题关于修理大巴黎地区的伊夫里（Ivry）的教区长住宅和农村教堂的尖塔。为了完成这样的修理工作要向谁求助？费用的分摊如何决定？如何增加必需的金额？

1. 教区神父向总督请愿，汇报说尖塔和教区长住宅急需修理，他的前任给住宅附上了无用的东西，已经使住宅完全变形，所以曾经允许这种改造的当地居民应该负责承担修复它们的费用，除非他们能够从前任神父的继承人那里拿到这笔钱。

2. 总督阁下发布了一道命令（1747 年 8 月 29 日），指示理事召开一次市民公会，商讨修理需求。

3. 村庄居民经过应有的慎重考虑之后声称，他们不反对修理教区长住宅，但是反对修理竖立于唱诗区上空的尖塔，而且神父作为教区什一税的领受者，有责任修理唱诗区。（上个世纪末的1695年4月，御前会议的一道政令确实规定，修理唱诗区的责任属于有资格领取教区什一税的人，教区居民只需负责维修教堂正厅。）

4. 鉴于情况的矛盾性，总督下了一道新命令，派一名建筑师科蒂埃（Cordier）先生去检查教区长住宅和教堂尖塔，准备评估必要的修理并指挥调查。

5. 关于这些工作的一份报告表明，在伊夫里拥有土地的许多人在总督代表的面前出现了，其中似乎有贵族、资产阶级和村里的农民。他们希望记录支持或反对神父的要求。

6. 总督下达了进一步的指示，命令理事召开由土地所有者和居民组成的新市民公会，把代表他的建筑师估算的修理报价提交给该公会。

7. 结果召开了新的教区会议，居民们在会上坚持以前的意见。

8. 总督阁下再次发布命令，做出如下的指示：

第一，关于估算报价所指明的工作，应当由科贝尔（Corbeil）的总督代理在他的公馆主持竞标并订立契约，神父、理事和教区主要居民必须到场。第二，鉴于教堂有倒塌的危险，将向全部居民征税，如果有人继续认为尖塔属于唱诗区的一部分，应当由教区什一税的领受者修理，允许他们向常规法庭上诉。

9. 所有当事人被召集到位于科贝尔的总督代理住宅，参加竞标和契约的签订。

10. 教区神父和一些居民又请愿说，按照通常情况，不应该指定工程承包人分担行政手续的费用，因为这类费用非常高昂，那样就不可能找到承包人了。

11. 总督下令，让总督代理估算契约签订本身所引起的费用，以便将这笔金额计入契约费用和税款中。

12. 某些显贵的居民授权 X 先生参与签订契约，并同意了建筑师估算的报价。

13. 理事证实已经制作了通告和广告。

14. 契约的副本：修理费用总额 487 里弗；契约签订本身所引起的费用 237 里弗 18 苏 6 但尼尔。

15. 最后，御前会议发布政令（1748 年 7 月 23 日），授权征收这个数额的税款。

读者也许已经注意到，在这个过程中教区会议召开了数次。这里有其中一次的会议记录，可以作为这种会议的通常情形的例子。它是一份公证文件：

> 今天，在教区弥撒结束之际，在通常和惯例的地点，钟声响起之后，上述教区的居民们召集了会议，出席者有 X、科贝尔的公证人、在这份公证文件的下面签过名的、列出了名字的证人、米肖（Michaud）、酿酒商、上述教区的理事。后者在大会上宣读了总督的命令，并要求众人遵从总督的指示。
>
> 这时上述教区的一位居民出现了，陈述说尖塔竖立在唱诗区上方，因此属于神父的责任。其他一些人也发表意见（认可神父的要求的其他几个人的名字被正确地记录了下来）……然后 15 位农民、体力劳动者、石匠和酿酒商站了出来，支持前面的证人的看法。酿酒商兰博（Rambaud）先生也出来发言说，无论总督做出何种决定，他都准备完全接受。索邦（Sorbonne）神学院的神学家和神父 X 先生也发言坚持以前在请愿书中陈述过的要求。与先前一样，这些发过言的人的名字也被记录了下

来。从上午 11 时至下午 2 时，在伊夫里的上述教区的公墓对面召开了会议，在这份文件下面签名的人都出席听取了发言，并参与起草了当前的这份文件。

我们看到这次教区会议只不过是一种行政调查，却采用了司法调查的正式形式并耗费了相应成本。它从未进行投票表决，因而不是教区意志的表现。它仅凭个人意见就得出结论，不可能约束政府的意志。其实我们从另外许多文件中得知，教区会议有意传达总督的决定，而不是阻碍它，即便问题仅仅牵涉到教区本身的利益。

这份文件还告诉我们，这个事件导致了三次个别调查：一次是对公证人的，一次是对建筑师的，第三次是对两个公证人，目的是确定居民们是否支持此前的声明。

1748 年 7 月 23 日的政令规定征收 524 里弗 10 苏的税款，无论是否拥有特权，凡是财产所有者全都要交纳，这几乎是这种类型的开支的惯例，不过用于确定每个群体分摊的数额的基准是不同的。那些交纳军役税的人根据与军役税相应的比例交税，而特权阶层则根据假定拥有的财富交税，后者的条件比前者有利得多。

最后，在这个事例中，税款金额 524 里弗 10 苏是由两名收税员估定的。他们都是这个村庄的居民，与通常的情况一样，不是被轮流推举或选中的，而是由总督代理和总督挑选的。

第 46 页，第 24 行。

路易十四摧毁城镇自由的借口是地方财政管理情况很糟糕，然而正如杜尔哥正确地指出的那样，在国王推行改革之后，这种情况仍然持续并逐渐恶化。杜尔哥补充说，大多数城镇负债累累，部分原因是贷款给政府，部分原因是地方官员铺张浪费，他们管理别人的钱，既不听从任何人的指示又无须向任何人提交账目，为了彰显自我而无节制地花钱，有时还用公款谋取私利。

第 50 页，第 8 行。

国家既监视女修道院又监视村庄的例证。

总监授权总督拨款 1.5 万里弗给加尔默罗修会（Carmelites）的女修道院修补损毁之处，并建议总督确保这笔资金被明智地使用。还可以援引许多类似的例子。

第 55 页，第 11 行。

为何在加拿大才可能最准确地评判旧制度的中央集权制。

由于在殖民地，政府的特征被放大，更容易看清楚，所以在殖民地才可能最准确地评判宗主国政府的性质。如果我想了解路易十四的行政管理的性质并发现其缺陷，我必须去加拿大，如同用显微镜观察标本的畸形一样。

在加拿大，先存的环境或者过去的社会状态造成的大量公开或隐蔽的障碍都不存在，不会妨碍自治思想的发展。那里实质上没有贵族阶层，或者纵然存在也没有根基。教会不再占据支配地位，封建传统已经消失或者衰退得模糊不清，司法权力的基础不是古老的制度和习俗。中央政府不受约束，可以放纵天生的嗜好，按照其主导精神决定所有法律。所以加拿大没有留下任何市级或省级自治制度的遗迹；那里没有合法的集体权力，也没有经过许可的个人立法倡议权。加拿大的总督拥有的权力比法国的大得多。加拿大的中央政府管理的事情比宗主国的多得多，尽管殖民地与首都相距 1 800 法里，它仍然坚持从巴黎遥控一切。它从未接受过能够使殖民地人丁兴旺、经济繁荣的重要准则，恰恰相反，它喜欢干预，用人为的程序和琐碎专横的规章使人口增加和分散：它要求种植某些作物；将地方政府排除在外，坚持拥有独家司法权，审理所有涉及土地转让的诉讼；指定用某些技术耕种；强迫公民在某个地方定居，不得去另一个地方，诸如此类。这些都是在路易十四时代发生的事情；敕令是由柯尔贝尔联署的，不过不知情的人很可能会以为它们是成熟的现代中央集权制政体的运作成果，就像阿尔及利亚的政体那样。其实加拿大的状况就是我们长期以来目睹的阿尔及利亚国情的如实写照。我们在这两个地方都可以发现，行政管理机构的职员几乎与人口数一样多，它自负、活跃，倾向于控制、约束和计划一切。政府对所有事情承担全部责任，比被统治者更加了解被统治者的利益。它既孜孜不倦地努力，又徒劳无功。

美国的情况恰好相反，英国的地方分权制度被推行到了极致：村庄实质上变成了独立的自治区，相当于民主共和国。共和主义原理可以说构成了英国政治体制以及道德观念的核心，它在美国毫无障碍地进一步发展。在英格兰，政府几乎无所作为，个人却要做很多事情。在美国，可以说政府不再干预任何事，而个人加入社团组织，一起做所有事。由于缺乏上流阶层，同时代的加拿大人与法国人相比更加服从政府的管辖，而英属各省的公民却越来越独立于中央政府。

两个殖民地都建立起了完全民主的社会，但是在加拿大，至少在它隶属法国的时候，平等与专制统治混合在一起；而在美国，平等与自由结合在一起。至于这两种殖民方式的物质方面的结果，我们知道在1763年的征服时期，①加拿大的人口是6万人，而英属各省是300万人。

---

① 这里指的是1763年2月，英法签订《巴黎和约》，法国将整个加拿大割让给英国，使英国称为英属殖民地。(第55页，第11行)

第 56 页，第 13 行。

国务委员会不断制定的诸多一般规章的一个实例，它们在整个法国具有法律效力，引起了只能由行政法庭审判的特殊违法行为。

我将选取第一手的实例：1779 年 4 月 29 日，御前会议的一道政令规定，将来在整个王国内，任何饲养或者售卖绵羊的人都必须用某种方法给他的动物作标记，否则要处以 300 里弗的罚款。国王陛下指示总督们监督此命令的执行，意思就是由总督强制惩罚违规的人。另一个实例：1778 年 12 月 21 日，御前会议发布政令禁止搬运工和马车夫把货物放入仓库，否则要处以 300 里弗的罚款。国王陛下命令警察副官和总督一起执行这道指令。

第 64 页，第 22 行。

上吉耶纳的省议会大声呼吁为骑警队组建新的大队，其方式与如今艾弗隆（Aveyron）或者罗特（Lot）的政务会呼吁为宪兵队组建新的大队的方式完全相同。思想仍然是一样的：警察部队维持秩序，只有来自政府的警察能够带来秩序。报告补充道："每天都可以听到有人抱怨乡村地区缺少警察（否则还能如何？贵族对这个问题视而不见，资产阶级在城镇生活，代表乡村的只有一些粗鲁的农民，无论如何都没有力量），我们必须承认，由于粗鲁无礼的举止和暴烈的个性，农村居民天生倾向使用暴力，除非在少数区有公正善良的领主利用威望影响附庸，运用源于地位力量阻止暴力行为，此外几乎没有其他办法能够管制这些愚昧无知、粗野易怒的人。"

省议会的贵族们竟允许自己被如此谈论，占据议会一半席位的第三等级成员竟在公开文件中这样谈论平民。

第 65 页，第 19 行。

在旧制度时期与今天一样，人们热切地寻求烟草执照。重要人士为自己的领民申请。我找到了一些由于上流社会的女士推荐而授予的执照。另外还有一些由于大主教的请求而授予的。

第 66 页，第 7 行。

地方公共生活的绝迹远远超出了人们可能设想的程度。从曼恩到诺曼底的一条道路无法通行。应该请谁修理呢？这条道路经过的都兰地区？由于牲畜贸易要依靠这条路线而有利益关系的曼恩或者诺曼底行省？还是由于道路的糟糕状况特别容易受损害的某个区？行政区、行省和县都没有发言权。使用这条道路的商人们陷入了困境，不得不负责让中央政府意识到这种状况。他们写信给巴黎的总监，恳求他施以援手。

第 74 页，第 7 行。

领主权利或地租的重要性是大是小，取决于行省。

杜尔哥在他的作品中写道："我应当指出，在大多数富裕的行省中，比如诺曼底、皮卡地（Picardy）和巴黎地区，这些类型的封建权利具有不同级别的重要性。在这些地方，财富主要包括土地本身的产品，以及小块地皮组合成的大农场，其所有者能够从中得到相当可观的租金。最大的庄园的领主地租在总收入中所占的份额非常适中，而且这种款项几乎被视为只是表示敬意的。在不甚富裕的行省，农事的准则不同，领主和贵族几乎没有自己的土地。继承的土地被分割成大量的小块地皮，其地租负担非常沉重，联合佃户要共同承担责任。这些租金常常包含土地的大多数农产品，这也几乎是地主收入的全部来源。"

第 79 页，第 26 行。

共同讨论事务所引起的反种姓影响。

18 世纪农业协会的相对不太重要的工作成果告诉我们，共同讨论公共利益的做法产生了反种姓的影响。虽然这些会议在旧制度的鼎盛时期、大革命之前 30 年召开，而且只关心理论，但是社会的各个不同阶层在一起辩论和讨论有关利益的问题，仅仅这个事实就能让我们立即意识到不同阶层的人们如何走到一起并互相融合。我们看到合理改革的思想同样吸引了特权者和没有特权的人，尽管只涉及到资源保护和农业方面的议题。

旧政权从未向自身之外寻求支持，总是单独对待个人，我确信只有这样的政府才能维持大革命时代的法国存在的荒谬而无意义的不平等。只要与自治有最轻微的接触，它就会发生最深刻的改变，要么迅速转变，要么遭到摧毁。

第 79 页，第 26 行。

假如外省自由是古老的，与人民的习惯、道德观念和回忆联系在一起，而专制统治是新出现的，那么即使没有全国自由，地方自由也能存续一段时间。但是倘若以为在普遍自由被压制的条件下能够随意创造甚至长期维持地方自由，那是不合理的想法。

第 81 页，第 2 行。

在上交国王的一份报告中，杜尔哥概述了贵族免税特权的真实范围，在我看来他的描述十分准确：

1. 如果特权者拥有面积四犁[①]的农场，就可以免交全部军役税。在巴黎地区，这样的农场通常要交 2 000 法郎的税。

2. 这样的特权者完全不用为城堡附近的圈封土地或者树林、牧

---

① 犁，法国土地面积旧制，1 犁相当于 90~120 阿尔邦，1 阿尔邦相当于 20~50 公亩。（第 81 页，第 2 行）

场、葡萄园、池塘付出任何代价，无论其面积有多大。有些区的主要产品来自牧场或者葡萄园，在这种情况下，在外地的领主可以免交一切捐税，这些负担就落到了军役税的纳税人身上。这第二项特权带来的利益十分巨大。

第81页，第9行。

纳税方面的间接特权：即便是全面征收的税种，征收方式也存在差别。

杜尔哥还描述了这个问题，阅读文件之后，我相信他是正确的：

> 在人头税方面，特权者享有非常可观的优势。人头税就性质而言是随意征收的税种，只可能在所有公民中间盲目地分摊。既然军役税的名册很容易得到，人们曾经以为参考该名册是比较方便的做法。特权者的名册是专门制作的，不过他们能够替自己辩护，而军役税的纳税人没有代言者，因此各省特权者的人头税就逐渐减少到了不合理的程度，而其他人交纳的人头税几乎与军役税的数额相等。

第81页，第9行。

共同税的征收的不平等的另一个实例。

我们知道，地方税是向每个人征收的。关于这种类型的花费，御前会议的政令规定："上述金额应当向全部臣民征收，无论是否拥有免税权，无论是否拥有特权，皆无例外，与人头税挂钩，或者归为人头税的一部分。"

请注意，由于人头税与军役税联系在一起，那些军役税的纳税人要交纳的人头税总是比特权者的更多，尽管有些税种似乎最排斥不平等，但不平等仍然在征收那些税时重现。

第 81 页，第 9 行。

同样的主题：1764 年的一道提议法案意图建立平等的税制，可是我发现其中的全部条款都有意维护关于征税的特权的地位。除了其他内容，我还发现凡是涉及到特权的地方，为了征税而进行财产估价的一切措施都只有在特权者或他们委托的代理人到场的情况下才可以应用。

第 81 页，第 11 行。

政府本身如何认识到，甚至共同税的征收也有利于特权阶级。

1766 年大臣写道："我明白，最难征收的税种始终是那些贵族和其他特权者应当缴纳的税，因为军役税的征收者感到有义务调整他们的利益，故而长期拖欠税款，在人头税和二十分之一税（他们与其他人一样交纳这两种税）方面达到了异常的程度。"

第 90 页，第 7 行。

关于这两个社会集团的状况，阿瑟·扬在 1789 年的《法国游记》中有一段生动的描写，表达方式细致、笔调令人愉快，我不禁要在这里原样引用它。

阿瑟·扬在法国旅行时，正当攻占巴士底狱的消息刚刚开始引起反响，他在一个村庄被一群平民拦住，因为他们注意到他没戴帽章，提议把他送进监狱。为了脱身，他灵机一动，发表了下面这段简短的演说：

> 我一点都不喜欢我的处境，尤其是听见有人说应该看牢我，直到有人给出我的身份证明的时候。我正要去客栈，恳求他们允许我说几句话；我向他们保证，我是个英国旅客，为了证明这一点，我希望向他们说明英国税收的情况，对于神父告诉过

他们的话，那将是令人满意的评论。神父断言说必须像以前一样交纳税款，我无法同意他的看法。税款无疑必须交，但是不必像以前一样，可以像在英格兰那样交税。先生们，英格兰有许多种捐税，法国人甚至没听说过，但是第三等级的穷人不用交那些税，课税的对象是富人；房屋的每扇窗户都要纳税，但是假如房屋的窗户少于六扇，房主就不用纳税；拥有大庄园的封建领主要交纳二十分之一税和军役税，但是只拥有一个花园的业主不用出钱；富人必须为他们的马匹、马车、仆佣甚至捕猎山鹑的自由纳税，但是贫穷的农夫与这些无关；而且在英格兰，专门有一项富人交纳的税款用于救济穷人。所以虽然神父断言说税赋的存在是天经地义的，也完全不能证明必须用同样的方式收税；我们英国的办法似乎比较好。他们完全赞成我的演说。他们好像觉得我是个正直的人，我喊道“第三等级不纳税万岁”，加强了这一印象，于是他们发出一阵欢呼，不再打扰我的旅行了。我拙劣的法语大概与他们的方言半斤八两。①

第 92 页，第 10 行。

肖莱（Chollet）行政区的 X 教堂已经毁坏，只剩下遗迹了。它的修理工作应该按照 1684 年（12 月 16 日）的政令所指示的方式进行，也就是说向全体居民征税。当收税员尝试收取税款时，这个教区的领主德 · X 侯爵说，因为他独自承担了修理唱诗区的责任，所以不愿意一起交这个税。其他居民回答说，由于领主是教区什一税的主要接收者（他无疑有资格收取封建什一税），他有义务自费修理唱诗区，所以不能免除他交共同税的责任，这个主张相当合理。于是

---

① 引文见于阿瑟 · 扬，《法国游记 1787、1788、1789 年》（伦敦：乔治 · 贝尔父子出版公司，1890 年），213~214 页。（第 90 页，第 7 行）

总督不再考虑侯爵的要求，下令批准收税员征税。这份文件收录了来自侯爵的十多封信件，每封都比上一封急切，坚持强调说教区的其他人应当付出与身份相应的钱，为了达到目的，侯爵称呼总督为“阁下”，甚至屈尊乞求。

第 93 页，第 14 行。

关于旧制度时期的政府如何看待既得权利、正式契约以及城镇和社团的自由的实例。

国王的一份通告宣布，“在战时暂停偿还城市、乡镇、大学、社区、医院机构、慈善养育院、同业行会以及其他社团的所有贷款，为此国王曾经准许用地方税收或者其他权利的收入偿付借款，与此同时，上述贷款的利息将继续累计”。

停止偿还贷款不仅违背了在与债权人的契约中标明的期限，而且威胁到作为借款担保的附属抵押品。在旧制度下这种措施实属寻常，但是服从公众或者议会监督的政府永远不会接受这种措施。请将这样的事态与英格兰甚或美国处理这类事情的一贯方式比较一下，政府对法律的轻蔑和对地方自由的轻蔑一样昭然若揭。

第 94 页，第 23 行。

有一个事例与正文中引述的事例相去甚远，特权者意识到了压迫农民的封建权利也影响他们自己的利益。以下是在大革命之前 30 年，一个完全由特权者组成的农业协会的说法：

> 非分期偿还的租金，无论是地租还是封建租金，如果在拥有大量土地的庄园征收并且数额相当可观，对于债务人就是沉重的负担，会导致他破产，并从而导致庄园本身的破败。他被迫忽略庄园，因为他已经被附属担保品严重拖累，不可能找到借钱的办

法，纵然他希望出售也无法找到买主。假如租金是分期偿还的，破产的食利者就不需要为了用现金付款而找机会借钱，既然能够偿还租金和附属担保品，在这种状况下不会缺少买主。当一个人感到他的所有权很安全时，他总是可以无忧无虑地保有自由财产并提高其价值。如果能够发现分期偿还这类租金的实用办法，对于农业将是重要的鼓励。只要明白了这个道理，许多拥有封地的领主会热切希望订立这样的协议。因此，如果发现并推行清偿这种形式的地租的实用办法，将带来巨大的利益。

第 96 页，第 6 行。

所有公职人员，甚至包税官都能得到免税权作为报酬，这是 1681 年的法令赋予的特权。1682 年，一位总督写信给大臣时说道：“在特权阶层中，数量最多的是盐税特许权享有者、葡萄园、邮局、副官以及其他各种行政部门的雇员。任何教区都有这种雇员，许多教区还有两三人。”

这封信的意图是劝说大臣不要建议御前会议扩大政府雇员免税权的范围，不要增加这些特权官员的佣人，虽然包收租税的人不断要求这些免税权——根据总督的说法，他们这样做是为了免于支付自己雇员的工资。

第 96 页，第 6 行。

这样的官职并非在任何地方都绝对不为人知。德意志的个别小邦国的君主曾经引进过这些官职，但是它们数量很少，仅限于相对不重要的行政管理部门。只有法国广泛地采用了这一体系。

第 100 页，第 1 行。

旧政权的行政官员中有很多人为政府工作时遵守规矩，在高等法院为限定自己的各种权力的范围辩解，这种现象不足为奇，虽然它可能相当奇怪，事实上也的确如此。当我们意识到，这些不仅是行政管理的问题，而且是私人资产的问题，个中的原因就很清楚了。所谓司法权力的逐渐侵入，仅仅是政府卖官鬻爵的错误所造成的后果。由于官职的获取过程不公开，又根据行政官员的工作表现给他们酬劳，除非侵害从前任所有者手中购买的权利，否则就不可能改变职能的性质。这是众多实例中的一个：勒芒（Le Mans）的警察将忙于一场针对城市财政局的旷日持久的诉讼，目的是要证明，既然他负责维持街道治安，关于铺石路面的一切活动也属于他的职责范围，他有资格给那些活动定价。这次作出裁决的不是御前会议。因为这个问题主要涉及用于购买官职的资金的利益，要由高等法院作出判决。一个行政案件转变成了民事诉讼。

第 101 页，第 3 行。
对贵族阶层 1789 年的陈情书的分析。

我相信法国大革命是独一无二的，在大革命扭曲或者改变人们的思想和情感之前，社会的各个不同阶层能够分别表达最初激励他们的那些思想和情感。众所周知，三个等级于 1789 年编写的陈情书记载了真实可靠的证据。这些陈情书或者报告是每个等级在完全自由、非常公开的环境中起草的。利益相关的各方进行了长时间的讨论，起草者们郑重其事地反映了各方意见，因为那个时代的政府向国民发出呼吁时，不会既负责提问又负责解答。陈情书草拟完成之后，其最重要的部分就被编集成三卷书，在任何图书馆都可以找到它们。原件现在存放于国家档案馆，一起存放的还有起草陈情书的会议记录，以及内克尔先生与代理人之间的有关这些会议的一些通信。这批收藏品组成了一套多卷的对开本丛书。这是旧法国遗留给我们的最贵重的文献，如果对我们的祖先在大革命爆发之际的想法感兴趣，就必须不断地查阅它们。

我曾经以为，前一段提及的三卷本文摘或许是一个派别的作品，不能准确地反映这次大规模调查的特征，但经过比较之后发现，较小的复制品也忠实地反映了大幅画作的全貌。

接下来我将列出贵族阶层的陈情书的摘要，它准确地表达了这个等级的绝大多数人的感情。我们可以清楚地看到，贵族阶层顽固地坚持要求保留哪些旧特权，又大致愿意放弃哪些特权，主动提出牺牲哪些特权。最重要的是，我们可以详细了解贵族阶层对于政治自由的感受。一幅多么奇怪而忧郁的写照！

个人权利。贵族首先要求发表一份关于所有人的权利的明确宣言，承认所有人的自由并确保他们的安全。

人身自由。贵族希望在仍然存在封建农奴制的地方废除农奴制，并设法取缔黑奴贸易、废除奴隶制。每个人都应该拥有去任何地方旅行或者定居的自由，无论是在国内还是国外，都不应受到专横的干涉。他们还希望终结滥用警察规章的不正之风，今后即使遇到骚乱，法律和秩序问题也要由法官处理。他们主张除非执行自然的正义，不可以逮捕或审判任何人，因此要求取缔国家监狱和其他非法监禁场所。还有些贵族要求拆毁巴士底狱。巴黎的贵族特别坚持这一点。

禁止一切密札和国王密札。如果国家面临危险，有必要在逮捕公民之后不将其立即送交普通法院，就必须采取措施防止滥用刑罚，或是通知国务院，或是使用其他手段。

贵族希望废除一切特别委员会、特别或例外的法庭以及判罪和缓期执行等特权，并要求严厉处罚颁布或者执行专横命令的人。贵族还进一步要求，在唯一应当保留的司法机构即普通法院，应当采取必要措施保护个人自由，特别是对于刑事问题。公正应当是免费的，应当撤销无用的法庭。“地方法官是为人民设置的，而不是人民为地方法官设置，”一份陈情书如此写道。甚至有人要求在每个行政区设置公众的法律顾问，为穷人免费辩护。诉讼应当公开，每个被告都有替自己辩护的自由。审理刑事案件时，应当给被告提供辩护律师，在审判过程的每个阶段，应当有一定人数的与被告属于同一等级的公民协助法官，他们的责任是对被告受到指控的罪行或者不道德行为作出判断。在这一点上，他们参考了英国的宪法。刑罚应当对所有人一律平等，与罪行的轻重程度相应。死刑应当逐渐减少，应当废除一切肉体刑罚、拷问等。最后，应当改善监狱的环境，尤其是等候审判的被告的处境。

陈情书还呼吁设法在陆军和海军征募新兵的过程中尊重个人自由。应当将强制性兵役改成可以用钱换取免服兵役，只有在由全部三个等级组成的代表团到场的情况下，才允许进行征兵抽签。最后，军队纪律和附属关系应当与自由人和公民的权利结合在一起。应当废除用刀背打人的体罚。

个人财产的不可侵犯与自由。贵族主张财产是不可侵犯的，除非是为了绝对必要的公益，不可以将财产没收充公。在例外情况下，政府应当支付高额补偿金，不可拖延。应当废除没收充公的制度。

贸易、劳动和工业的自由。必须确保工业和贸易的自由。为此必须取消授予某些行会的大师执照和其他特权。关税界线应当移到国境线。

宗教信仰自由。天主教是法国的国教，占支配地位，但是应当容许每个人保留良心的自由，恢复非天主教徒的公民地位，归还他们的财产。

新闻出版自由，邮件保密不可侵犯。陈情书规定，应当保证新闻出版自由，为了整体利益而施加的限制将由法律预先设定。除了讨论教义的作品，任何人都不用服从基督教会的审查。至于其他书籍，采取措施确保知道作者和印刷者的身份就足够了。有些陈情书要求涉及出版的案件只需服从陪审团的审判。

最主要的是，这些陈情书一致坚决主张不可侵犯邮件的保密性，使信件不能算作起诉的理由或有效证据。陈情书直言不讳地叙述，擅自拆阅信件是最可憎的间谍行径，因为它亵渎了公共信任。

教学和教育。贵族的陈情书只要求积极努力促进教育事业，在城镇和乡村都推广教育，根据符合每个儿童预期的未来的原则提供教育。最重要的是儿童应当得到国民教育，给他们讲授公民的义务和权利。陈情书还要求起草教义问答手册，用儿童能够理解的方式概述宪法的要点。尽管如此，陈情书并未指定为了方便和推广教学应当使用什么手段。它们的内容仅限于请求为贫穷贵族的孩子建立教育机构。

必须关心人民。大量陈情书坚持认为应当向人民显示更多关怀。一些陈情书声称，滥用警察规章的不正之风侵害了天赋的自由，大量手工业者和其他有用公民未经正规审判就被随意关进监狱，原因经常是不道德行为，或者仅仅是被怀疑做了坏事。所有陈情书都要求永久废除徭役。多数行政区要求允许赎回使用领主磨坊和烤炉的税以及公路通行税。大量陈情书要求减少许多封建权利，废除自由封地税。根据一份陈情书的说法，如果方便土地买卖，政府也能获益。后来人们正是用这个理由要求同时废除一切领主权利并售卖不可转让的法人财产（拥有财产的人死亡时所有权归还给领主）。许多陈情书要求限制养鸽子的权利，以便减轻对农业的损害。至于王室狩猎总管管区，即为国王狩猎保留的专区，陈情书呼吁立即废除，因为它们侵犯了财产权利。陈情书还要求用给人民造成负担较轻的税制代替现存的税制。

贵族呼吁在乡村推广福利，促进乡村的繁荣。例如，添置粗布纺织设备，以便让农村居民在冬季也有工作；在省政府的监督下，每个行政区都应该建造公共粮仓，以便预防饥荒，将主食的价格控制在一定水平；完善农业技术，改善农村地区的生活状况；增设公共工程，特别是排干沼泽和预防洪水等工程；最后，在所有地区采取措施鼓励贸易和农业发展。

陈情书呼吁将每个行政区的济贫院分割成小型收容所，撤销贫民院，用慈善工坊取而代之；在省三级会议的监督下，建立赈济基金，并由各省出资，为穷人提供免费护理，给各个行政区分派内科医生、外科医生和助产士；保证司法永远对平民免费；最后，计划建立照顾盲人、聋哑人、弃婴等的机构。

此外，关于这些事情，贵族阶层整体而言仅限于笼统表达改革的愿望，并未谈及如何推行改革的具体细节问题。显然贵族阶层不像下级教士那样长期与底层民众生活在一起，对他们的苦难接触较少，所以较少考虑疗救苦难的方法。

关于贵族担任公职的可接受性、贵族地位的等级制度以及荣誉特权的问题。特别是，或者说只有在涉及等级制度和社会地位差异的问题上，贵族阶层背离了要求改革的总体精神。虽然他们作出了一些重要的让步，却还拘泥于旧制度的原则。在这方面，他们感到是在为贵族的存在本身作斗争。因此贵族的陈情书坚决要求继续将教士和贵族阶层与其他人完全分开。他们甚至呼吁设法维护贵族阶层的纯粹性。他们要求禁止用金钱购买贵族头衔，呼吁取消在任命某些官职时连带授予贵族爵位的惯例——只有作为长期为国家效力的奖赏，才可以授予贵族头衔。他们还建议追查并起诉假冒的贵族。最后，所有陈情书都坚持认为应当保留贵族的荣誉特权。有些还要求授予贵族一些与众不同的标志，以便从外表就可以辨明身份。

无法设想还有比这更典型的属于贵族阶层的要求；它们也最清楚地表明了贵族与平民之间已经存在完全相似性，尽管社会地位依旧存在差异。总体而言，贵族的陈情书说明他们对于实际权利表现出相当多的灵活性，却急切而固执地维护荣誉特权。贵族们已经感到民主潮流即将席卷而来，害怕遭遇灭顶之灾，因而企图保留已经拥有的一切特权，同时又想发明从未拥有过的特权。他们本能地预感到了危险，却未能清楚地察觉危险，这实在异乎寻常。

至于公职的分配，贵族要求取消出售法官职位的惯例。无论地位如何，所有公民都应当能够提名，国王任命的标准只取决于年龄条件和是否称职。大多数陈情书都认为，军队的军官级别不应该将第三等级排除在外，凡是为国立功值得奖赏的士兵，都有资格晋升到最受尊崇的职位。一些陈情书叙述道："贵族阶层不赞成任何拒绝让第三等级获取军衔的法律。"贵族的要求只不过是保留直接作为军官加入军队而无须从低级军衔逐步晋升的特权。此外，几乎所有陈情书都要求制定适用于任何人的分配军衔的固定规则，不可以仅仅因为偏爱而赏赐军衔，除了高级军官之外，应当根据资历授予军衔。

关于教士的职能，贵族要求恢复通过选举任命有薪圣职的制度，或者至少让国王设立一个委员会，在这个问题上向国王提供建议。

最后，他们建议必须更细心地分配退休金，不应局限于某些家族，任何公民都不可以领取一份以上的退休金，不可以同时领取一个以上职位的薪水，而且应当取消可继承的退休金。

教会和教士。如果问题与贵族阶层的权利和内部构造无关，而是牵涉到教会的特权和组织，贵族就不那么费心要求了。他们十分清楚地看到了弊端。

贵族反对给予教士任何免税特权，要求教士自己偿还债务，而不是转嫁给国民。他们还要求全面改革修道士的等级秩序。大多数陈情书主张，这些等级秩序偏离了作为教会基础的精神。

大多数行政区要求减轻教会什一税对农业的损害。甚至有许多陈情书呼吁废除教会什一税。其中一份写道："绝大部分的教会什一税落入了神父们的手中，而他们对于人民的精神方面的福祉却贡献最少。”显然第二等级在批评第一等级时表现得毫不宽容。贵族们对教会本身也谈不上比较恭敬。一些行政区正式承认，三级会议有权废止某些宗教规则，将教会财产用到其他地方。有 17 个行政区主张三级会议有制定教规的权力。一些行政区认为宗教节日假期太多，对农业有害，又助长酗酒行为，应当取消许多假期，或者像过去一样在星期天庆祝。

政治权利。关于政治权利，陈情书承认所有法国公民都有直接或间接参与治理的权利，也就是说拥有选举权和被选举权，但是必须保留地位等级制度，所以每个人只可以在自己的等级内部提名和被提名。根据这个原则，在设计代议制度时应当确保国民的全部等级都能够对政府事务的管理作出实质性贡献。

至于三级会议中的投票表决方式，人们的意见存在分歧。大多数人倾向于每个等级分别投票。有些人觉得关于课税的投票应当是例外，而另一些人坚决要求将这种例外定为规则。后者说道：“必须按照人数而不是等级计票，只有这种表决方法是合理的，只有这种方式能够排除和消灭某些等级的利己主义这一万恶之源，同时让人民团结起来，引导他们建立一个议会，爱国主义和其他美德在其中得到文明的强化，从而让国民拥有理应得到的一切权利。”然而从当时国民的思想状况来看，如果太突然地采用这种革新可能引起危险，因此一些陈情书表示，没有预防措施就不可以采用这种方法，议会应当考虑，将按照人数计票的改革推迟到下届三级会议或许是比较明智的选择。无论如何，贵族阶层要求重视每个法国人都应拥有的尊严，因此呼吁废除在旧制度下第三等级不得不服从的耻辱的惯例，如在社会地位较高的人面前下跪的规定。一份陈情书如此写道：“让一个人在另一个人面前跪下，是侮辱人的尊严，在天生平等的人类之间，象征着与人的基本权利不协调的劣等或自卑感。”

关于建立政府的制度和宪法的原则。在政府形式方面，贵族呼吁维持君主政体，继续保留国王的立法、司法和行政权力，不过同时应当确立基本法，以便在国王行使这些权力时保障国民的权利。

因此所有陈情书都正式宣布，国民有召集三级会议的权利，为了保证其独立性，三级会议应由足够多的成员组成。陈情书要求此后按照固定的周期召开三级会议，每次新国王继位时也要召开，无论如何都不需要召集会议的通知信。许多行政区甚至认为使这种议会永久化是可取的。如果三级会议没有按照法定的时间期限召开，人民应当有拒绝纳税的权利。少数陈情书希望在两届三级会议的间隔期间，设立一个过渡委员会，以便监督王国的行政管理；但是绝大多数的陈情书坚决反对设置这样的委员会，认为它完全违反宪法。反对的理由相当奇怪：他们担心如果让这样小的机构单独与政府打交道，它也许会屈从于政府的压力。

贵族不希望大臣拥有解散议会的权利，如果有哪个大臣策划政治阴谋阻碍议会的活动，就必须受到法律制裁。任何行政官员或者其他以任何形式依附于政府的个人都不得担任议员。不可侵犯议员的人身，不应由于议员可能表达的意见起诉他们。最后，议会应当公开召开会议，为了让国民更加深入地参与议会的审议，应当通过新闻出版渠道传达相关情况。

贵族全体一致要求在全国各个地区运用应该用于指导国家治理的原则。因此每个行省、行政区和教区都应当自由选举出任期有限的成员组成议会。

一些陈情书认为，应当撤销总督和总税务员的职位。所有陈情书都主张，今后应当由省议会单独负责评估课税基数，并保障各省的特殊利益；还打算把这种思想应用于行政区和教区的议会，今后它们应当只从属于省三级会议，不再附属于其他机构。

权力分离。立法权。关于分离国王与国民组成的议会的权力，贵族主张必须得到三级会议和国王的同意、并在负责执行法律的法院注册记录之后，法律才可以生效。另外，只有三级会议有权设定税种、评估课税基数的额度，对于支付任何款项的许可，仅在下次三级会议召开之前有效。未经三级会议同意而设定或征收任何税赋均属非法行为，应当以贪污的罪名对任何下达这种命令的大臣或者收取这种税款的税务员提起公诉。

与此类似，贵族还要求国家借款必须得到三级会议的准许。三级会议应当简单地设定一个贷款界限，以便政府在遇到战争或者其他重大灾害的情况下使用，限制条件是尽快召开三级会议。

国家的全部储备都应服从三级会议的监管，应当授权三级会议设定每个部门的预算。应当用可靠的方法确保经费开支不超过预先分配的数额。

大多数陈情书都呼吁取消一些恼人的税赋，比如由国王领地税务局指派并汇总的登记税、百分之一但尼尔税①和批准税。一份陈情书写道："税务局这个名称本身就足以伤害国民，因为它声称国王有权占有实际上属于公民的财产。"贵族要求由省三级会议管理一切不可转让的王室产业，任何涉及它们的财政法令或者敕令，都必须得到三个等级的国民同意之后才能发布。

显然，贵族的想法是通过全国三级会议和省议会的中介，将财政管理的职责完全交给国民，无论是关于贷款和课税的规章还是税赋的征收。

司法权。类似地，在司法组织方面，贵族的意见总体上倾向于让法官的权力从属于构成议会的国民。举例来说，有些陈情书包含这样的陈述："地方法官有义务对构成议会的国民负责。"未经三级

---

① 除了直系继承或婚姻契约赠与，财产及不动产的一切转移均须纳税百分之一，充作登记费用。此税于1703年开始征收，在旧制度末期已达近850万里弗。1但尼尔等于十二分之一苏。（第101页，第3行）

会议准许，不可将法官免职；未经三级会议准许，无论有什么理由，都不可以妨碍任何法庭履行职责。上诉法院和高等法院渎职的案件应由三级会议审理。按照大多数陈情书的意见，国王应该根据人民的提名任命法官。

行政权。行政权是国王专有的权力，不过贵族提议加以必要的限制，预防滥用该权力。

举例来说，在行政管理方面，陈情书要求印刷并公布各个政府部门的账单，大臣应当对构成议会的国民负责。与此类似，国王在征用部队抵御外敌之前，必须让三级会议了解他的确切意图。在国内，必须经由三级会议才能征用部队对付国民。应该限制军队的规模，平时只保留三分之二处于活动状态的部队。政府雇用的外国部队应当远离王国中心，被派往边境地区。

阅读贵族的陈情书时，最引人注目的是他们属于自己时代的程度，尽管任何摘录都无法体现：他们具有时代精神，流畅地使用那个时代的语言。他们谈论“不可剥夺的人权”、“社会契约所固有的原则”。当主题是个人时，他们通常关心个人权利；当主题是社会时，他们则关心社会义务。在他们看来，政治原则与“道德原则同样绝对，理性是两者的共同基础”。当他们希望废除农奴制的残余时，他们说“目标是根除人类堕落的最后遗迹”。他们有时将路易十六称为“公民国王”，并数次提及“危害民族罪”，后人经常指责他们创造了这个罪名。他们与其他人一样认为，发展公共教育是最重要的，公共教育应当由国家控制。一份陈情书主张，“三级会议必须关心并改变儿童教育，从而激发一种国民性格。”他们与同时代的其他人一样，对于立法的一致性表现出明显而持久的爱好，但是影响等级制度的立法属于例外。他们与第三等级一样希望统一行政管理、度量衡等等。他们谈论各种各样的改革的可能性，并打算彻底推行这些改革。按照他们的意见，应当废除或者改造一切税赋，无一例外。应当改革整个司法体系，不过领主法庭除外，它仅仅需要完善。他们和其他法国人都认为，法国就好比一个实验室，是政治领域的某种“模范农场”，可以在这里挖掘一切，尝试一切，前提是培育着他们的特权的小角落完全不受干扰。不过必须公平地说，他们并未吝惜这个小角落。简言之，阅读贵族的陈情书之后可以得出结论：假如这些贵族是平民，他们或许自己发动了大革命，平民身份是他们唯一缺少的要素。

第 101 页，第 25 行。

18 世纪中期的一个教省[①]的宗教政府的实例。

1. 大主教。

2. 7 位代理主教。

3. 2 个教会法庭，即所谓的“官方法庭”。其中之一被称作“大主教教区的官方法庭”，拥有高于副主教的司法裁判权；另一个被称作“主教辖区的官方法庭”，其司法权限包括教士之间的个人诉讼，以及婚姻之类的圣礼的合法性。第二种法庭由 3 名法官组成。有一些公证人和律师是他们的同事。

4. 2 个政府财政法庭。其中一个政府财政法庭被称作“主教辖区办事处”，凡是关于主教辖区内的教士的税收案件，它都有初审权（教士设定自己的税额）。另一个法庭审理来自教省内的其他主教辖区办事处的上诉案件。这些法庭都允许律师进入并听取申诉。

第 102 页，第 5 行。

省三级会议和议会中的教士的精神。

---

① 教省是基督教的教会管区制度中的一种行政区划，位阶在教区之上，通常由数个教区组成。目前罗马天主教会、东正教会、圣公会等教派实行此制度。（第 101 页，第 25 行）

我在正文中所说的关于朗格多克的三级会议的内容，同样适用于 1779 年和 1787 年召开的省议会，上吉耶纳是最明显的例子。在该省议会中，教士成员是最开明、最活跃、最宽容开放的参与者之一。正是罗德兹（Rodez）的主教提议将会议记录公开。

第 103 页，第 6 行。

神父具有自由主义者的政治气质，这一点在 1789 年表现得最明显，它并非仅仅是一时激动的产物。它在更早的时期就已清晰可见。尤其是在 1779 年的贝里，教士们自愿提供 6.8 万里弗，唯一的条件是继续保留省政府。

第 104 页，第 25 行。

请注意，在公民社会的纽带原封未动的同时，政治社会的纽带仍然有待建立。阶级的束缚依旧存在，而且曾经存在于领主与人民之间的密切联系还有某些成分残留了下来。虽然这种事态存在于公民社会内部，其后果却间接影响了政治社会。虽然这种联系将人们束缚在一起，组成了不规则、无组织的集团，政府仍然难以驾驭或控制他们。大革命破坏了这些社会纽带，却没有建立政治纽带代替它们，于是大革命就既为平等又为奴役创造了条件。

第 105 页，第 21 行。

举例说明法院面对某些专横的法令时表达自己意见的方式。

1781 年，巴黎行政区的总督递交给总监的一份报告显示，按照惯例每个教区有 2 名理事，其中一名在总督代理主持的集会上由居民选举产生；另一名由总督挑选，他的工作是监督另一个理事。在吕埃（Rueil）教区，两个理事之间发生了争吵，选举产生的那位拒绝服从总督任命的那位。总督劝说首相德 · 布勒特伊（de Breteuil）

先生把选举产生的理事关进拉福斯（La Force）监狱监禁15天，那个人被按时逮捕之后又被革职，另一个人代替了他。此后那个遭到监禁的理事递交了请愿书，高等法院启动了一种法律程序——我未能找到具体的记录，声称监禁上诉人并推翻选举结果的做法只能被视为“蛮横而专制的行径”。在那个年代，司法公正在有些情况下受到相当拙劣的钳制。

第108页，第8行。

在旧制度下，受过教育的和富裕的阶层远远不是受到压制并被迫服从。实际上包括资产阶级在内，他们都过于自由，随心所欲，因为王权政府不敢阻止那些阶层隔离自己，损害人民；为了迁就他们或者镇压他们的反对，政府几乎总是觉得必须离弃人民任凭他们处置。公平地说，在18世纪，与处境相同的英国人相比，那些阶层的法国人往往更容易抵抗政府并迫使政府让出一部分利益。在许多情况下，法国政府感到必须在处理同类问题时比英国政府更加小心谨慎，以免行差踏错。混淆独立与自由是错误的。一个自由的公民其实是最不独立的人。

第108页，第9行。

旧制度的专制主义政府经常被迫采取稳健路线的原因。

在平常的年代，最能唤醒人民或者给政府造成巨大麻烦的事情，基本上莫过于增加旧税种的额度甚或设立新税种。在欧洲的陈旧财政体制下，如果某位君主有奢侈的爱好，或者推行冒险的政策，或者放任财政状况陷入混乱，或者由于需要金钱维持自己的统治而向很多人提供大量利益或者不劳而获的报酬以便争取他们的支持，或者从事大规模的公共工程，他就必须立即增税，进而唤醒社会的全部阶层并使他们动摇不安，尤其是藏在一切暴力革命幕后的阶层——平民百姓。如今在同样的境况下，政府会选择收取贷款，其直接效应经常难以察觉，只有下一代人才会感觉到最终的后果。

第 109 页，第 4 行。

在这里列举诸多实例中的一个：马耶讷（Mayenne）行政区的主要地产都被租借给了包收租税的人，他们把佃户当成贫穷卑微的佃农——自己一无所有，一切必需品都不得不依靠施舍，包括必不可少的工具。显然，这些包收租税的人没有义务仁慈地对待佃户或者以前的封建领主的债务人，他们的地位是领主给予的，他们实践的封建主义好像经常比中世纪的更严苛。

第 109 页，第 6 行。

另一个实例。

蒙特巴宗（Montbazon）的居民在军役税的名册中收录了德·罗昂（de Rohan）亲王的领地的管家，尽管这些管家只为亲王的利益行动。亲王（无疑十分富有）不仅终结了这种“恶习”（这是他的说法），而且成功地争取到了 5 344 里弗 15 苏的补偿金，因为向他收取那笔费用是错误的，现在可以转嫁到居民身上了。

第 112 页，第 6 行。

举例说明教士应得的租金导致人心疏离，人民的孤立本应使他们团结起来。

诺伊萨（Noisai）教区的神父声称，当地居民有义务修理他的仓房和印刷机，并要求收取地方税来抵消这笔费用。总督回复说，只能要求居民修理教区长的住宅，仓房和印刷机仍然属于神父的责任。他更关心他的租金，而不是他的教众（1767 年）。

第 113 页，第 27 行。

1788 年某省议会实施一项调查的时候，有一群农民提交了书写清晰、语气温和的答复，其中有如下的内容 :“除了军役税征收中的恶习，还有司法长官的助手的恶习。在军役税征收过程中，他们通常造访 5 次。他们经常致使老兵或瑞士雇佣兵丧失行动能力。每次他们都在教区逗留四五天，军役税征收部门核定其费用为每天 36 苏。至于军役税的摊派，我们不谈其过程的专横——那已经众所周知，也不谈纳税名册的恶劣影响，草拟名册的行政官员常常是无能的，几乎总是有所偏袒并恶意报复。这些仍然是困扰和争端的源头。它们引起的诉讼对于当事人来说代价高昂，却对法院坐落的城镇非常有利。”

第 114 页，第 23 行。

中央政府的行政官员也承认三级会议行省所采取的方法的优越性。

一封日期为 1772 年 6 月 3 日税务主管写给总督的机密信件中有下述片段 :“在三级会议行省，课税基数作为固定的百分比进行评估，以便每个纳税人都服从课税并确实付钱。国王要求增税的时候，固定的百分比就按照国王的要求成比例地增加（比方说以 100 万里弗代替 90 万里弗）。这种操作很简单。与此相反，在其他行政区，课税基数的估价因人而异，而且在某种意义上是随意的。有些人应该付多少钱就付多少钱，另一些人只支付一半，还有人只付三分之一、四分之一甚至分文不出。那么如果总共增税九分之一，究竟要怎样分摊呢？”

第 117 页，第 1 行。

从道路建设方面看特权者最初理解文明进步的方式。

德 · X 伯爵某次给总督写信时抱怨说，政府完全不急于建造邻近他的地产的道路。他说这是总督代理的错误，后者在履行职责时不够积极，没有强制农民服徭役。

第 117 页，第 5 行。

关于徭役的专横监禁。

例如，1768 年一位司法长官的信件包含下述内容："昨天，应副工程师 M.C. 的要求，我命令把 3 个没有履行徭役义务的人关进了监狱。这在村庄的女人中间引起了骚乱，她们大喊：'看吧！当需要劳工的时候，他们就想到我们穷人了，可是一旦事关我们的死活，他们就漠不关心。'"

第 117 页，第 10 行。

用于建造道路的资源有两类：第一，比较重要的是用于主要工程的徭役，它们不缺少别的，只需要劳力；第二，比较次要的是一般税，桥梁与道路工程部可以使用这些税收资助工程。特权者是大土地所有者，建造道路给他们带来的利益比其他人更多，可是他们不用服徭役，而且由于桥梁、道路税与军役税结合并统一征收，特权者又可以免税。

第 117 页，第 13 行。

运送囚犯的徭役的实例。

1761 年，管理一队带镣囚犯的一名警察写给总督的信件揭示，农民被迫用运货马车运送囚犯，他们十分不愿意干这件差事，而且经常遭到卫兵的虐待，"因为卫兵是粗鲁野蛮的人，而被迫执行任务的农民经常没礼貌"。

第 117 页，第 18 行。

杜尔哥描述过在运送军队装备时强制征用劳力的劣势和负担，根据我阅读的文件，他的记述似乎并不夸张。除了其他事情，他还说这种惯例的缺点首先是这一非常沉重的负担的摊派极度不平等。负担几乎全部落到了少数教区，它们由于地理位置是防御的薄弱环节。需要填补的间距经常是 5 或 6 里格，有时甚至达到 10 至 15 里格。因此走一个来回需要耗费 3 天。分配给土地所有者的款项总共只有成本的五分之一。整个夏天几乎一直需要这种徭役，那正是收获季节。征用的牛几乎总是筋疲力尽，回去时经常带病，所以许多土地所有者宁可选择支付 15 或 20 里弗，也不愿意交出运货马车和 4 头公牛。最后，混乱无可避免地占据支配地位：农民不断遭到士兵的暴力对待。军官的要求几乎总是超过他们应得的。有时他们命令把配了马鞍的马套到四轮马车上去，这样做有弄瘸马匹的危险。士兵则坚决要求乘坐已经不堪重负的运货马车。有时他们会不耐烦，因为牛行走太慢，就用剑去刺它们，如果农民胆敢抱怨，就拿农民出气。

第 117 页，第 21 行。

徭役运用于一切的实例。

罗歇福尔（Rochefort）的海军总督抱怨说，强制农民拖运海军从各个省购买的用来造船的木材时，他们的态度很糟糕。这些通信透露，直至 1775 年农民仍然被迫提供这项服务，其补偿金由总督设定。海军大臣把这封信件给图尔德总督看，告诉后者他必须确保提供征用的四轮马车。总督杜克吕泽（Du Cluzel）先生拒绝授权征募此类劳役。于是海军大臣给他写了封威胁信，说要向国王报告他拒不服从的行为。总督立刻于 1775 年 12 月 11 日回复，坚决地表示他在图尔担任总督已经十年，从未同意授权征募此类劳役，因为它们会导致无可避免的弊害，为征用运货马车提供的补偿也无法减轻那些弊害。他说："要求在路上拖运的木料巨大沉重，经常使牲畜受伤跛脚，征用的季节也非常糟糕。"总督用如此强硬的语气答复，显然是由于杜尔哥先生的一封信件，它与文件附在一起，日期为1774年7月30日，正是杜尔哥担任大臣的时候，信中说他从未授权在利摩日（Limoges）征募此类劳役，并且说赞成图尔的杜克吕泽先生的决定。

这些通信的其他内容显示，即使与政府的契约并未授权征募劳役，木材供应也经常要求使用劳役，因为这样能节省至少三分之一的运输成本。一位总督代理提供了这种利益来源的一个例子："把木料从砍伐地点拖运到河边，途经几乎无法通行的小道，路程大约6里格，来回需要2天时间。征用劳工的报酬标准是每里格每立方尺6个里亚[①]，一趟行程就是13法郎10苏，几乎不够抵偿小土地所有者以及需要套在运货马车上的马或者牛的费用。劳工的时间、精力和牲畜的劳动相当于全部损失了。"1776年5月17日，大臣把国王下达的征募所需劳役的直接命令转发给了总督。在此期间杜克吕泽先生已经去世，他的继任者莱卡罗皮耶（Lescalopier）先生急忙从命，并发布命令宣告："总督代理将给各教区分配任务，从每个教区征募的人必须按时在理事指定的地点出现，前往堆放木料的地方拖运它们，报酬由总督代理确定。"

第126页，第10行。

据说18世纪的哲学是对人类理性的崇拜，其特征是无限信任理性的力量，凭借理性随意改变法律、制度和道德观念。坦率地说，这些哲学家中的有些人所崇拜的并非人类理性，而是他们自己的理性。过去从未有人像他们那样对人类的共同智慧缺乏信心。我可以举出许

① 古铜币，相当于四分之一苏。（第117页，第21行）

多例子，他们几乎像鄙视上帝一样鄙视群众。他们对上帝表现出竞争对手一般的傲慢，对群众表现出暴发户一般的傲慢。对他们而言，真诚而恭敬地服从大多数人的意志与服从上帝的意志一样，都是与自己格格不入的事情。几乎所有革命者都展现出这种双重性格。他们完全不像英国人和美国人那样尊重大多数同胞的情感或意见。在英国和美国，理性是自豪和自信的，却从不侮慢无礼，因此导向了自由；而在法国，我们的理性的成就只不过是创造了奴役的新形式。

第 136 页，第 7 行。
农民的常见待遇的例子。

1768 年，国王准许索米尔（Saumur）附近的拉沙佩勒 - 布朗什（La Chapelle-Blanche）教区的军役税减少 2 000 法郎。教区的神父提议用这笔钱的一部分建造教堂尖塔，以便把钟从教区长住宅移走，帮助他摆脱敲钟的恼人响声。居民们表示反对并为减轻负担请愿。总督代理决定偏袒神父，在某天夜里下令逮捕并监禁了当地最著名的居民。

另一个例子：一个女人冒犯了骑警队的两个警察，国王下令把她监禁两星期。另一道命令授权监禁一个织袜子的人，因为他竟敢批评骑警队。关于第二道命令，总督回复大臣说，他已经把那个人关进监狱了；大臣大声表示赞同。因为侮辱警察的言论，政府粗暴地逮捕了许多乞丐，居民们似乎很反感这种做法。总督代理逮捕那个织工的时候警告公众说，任何继续冒犯警察的人将受到严厉惩处。

这位总督与他的总督代理之间的通信（1760 年至 1770 年）表明，下令逮捕引起麻烦的人不是为了用法律制裁他们，而是为了把他们锁起来。一位总督代理请求总督授权将他逮捕的两个危险的乞丐判处无期徒刑。有个被捕的人遭到行乞的指控，因为他在旅行时没有带文件，他的父亲表示抗议。X 的某位地主请求逮捕他的邻居，那个人从别处来到该教区生活，曾经得到他的帮助，后来却行为恶劣，使他很悲伤。巴黎的总督请求鲁昂(Rouen)的总督同意逮捕那个人，因为那个地主是他的朋友。有人请求释放被监禁的乞丐，总督回复道："不应将贫民院视为监狱，它仅仅是管理和纠正乞丐和游手好闲者的设施。"连刑法典也受到了这种思想的影响，因为旧制度的这方面的传统始终保留得很完整。

第 137 页，第 13 行。

腓特烈大帝在他的《回忆录》中写道："丰特奈尔 (Fontenelle)①、伏尔泰、霍布斯（Hobbese）②、科林斯（Coll-inses）③、沙夫茨伯里(Shaftesbury)④和博林布鲁克这些伟人对宗教造成了致命的打击。人们开始审视自己曾经愚蠢地崇拜的事物。理性摧毁了迷信。人们开始厌恶自己曾经相信的神话。自然神论赢得了众多追随者。如果说伊壁鸠鲁学说对于异教徒的偶像崇拜的打击是毁灭性的，那么，这个时代的自然神论对于我们祖先所接受的犹太教观念的打击同样是毁灭性的。思想自由在英国占主导地位，对哲学的进步作出了重

---

① 丰特奈尔（1657~1757 年），法国哲学家、科学作家，1697 年起为法国皇家科学院常任院长，著有《关于宇宙多样性的对话》《神灵显迹的历史》，提倡科学、进步、理性，否定传统和宗教信仰，是 18 世纪启蒙哲学的先驱。(第 137 页，第 13 行)

② 霍布斯（1588~1679 年），英国哲学家、政治思想家，创立了机械唯物主义的完整体系，持无神论，但主张利用宗教维护秩序，否定君权神授，主张君主专制，主要作品有《利维坦》《论政体》《论人》等。(第 137 页，第 13 行)

③ 科林斯（1721~1759 年），英国诗人，弃绝教会，以抒情诗闻名。(第 137 页，第 13 行)

④ 沙夫茨伯里（1671~1713 年），英国政治家、哲学家、作家，受洛克和柏拉图主义的影响，发展出一种感情伦理学，对人的善与美的天赋感觉持乐观态度，反对霍布斯。(第 137 页，第 13 行)

大贡献。”

这段文字清楚地表明，在腓特烈大帝写作该书的18世纪中期，他仍然将英国视为反宗教学说的发源地。从中还可以看出一件更加引人注目的事：这位君主对政治和人文学科有最深刻的理解，却似乎完全没想到宗教信仰或许会有政治方面的作用——他的导师们的理智缺点造成了如此巨大的影响，以至改变了他的精神特质。

第155页，第1行。

在18世纪末的法国显现的这种进步精神，也在同一时期的德国到处出现，而且在整个法国都伴随有改变制度的强烈愿望。一位德国历史学家这样描述当时正在德国发生的事情："在18世纪后半叶，新的时代精神逐渐潜入了基督教本身的地盘。改革开始了。工业和宽容到处传播。甚至在德国也出现了已经支配较大国家的开明专制。必须承认，与18世纪的其他时期相比，唯独在法国大革命前的最后数十年中，基督教的地盘上才出现了如此卓越、如此值得尊敬的统治者。”

请注意，这幅景象与法国的如此相似，社会的改善和进步同时发生，比其他人更有资格统治的人物恰好在大革命即将吞噬一切的时候出现。

此外还应注意到，德国的这个地区显然完全被卷入了正在法国发生的文明和政治运动。

第155页，第2行。

英国的法律制度证明，尽管有些制度可能带有许多次要的缺陷，人们设立这些制度的首要目的仍然可以达成。

纵然国家的体制中存在较小的缺点，只要那些体制的整体原则和赋予它们生命力的精神是健全的，国家就仍然有能力繁荣兴旺，最明显的例子就是布莱克斯通（Blackstone）的关于上个世纪建立的英国司法制度的记述。

英国有两种多样性特别引人注目：其一是法律的多样性；其二是应用这些法律的法院的多样性。

一、法律的多样性。

1. 英格兰本土、苏格兰、爱尔兰、大不列颠在欧洲的各个附属地，如马恩岛（Isle of Man）、诺曼群岛（Norman islands）等等，以及海外殖民地，法律全都各不相同。

2. 在英格兰本土有四种类型的法律：习惯法、成文法、罗马法和衡平法。习惯法又分为在整个王国通用的一般习惯法，以及某些领地或者城镇独具的、或是在有些情况下某些阶层专有的特殊习惯法，如商人的习惯法。有时这些习惯法之间存在显著分歧。举例来说，有些习惯法与英国法律的普遍趋向对立，坚决要求所有子女平分遗产，更令人吃惊的是承认最小的孩子拥有同长子一样的继承权。

二、法院的多样性。根据布莱克斯通的记述，法律设置的法院种类多得惊人，看下述的简短分析就会明白：

1. 英格兰本土之外设置了各种法院，例如苏格兰和爱尔兰的，它们并非总是附属于英国的高等法院，虽然我相信它们都要服从国会上议院。

2. 至于英格兰本土，要是我没有忘记布莱克斯通的分类，法院有如下的类别：

（1）11 种由普通法规定存在的法院，不过其中 4 种已经被废弃了。

（2）3 种司法权限范围遍及整个国家、但是只审理某些案件的法院。

(3) 10 种有特殊性质的法院。其中之一由地方法院构成，地方法院根据最高法院的各种法令设立，或者根据某些传统而存在，或是位于伦敦，或是位于地方城市和乡镇。这种法院数量很多，其结构和规则各不相同，布莱克斯通甚至无法尝试详细描述。

因此根据布莱克斯通的记述，在他那个时代即 18 世纪上半叶，仅仅在英格兰本土，就存在 24 种法院，其中一些又被进一步细分成截然不同的子类型，每种都各具特性。即便除去那些显然已经停止运作的类型，仍然剩下 18 或 20 种。

现在如果我们仔细检查一下这个司法系统，就会轻易发现它包含各种缺点。

虽然法院类型多样，这个系统中经常缺少位置接近市民、用于在当地审判次要案件、费用低廉的下级法庭，致使司法程序周转不灵、成本昂贵。经常有几个法院拥有同一个案件的裁判权，导致初审的过程就遇到麻烦，充满不确定性。几乎所有上诉法庭都参与某些案件的第一审，其中一些是普通法法庭，另一些是衡平法法庭。上诉法庭多种多样。这个系统的唯一中心点是国会上议院。行政案件与普通案件并不区分，我国的大多数法学专家都会认为这是法律系统的严重缺陷。最后，这些法院全部要在 4 种不同的法律中寻找裁决的依据，其中之一的基础仅仅是判例，另一种即衡平法完全没有确切的基础，因为其最常见的用途是对抗习惯法或成文法。这种做法的理念是可以用司法的专断纠正习惯法或成文法中任何过时或者过分严苛的内容。

可见这个系统有很多缺陷，如果将巨大而古老的英国司法机器与结构现代的法国司法系统相比较，将复杂、前后不一致的英国司法与简单、自洽、逻辑明确的法国司法比较，英国司法系统的缺陷就显得更大。然而世界上没有任何国家像英国一样完全实现司法的伟大作用，从布莱克斯通的时代开始就已如此。在英国的法院系统中，不管原告的地位如何，无论他起诉的是个人还是王子，每个人都更有把握得到申诉的机会，他的财产、自由和生命都可以得到更安全的保障：那就是我所说的司法的伟大作用。

这并不意味着英国司法系统的缺陷有助于实现那个伟大作用。这只是证明在任何司法组织中，次要缺陷也许只会适度地妨碍那个伟大作用，而更加严重的缺陷可能不仅会妨碍而且会破坏那个伟大作用，即使它们与许多较小的优点结合在一起。法律体系的次要缺陷比较容易察觉。通常未受教育的人们首先注意到它们。正如俗话所说，它们一目了然。重要的缺陷则往往比较隐蔽，发现并指出这类缺陷的未必是法学家或者其他专业人士。

此外，具体特点的重要性可大可小，这取决于时代和社会的政治组织。在贵族统治时代，亦即不平等的时代，如果问题只涉及两个臣民之间的争端，减少某些个人的司法特权的倾向、保护弱小公民反抗强权，抑或增强国家的支配力量，这一切自然都是不偏不倚的，并且是重要的优点，然而当社会状态和政治体制转向民主时，这些事的重要程度就减小了。

如果接受了这些原则后再研究英国司法系统就会发现，虽然无数的缺点有时导致大不列颠的司法程序晦涩难懂、运作不灵、速度迟缓、费用昂贵又不方便，但我们海峡对面的邻居采取了无数预防措施，确保强者永远不能靠牺牲弱者获利，国家永远不能靠牺牲个人获利。随着深入探究英国法律的这些细节，我们发现英国法律交给了每位公民各种各样的自卫武器，这样的安排是为了给每个人提供最大程度的保障，用于反抗法官的偏袒和贪污受贿（狭义上的）行为，以及比较常见的卖官鬻爵——后者是法院对政府的过分屈从的态度所导致的，在民主时代想必危险得多。

考虑到这些方面，虽然英国司法系统仍有许多次要的缺陷，却比我们的更优越；法国的司法制度固然几乎没有这些缺陷，与此同时却不能在同等程度上具有英国司法制度的主要优点。我们的制度擅长为公民个人之间的争端提供保障，但是在为个人反抗国家提供保障方面存在弱点；而在我们这样的民主社会中，这是永远需要强化的方面。

第 156 页，第 20 行。

巴黎行政区享有的有利条件。

在政府救济和征税方面，巴黎行政区都享有同样多的有利条件。例如：1787 年 5 月 22 日，总监给大巴黎地区的总督写信，通知说国王已经确定每年拨款 17.28 万里弗用于巴黎行政区的救济事业。另外还拨款 10 万里弗用于给农夫购买牲口。信件说明由总督一个人分配这 17.28 里弗，他的分配方式要服从政府传达的总体规则，并得到总监的批准。

第 157 页，第 11 行。

旧政权的政府拥有起源于不同时期的一系列权力，行使权力通常是为了满足财政需求，实质上不是为了统治需求。这些权力有时会互相重叠。只有政府相对比较节约或者完全不使用每种权力的时候，才能避免混乱和冲突。每当政府觉得必须克服这种萎靡不振的状态时，各种权力就发生冲突并互相纠缠在一起。因此与三四十年前相比，在大革命前夕的那几年，抱怨行政机器的复杂性和职责关系的混乱的情况要严重得多。政治制度尚未变坏，正相反，政治制度大大改进了；不过政治生活变得更为活跃了。

第 162 页，第 7 行。

随意征收的税增多。

从下述的通信判断，国王可能以与之相同的辩解理由、用在此处谈论军役税的方式谈论过二十分之一税。1772 年时，总监特瑞（Terray）决定，将图尔行政区的二十分之一税大幅增加 10 万里弗。我们可以看到，由于这一措施导致的痛苦和窘境，总督杜克吕泽先生——一位能干的管理者和正派人——在一封机密信件中写道："很可能是 25 万里弗（由于先前的增税）带来的安逸激发了这次残酷的诠释和 6 月的信件。"

在同一时间，税务主管送给总督一封高度机密的信件，他说："鉴于普遍的苦难，假如您发现要求的增税仍然像您曾经亲切地向我暗示的那样令人厌烦和反感，您或许可以至少免除增补的税；对于本省这是可取的做法，除了您的慷慨大度之外本省没有保护或捍卫者；有追溯力的征税总是惹人厌憎的。"

这次通信还揭示，收税彻底缺乏基本程序，并且随意霸道（即使意图是最好的）。总督和大臣都希望工业附加税的负担转移到农业，或者在某些情况下转移到一种农业（例如葡萄种植）而不是其他农业，至于工业或者农业的某些分支是否需要减轻负担，则取决于他们的判断。

第 163 页，第 24 行。

在一份国王宣言的序文中，杜尔哥谈及乡村居民的方式。

他写道："在王国的大部分地域，组成农村社区的是贫穷、愚昧、粗野的农民，他们没有自治能力。"

第 168 页，第 11 行。

在旧制度的鼎盛时期，革命思想何以在人民头脑中相当自然地萌芽。

1779 年，由于法令恢复了整个王国的麦秆的价格上限，一名律师向御前会议请愿。

第 168 页，第 12 行。

1781 年，一名总工程师为了增补赔偿的要求给总督写信："请愿者似乎没有意识到，我们答应给予的赔偿金对于图尔行政区是特别的恩惠，人民应该十分高兴能够弥补一部分损失。如果按照请愿者指明的方式发放补偿金，400 万里弗也不够支付这笔费用。"

第 172 页，第 22 行。

导致大革命的并不是这种繁荣，但是必然引发大革命的精神——那种积极活跃、不知倦怠、聪明敏锐、乐于革新、雄心勃勃的精神，那种新社会的民主精神——已经开始推动一切，在瞬间颠覆社会之前就已足够强大，促使社会前进和发展。

第 173 页，第 24 行。

1787 年，各种行政管理权力的冲突。

例如：大巴黎行政区议会的临时委员会声称对贫民院负责。可是总督希望这个职责属于自己，他写道："因为贫民院不是靠行政区的资金维持的。"在争论过程中，这个临时委员会写信向其他省的临时委员会征求意见。关于该问题的答复之中，有一份来自香槟省的临时委员会，它告诉大巴黎行政区的同事，他们也遇到过同样的挑战，而且也遭到了抗拒。

第 176 页，第 9 行。

在大巴黎行政区议会的最初的会议记录中，我发现了某个委员会书记的这段陈述："迄今为止，理事的工作既辛苦报酬又低，而且荣誉很少；如果一个人的财富与教育联系在一起并与其地位相应，理事的职责肯定令他气馁。"

(与本书的许多段落有关的评注)

依照当时的封建法专家的见解，在大革命时代仍然存在的封建权利。

我无意在这里撰写关于封建权利的专题论文，抑或调查它们可能如何起源。我只不过想指出，其中哪些在18世纪仍旧有效力。这些封建权利在当时发挥过重要的作用，即便在消失之后，其效力还继续保留在受害者的想象之中，因此我觉得如果能发现它们在被大革命彻底清除之前的准确形态，那将是十分有趣的。为了这个目的，我首先研究了许多领主土地册或者登记簿，选出年代最近的。这个办法没有得出结果，因为虽然封建权利是由与欧洲其他封建国家相同的法律控制的，但它们存在无数变种，每个行省甚至每个区都各不相同。因此有可能大致上给出我想寻找的信息的唯一来源是：封建权利引起过的多种诉讼。这些争端的解决过程牵涉到找出这些权利是如何获得的、又是如何失去的；它们的确切性质是什么；哪些权利必须拥有王家专利权才能够兑现；哪些权利的基础仅仅是个人头衔；哪些权利不需要正式头衔，只要根据地方习俗或者长期确立的习惯就能够兑现。最后，当封建权利的所有者希望转卖它们的时候，他必须了解如何估计它们的价值，以及每种权利代表什么类型的资本。这些影响无数财政利益的要点取决于辩论，全部封建法学家的存在目的就只是为了阐释它们。在18世纪后半叶，有很多封建法学家论述过这个课题，在大革命来临之际，还有一些人在继续写。他们本质上不是法律学者，而是从业人员，他们的唯一目的就是向其他专业人士解释，在这个非常专门而乏味的法律领域应当遵守什么规则。

这个课题因初看之下既密集又无法理解而显得惊人，不过如果我们近距离研究这些封建法学家的作品，就能够开始描绘一幅相当全面而准确的图景。在以下数页中，我将尽可能最简明地概述我学到的东西。这些评注的主要根据是艾德姆·德·弗雷曼维尔写于

1750 年前后的作品，以及雷诺东（Renauldon）在 1765 年写作的《关于封建权利的历史和实践的专著》。

年贡（封建法律下，与某些土地的所有权联系在一起、以实物和现金形式终身支付的款项）在 18 世纪依旧深刻影响着很多土地所有者的状况。年贡还是不可分割的，这意味着只要拥有受支配的真实地产，任何所有者都能够索取全部数额。它不会因时效而消失。需交纳年贡的地产的所有者不能售卖它，除非服从封地优先购买权；这种选择就是说，允许年贡的所有者对地产的出售价格提出要求。但是除了某些习惯性法规，这项特权已经不复存在。得到最广泛认可的巴黎的习惯法也不允许这样做。

土地转移和变卖税。出售须交纳年贡的地产就会产生土地转移和变卖税，税金应在销售地产时交给地主，这是实行习惯法的地区的普遍规则。根据习惯法的类型，支付的税额有所不同，不过在每个地方都相当可观。实行成文法的地区也存在这种义务，它在那里的名称是转让税，数额通常是销售价格的六分之一。但是在那些地区，确定其权利是地主的任务。在上述两类地区，年贡都产生一种特权，让地主拥有超过其他一切要求的优先权。

土地税。内容是将须交纳年贡的土地的一部分收成交给领主。数额取决于契约或者惯例。这种税在 18 世纪仍旧相当普遍。我相信甚至实行习惯法的地区，也总要求获得征收土地税的权利。土地税的基础是个人对于领主或者土地的义务，其决定条件在此不值得进一步讨论。在这里只需要说，基于土地的土地税在 30 年之后失效——地租同样如此，而基于个人义务的土地税是不因时效而消失的。受土地税支配的土地不能用于抵押贷款，除非得到领主的准许。

波德拉税。这项义务仅在纳韦尔（Nivernais）和波旁奈依（Bourbonnais）省存在，内容是继承的需交纳年贡的土地应当每年支付现金或者交纳谷物、家禽。这种义务会造成非常严重的后果。

如果3年不纳税就算犯罪，或者被领主没收地产。此外，由于波德拉税而欠债的人的地产会遭到各种各样的障碍。有时即便不存在有资格的继承人，领主也能继承这种权利。在封建法律中这种契约是最严格的，判例最终将它限定于农村地产，根据权威的说法，这是“因为农民就像骡子，随时准备接受任何负担”。

产权转移税。这是仅存于极少数地方的特殊义务，向需交纳年贡的资产或者土地的所有者征收，应在拥有资产的领主自然死亡时向其继承人交纳。

封建什一税。18世纪时仍然存在大量的封建什一税。它们通常是契约义务的后果，而不是从领主的土地所有权自动产生的后果。

果实税。这是征收土地产出的果实的权利。它与土地税或者封建什一税相当类似，主要应用于波旁奈依和奥弗涅（Auvergne）省。

葡萄园税。见于波旁奈依省，是索取一部分收成的权利，适用于葡萄园；土地税则适用于其他可耕种的土地。数量是收获的葡萄的四分之一。

农奴。“奴仆的惯例”，这个术语是指仍带有一些农奴制痕迹的封建权利。这种权利并不多。在这种惯例有效的省份，几乎没几块土地不带有这样的痕迹（这句话是在1765年写的）。农奴可能是人身意义上的也可能是实际意义上的，那位作者称之为奴役。

人身的奴役状态是固有的，伴随个人到任何地方。无论农奴走到哪里，无论在哪里存款，领主都有权以剩余权利的名义索取农奴的钱。权威作者提到过许多为这种权利制定的法令，包括1760年6月17日，纳韦尔的一个领主要求得到在巴黎去世的皮埃尔·特吕歇（Pierre Truchet）的遗产，法院驳回了这个要求。这个特吕歇是受到纳韦尔的习惯法管辖的农奴的儿子，他的父亲与巴黎的一个女性自由民结婚，然后也在巴黎去世。但是这个判决的根据似乎是巴黎是庇护之地，领主对于以前农奴的儿子的剩余权利在巴黎不适用。

虽然这个庇护之地阻止了领主攫取他的农奴在巴黎的遗产，却不能阻止领主继承农奴留在他的领地范围内的任何遗产。

实际的奴役状态是占有土地的后果，如果该土地空出，或者地主移居到其他地方，奴役状态可能终止。

徭役。是指领主对下属提出要求，允许领主为了自己的利益占用下属的若干天时间，强制他们或者他们的牛马劳动。随意征用的劳役的时间长短由领主任意设定，这种规则已经被废除了。徭役早已缩减至每年的一段时间内，天数固定。

徭役可以是人身意义上的也可以是实际意义上的。在领主领地边界内生活的劳动力必须履行的人身的徭役，依照每人的职业手艺而定。实际的徭役与某些种类的资产联系在一起。贵族、神职人员、教士、法院官员、律师、医生、公证员、银行家和名人应当免除徭役。作者引述了 1735 年 8 月 13 日的一道法令，领主要求一个公证人用 3 天时间免费准备一份关于公证人所居住的领地的契约，而法令免除了公证人的义务。1750 年的另一道法令宣布，履行这种义务的形式可以是个人劳动也可以用现金抵偿，选择权属于履行义务的那个人。每种徭役义务都必须有书面文件证明其合理性。在 18 世纪，领主的徭役已经十分罕见。

租借费。这是指领主对于磨坊、面包烤炉、印刷机以及地盘内的其他服务拥有垄断权利，免除租借费的只有佛兰德斯（Flanders）、阿图瓦（Artois）和埃努（Hainault）省。在这方面巴黎的习惯非常严格，禁止没有明确资格的人索取这项权利。在租借费有效的范围内，任何居民都必须服从，在多数情况下包括贵族和神父。

除了关于面粉磨坊和烤炉的，还有许多类型的租借费：

1. 工业作坊的租借费，包括加工布料、大麻和软木的。安茹、曼恩、布列塔尼等地的习惯法认可这项权利。

2. 葡萄榨汁机的租借费。只有极少数惯例提及它，不过洛林和曼恩地区认可这项权利。

3. 公牛的租借费。没有惯例提及它，不过有些头衔会确定这种权利。分割被屠宰的动物也要交纳租借费。

整体而言，前面讨论的这类不太重要的租借费比较罕见，也不像其他的那样得到承认。除非有习惯法的条款非常清楚地规定，或者确认有非常明确的资格，才能得到认可。

葡萄采摘令。这是关于葡萄收获的指令，直至 18 世纪仍然在整个王国有效。它纯粹是与领主的司法权关联的调整性费用。拥有这种权力的领主不需要特定的资格就能征收这项费用，每个人都要服从。根据勃艮第的惯例，领主有权在其他葡萄园主之前一天采摘他的葡萄。

新酒独卖期。按照权威的说法，大量领主依据习惯法或者特定的资格声称拥有这项权利，即比其他人提前一段时间（独卖期通常是贩卖季节之前 40 天）贩卖自己种植园产出的新葡萄酒。与其他最重要的习惯法相比，只有图尔、安茹、曼恩和拉马什（La Marche）地区确立并管理这项权利。1751 年 8 月 28 日，审理间接税案件的法院颁布了一道法令，授权酒馆主人在独卖期间销售葡萄酒，但是只允许卖给外国人。设定和管理新酒独卖期的惯例通常要求它以特定的资格为基础。

放牧税。这项权利属于拥有高级司法权的领主，他可以允许领地居民在他的司法管辖权范围内的土地上或者空闲的草场上放牧家畜。这项权利在实行成文法的地区不存在，但是在实行习惯法的地区十分常见。它有各种各样的名称，尤其是在波旁奈依、纳韦尔、奥弗涅和勃艮第。有一种含蓄的假定：这些土地起初都是领主的地产，所以先分配最好的土地以及收取年贡和其他税金的土地作为封地，然后为了交换租金，领主继续占有牧场，可以准许领民暂时进入。放牧税由几种习俗确立，但是只有拥有高级司法权的领主才能索取，并且必须有特定的资格，或者有可以证明长期占有的古老的宣誓书。

通行费。按照作者的说法，领主通行费起初种类繁多，包括桥梁、河流和道路的。路易十四取消了许多种。1724 年时，国王指派一个委员会去检查全部的通行费，取消了其中 1 200 种；随后逐渐取消了更多种（1765 年）。在这方面，雷诺东告诉我们，首要原则是通行费作为一种税，其基础不应是所有权，而应是君主赐予的资格。记录这种资格的题词是“奉国王之命”。通行费的资格伴随着每种商品都要支付的一系列费用。这份货物课税清单必须得到御前会议的批准。根据作者的说法，除非持续占有这项权利从不间断，否则这项权利是无效的。尽管采取了法律的预防措施，某些通行费的价格仍然在近代大幅度上涨了。作者说，他意识到某种通行费在一个世纪前是 100 里弗，在他写作的时候达到了 1 400 里弗。还有一种曾经是 3. 9 万里弗，后来上涨到了 9 万里弗。调控通行费权利的主要条例和敕令是 1669 年标题为 29 的条例，还有 1683、1693、1724 和 1775 年的敕令。

我援引的作者们总体上赞同封建权利，但是也承认在通行费的征收中存在很多弊端。

渡船费。这项权利与征收通行费的权利有显著不同。后者仅与商品相关，前者适用于人和动物。必须得到国王的授权才能行使这项权利，征收的数额由确立或批准权利的御前会议设定。

市场税。这项权利有各种各样的其他名称（取决于地域），是对运送到集市或者市场的商品征收的税。按照封建法专家的说法，很多领主认为这项权利是与高级司法权伴随存在的，纯粹属于领主。我如此引述，但是他们错了，因为这种税必须得到国王的授权。无论如何，只有拥有高级司法权的领主才能行使这项权利，他们有权对违反地方规章的人处以罚款。虽然理论上只有国王能授予市场税的权利，可是实际上它的基础似乎经常只是长期享有的封建头衔。

毫无疑问的是，没有国王的批准就不能建立集市。

在领地范围内，领主不需要特定的资格或者国王的准许，就有权决定下属应该在集市和市场上使用什么样的量具和秤砣。习俗和不间断的占有就足以确立这项权利。按照作者的说法，有些国王希望在某个时候设定一致的度量工具，却无一例外地失败了。从起草习惯法的那天开始，事情就从未改变。

道路。这是领主行使的道路方面的权利。

主要道路被称为国王的公路，事实上是领主的资产。道路的建造和维护，以及对于在道路上发生的罪行的裁判权，都超出了领主和他们的法官的权限。至于庄园边界之内的私人道路，没有人否认它们属于拥有高级司法权的领主。这样的领主保有关于建造、维护和管理道路的一切权利，他们的法官有权裁判所有在这些道路上发生的罪行，不过涉及王权的案件除外。从前领主有责任维修穿越自己领地的公路，为了补偿修理费用，他们得到了通行、划定边界和穿越的权利。然而后来国王要求收回公路的全部费用。

水。可通航的、可漂游的河流全部属于国王，即使它们流过领主的土地，也没有任何相反的权益（1669 年的法令）。如果领主为捕鱼、磨坊、渡船、桥梁等征收费用，这种权力必须得到国王的认可。有些领主继续要求得到关于河流的司法和管理权，结果只是遭到公然霸占或者官方的敲诈。

流经属于领主的土地的小溪流的所有权是没有争议的。领主享有关于这种溪流的资产、司法和管理权利，如同国王享有的关于可通航的河流的权利一样。只要被授予高级司法权，领主就有资格获得所有权。有些地方——比如贝里——的惯例允许个人在未经领主许可的情况下在属于领主的河流上建造水动力的磨坊，条件是该河流经过属于那个人的地产。布列塔尼的惯例只把这项权利授予某些贵族。在普通法中，无疑只有拥有高级司法权的领主有权允许在其司法权管辖范围内建造磨坊。如果没有领主法官的许可，任何人都不能在领主的河流上建造堤坝，即便是为了保护自己的地产。

喷泉、水井、矿坑、池塘。从公路上流走的雨水属于有高级司法权的领主，他对此有独占使用权。在他的高级司法权的管辖范围内，领主可以在任何地方建造池塘，甚至在属于领民的地产上，前提是他要为被淹没的土地付钱。这是某些地方惯例的特定条件，包括特鲁瓦（Troyes）和纳韦尔。普通个人只能在自己的土地上建造池塘。即便如此，某些惯例还要求土地所有者申请领主的许可。假定领主批准了，惯例规定许可应该免费。

捕鱼权。在可通航的、可漂游的河流捕鱼是国王专有的权利，唯独他可以将其授予别人。只有国王的法官有权审判与捕鱼相关的案件。虽然很多领主享有在这类小河捕鱼的权利，但这种权利要么是国王授予的，要么是盗用的。至于无法航行的河流，必须得到在小河流经的地域拥有高级司法权的领主的允许，否则不允许在那里捕鱼，即使用手钓也不行。1749 年 4 月 30 日的一项判决就为此断定一个渔夫有罪。此外，连领主也必须遵守一般的捕鱼规则。拥有高级司法权的领主能够将在他的河流捕鱼的权利授予别人，或是以封地的形式，或是交换年贡（租金）。

狩猎权。与捕鱼不同，狩猎的权利不能租借，它是特定个人的权利。有人主张它是王家权利，连贵族也只能在自己的封地或者司法管辖范围内行使这种权利，并且必须得到国王的许可。这种学说的来源是 1669 年标题为 30 的条例。领主的法官对于涉及狩猎的所有案件都有裁判权，不过涉及狩猎“红色毛皮的动物”（我认为意思是指鹿之类的大型动物，包括公鹿和母鹿）的案件除外，那是由国王审判的。

狩猎权比其他权利更细致地排斥平民。连不动产所有者也没有狩猎权。它不属于国王赐予的恩典。这条准则很严格，连领主也不能授权别人狩猎。这方面的法律非常严厉。但是领主不仅允许贵族而且允许平民狩猎，这种情况相当常见。拥有高级司法权的领主可以在权限范围内的任何地方打猎，不过只能亲自动手。在领地内他有资格随意实行任何关于狩猎的规章、限制和禁令。即使没有司法权，任何拥有封地的领主都可以在封地边界内打猎。既没有封地又没有司法权的贵族也可以在住宅附近的属于自己的土地上打猎。有一次法庭认为，如果领主如此希望，在高级司法权的管辖区域拥有一个公园的平民就必须开放这个公园，不过这一判决的年代非常古老，它是 1668 年的判例。

饲兔圈地。在作者写作的年代，必须具有资格才能行使这项权利。平民和贵族都可以保留养兔子的地盘，但是只有贵族可以保留雪貂。

鸽舍。某些惯例规定只有拥有高级司法权的领主可以保留鸽舍；另一些则把这项权利授予任何拥有封地的人。在多菲内、布列塔尼和诺曼底，平民被禁止保有鸽舍、鸽笼或者鸟笼；只有贵族可以养鸽子。对于宰杀鸽子的处罚十分严厉，经常是肉体刑罚。

根据我引述的作者的说法，这些是在 18 世纪后半叶仍然生效的主要封建权利和义务。他们写道："我们已经讨论过的仅仅是普遍确立的权利。另外还有许多种不那么知名、运用范围不广泛的权利，仅存在于个别的惯例甚或拥有特定资格的少数领地中。"作者提及并列举的罕见和受限制的权利共有 99 种，大多数对农业有直接而重大的影响，授权领主索取收成的一部分或者对主食的运输和销售收取通行费。这些作者说，在他们在世期间，其中有些权利已经被废弃不用了。无论如何，我认为 1789 年时，其中很多种费用可能仍在少数地方征收。

我参考当时的封建法专家的作品，研究了在 18 世纪仍然生效的主要封建权利之后，希望知道它们在同时代人的眼中的重要程度，既包括靠它们获取收入的人，也包括被迫支付税费的人。

我讨论的作者之一雷诺东给我们提供了资料，告诉我们负责估价财产详细清单的律师必须遵循什么规则，他评估的那些封建权利在1765年依旧存在，也就是在大革命之前24年。按照该律师的说法，以下是在这个领域应当遵守的规则。

司法权。雷诺东写道："我们的一些惯例将高、低和中级司法权限评估为土地税收的十分之一。当时领主的司法权非常重要。艾德姆·德·弗雷曼维尔认为，今天的司法权应当被评估为土地收入的二十分之一。我相信他的估价仍然太高。"

荣誉权利。虽然这些权利可能是无法估价的，但雷诺东是个非常务实的人，不会被其表象过分打动，他坚持认为审慎的专家应该给它们设定一个适度的低价。

领主劳役。作者给出了估计这类劳役的价值的规则，从而证明它们依旧在某种程度上运用。他设定的价格是一头牛每天20苏，一个人每天5苏外加食物。这帮助我们相当清楚地了解了1765年的工资水平。

通行费。关于通行费的估价，该作者说："在所有领主权利中，通行费的设定价值应当是最低的。它们有很多变种。维修道路和桥梁对于贸易最有利，如今是国王和各省的责任，因此许多通行费现在没有作用，更多的是一直在被废除。"

捕鱼和狩猎权。捕鱼权可以租借，因此取决于专家的评价。狩猎权完全属于特定的个人，不能租借。因此它们应当算作荣誉权利，而不是酬劳性质的权利，不应列入专家评价范围。

然后作者讨论了租借费、新酒独卖期、市场税和放牧税等权利，表明这些权利是最重要的和行使频率最高的。他补充道："另外还颇有几种如今还能偶尔遇到的领主权利，不过即使可以逐一列举也不便在此这样做，否则就太乏味了。根据我们刚才给出的例子，聪明的专家就能够确定那些估价我们没有讨论的权利的规则。”

年贡的估价。大多数惯例将年贡的价值估计为土地收入的三十分之一。如此高的估价的理由是年贡不仅代表本身，而且代表了按照土地收入百分比计算的其他权利，例如土地转移和变卖税。

封建什一税、土地税。封建什一税的估价是最少的百分之四，因为这是一项不需要照管、劳动或者财政支出的资产。如果由于土地税而必须缴纳土地转移和变卖税，换言之，受这些义务支配的土地在出售之前必须向有直接权限的领主支付转让费，出售之后这项可变的收益的价值就减少为三十分之一；否则它的估价与教会什一税相同。

土地租金，它不产生土地转移和变卖税或者折扣税（它不是领主的地租），估价应该是百分之五。

大革命前法国各种形式的资产的估价。

作者说，法国只承认三种类型的有效资产：

1. 不动产。这是自由的保有，免缴一切费用，不受任何领主权利或义务的支配，不管是金钱的还是荣誉的权利。

不动产有贵族的也有平民的。贵族的不动产附带司法权力或者封地，或者与应以年贡的形式支付地租的土地联系在一起。它受关于分配遗产的封建法律支配。平民的不动产既没有附带权力或封地，也没有附属的需交纳年贡的土地，其遗产分配取决于管理平民的法律。对作者来说，只有不动产的所有者才享有土地的完整所有权。

不动产的估价。估价应当尽可能地高。奥弗涅和勃艮第的惯例将其估计为百分之二点五。作者认为百分之三点三或许更合适。

应当注意，坐落于领主司法权的管辖范围内的平民不动产要服从其管理。这不是一种对领主的服从形式，而是服从取代了国家特别法庭的权限的司法权。

2. 第二种类型的资产是封地形式的资产。

3. 第三种类型的资产是需交纳年贡的资产，或者用法律术语来说就是普通使用权。

封地形式的资产的估价。估价应该与成为产权负担的封建权利成比例减少。

1. 在实行成文法的地区和一些实行习惯法的地区，封地只拥有“手和口”，意即一种向领主效忠的荣誉。

2. 在其他实行习惯法的地区，比如勃艮第，意味超出“手和口”的封地被说成是“不牢靠的”；如果占有封地的人未曾宣誓效忠领主，就会被判有罪，或者其封地被没收。

3. 在另一些实行习惯法的地区，例如巴黎和其他许多地方，不仅要在购买封地时履行宣誓和向领主致敬的义务，而且要交纳名为“第五”和“再五”的税金（分别为地价的五分之一和二十五分之一）。

4. 还有一些实行习惯法的地区，例如普瓦图和其他个别地方，封地必须履行交纳尚贝拉税的义务，内容是在宣誓忠诚的时候支付现金，此外还要提供领主要求的马匹。

第一类封地资产的估价应该比其他三类更高。

巴黎的惯例将此类资产的估价设定为百分之五，作者认为那是合理的。

须交纳年贡的、亦即普通使用权的土地的估价。为了估计其价值，最好先考虑此类土地的三个级别：

1. 仅仅要交纳年贡的地产；

2. 还要服从附加于年贡的其他奴役的地产；

3. 属于永久管业的地产，需交纳实际的军役税，或者波德拉税。

这三种形式的普通使用权之中，第一和第二种在 18 世纪十分常见，第三种是罕见的。作者建议说，应当减低它们的估价，因为第一类会转变成第二类，尤其是第三类。事实上，持有第三类地产的人甚至不是真正的所有者，因为没有领主的许可就不能转卖这些土地。

土地产权册。亦即我在正文中提及过数次的封建土地登记册，按照前面援引的封建法专家的说法，在编制和修订土地产权册的时候要遵循这些规则。众所周知，每个庄园都有记载全部权益的土地产权册，它们构成与该庄园相关的各种各样的权利的基础，无论是不动产的权利还是荣誉的、真实的、个人的抑或混合的权利。土地产权册的内容包括交纳年贡的申报、庄园的惯例和租约等等。按照作者的说法，巴黎的惯例规定，领主可以每 30 年修订一次土地产权册，费用由缴纳年贡的人支付。但是作者又补充说："不过假如你能找到每 100 年修订一次的版本，你就算相当幸运了。"对于受庄园的司法权管辖的每个人来说，修订土地产权册都是件麻烦事，而且如果没有高级大法官（如果该庄园位于一个以上的高等法院的司法权限范围内）或者高等法院的授权，这件事就不可能完成；这种授权被称作土地产权册许可证。由法院委派一名公证员。规定所有家臣、贵族和平民、缴纳年贡的人、租赁人以及其他受该庄园的司法权管辖的人都要来到公证员面前，此外必须在土地产权册中插入一幅该庄园的地图。

除了土地产权册之外，各个庄园还保留另一种被称作"里弗斯"的账簿，领主或者租户在其中记录从交纳年贡的人那里收到的金额，以及他们的名字和支付日期。

作者年表

1805 年　7 月 29 日生于巴黎。

1814/1815 年　法国君主制度复辟。

1828 年　遇见玛丽·莫特莱，1835 年与她结婚。

1829 年　旁听基佐（Guizot）的法国历史讲座。

1830 年　七月革命，路易·菲利普（Louis Philippe）即位。

1831~1832 年　与古斯塔夫·德·波蒙特（Gustave de Beaumont）一起在美国旅行，正式研究美国的监狱系统。

1833 年　出版《论美国的刑事制度及其对法国的应用》（英文译本于同一年在美国出版）。

1835 年　在英格兰和爱尔兰旅行。

1837 年　竞选下议院代表，但是在第二轮失败。

1838 年　入选法兰西人文科学院（全称精神科学与政治科学学术院）。

1839 年　再次参加下议院选举并在第一轮当选。其后一直连任，直至 1849 年。

1840 年　出版《论美国的民主》第二卷（英文译本于同一年在美国出版）。

1841 年　在阿尔及利亚旅行。

1841 年　入选法兰西学术院。

1846 年　在阿尔及利亚旅行。

1848 年　1 月 27 日在下议院演说时预测将发生革命。

1848 年　2 月 22 日，二月革命爆发。七月王朝垮台，第二共和国建立。

1848 年　入选新选出的立宪会议的立宪委员会。

1848 年　在总统竞选中反对路易 · 波拿巴。结果路易 · 波拿巴以 74%的得票率当选总统。

1849 年　被任命为欧迪龙 · 巴洛（Odillon Barrot）主持的内阁的外务大臣。5 个月之后，路易 · 波拿巴解散了这个内阁。

1850 年　肺结核的征兆首次出现。开始写作关于 1848 年革命的《回忆录》(于 1893 年首次出版)。

1851 年　12 月 2 日，路易 · 波拿巴发动了一次意外而成功的军事政变。托克维尔和其他 200 名提出抗议的国民议会成员一起被捕，并被监禁了两天。其后他退出了政坛。

1852 年　路易 · 波拿巴正式宣布成立第二帝国，使用拿破仑三世的称号。

1852 年　开始研究并写作《旧制度与大革命》。

1856 年　出版《旧制度与大革命》(英文译本同时出版)。

1859 年　4 月 16 日去世。

译名对照表

A

Abbé Baudeau　博多神父

Agde　阿格德

Aigues-Mortes　埃格-莫尔特

Andrieux, François　弗朗索瓦 · 安德里欧

Angers　翁热

Anjou　安茹

Argenson, d'　达尔让松

Artois　阿图瓦

Auch　欧什

Augustus　奥古斯都

Auvergne　奥弗涅

Aveyron　艾弗隆

B

Baden　巴登

Bas-du-Roule　巴斯杜罗尔

Bavaria　巴伐利亚

Bayonne　巴约讷

Bayreuth　拜罗伊特

Beaumarchais　博马舍

Berg　贝尔格

Berry　贝里

Blackstone　布莱克斯通

Bolingbroke　博林布鲁克

Bordeaux　波尔多

Borgius,W.　W.波吉亚

Boulainvilliers　布兰维利耶

Bourbonnais　波旁奈侬

Brandenburg　勃兰登堡

Breteuil, de　德 · 布勒特伊

Brittany　布列塔尼

Burgundy　勃艮第

Burke, Edmund　埃德蒙 · 伯克

C

Caesar　恺撒

Carmelites　加尔默罗修会

Cette　赛特

Cévennes　赛文山脉

Charles VII　查理七世

Cherbourg　瑟堡

Choiseul, de　德 · 舒瓦瑟尔

Chollet　肖莱
Colbert　柯尔贝尔
Collinses　科林斯
Commynes　科米讷
Corbeil　科贝尔
Cordier　科蒂埃
Cromwell　克伦威尔

D

Dauphiné　多菲内
de Fréminville, Edme　艾德姆·德·弗雷曼维尔
de Lamartine, Alphonse　阿尔封斯·德·拉马丁
Diderot　狄德罗
Du Cluzel　杜克吕泽
Durkheim　杜尔凯姆

E

electorate of Cologne　科隆选帝侯
Erfurt　厄福特

F

Fénelon　芬乃伦
Flanders　佛兰德斯
Fleury, de　德·弗鲁里
Forbonnais　福尔博奈
Franklin, Benjamin　本杰明·富兰克林
Frederick the Great　腓特烈大帝
Frederick William I　腓特烈·威廉一世
Frederick William II　腓特烈·威廉二世
Frisia　弗里希亚
Fronde　投石党运动
Furet, François　弗朗索瓦·福雷

G

Grenoble　格勒诺布尔
Guyenne　吉耶纳

H

Hainault　埃努
Haute Guyenne　上吉耶纳
Helvétius　爱尔维修
Hesse-Darmstadt　黑塞-达姆施塔特
Hobbese　霍布斯
Hohenzollern　霍亨索伦
Hohenzollern-Sigmaringen　霍亨索伦-锡格马林根
Holbach, d'　霍尔巴赫
Holstein　荷尔施泰因
Hume, David　大卫·休谟

I

Île-de-France　大巴黎地区
Isle of Man　马恩岛
Ivry　伊夫里

L

La Chapelle-Blanche　拉沙佩勒-布朗什

La Flèche　拉弗莱什

La Force　拉福斯

La Marche　拉马什

Lamberville　朗贝尔维尔

Languedoc　朗格多克

Laval　拉瓦勒

Lavoisier　拉瓦锡

Law, John　约翰 · 劳

Lescalopier　卡罗皮耶

Letrosne　勒特罗纳

Le Mans　勒芒

Liancourt, de　德 · 利昂库尔

Limoges　利摩日

Lippe-Deltmold　利珀-代特莫尔德

Liverpool　利物浦

Loire　卢瓦尔河

Lorraine　洛林

Lot　罗特

Lucé　吕塞

Lusatia　卢萨蒂亚

Luther　路德

M

Machault, de　德 · 马绍尔

Maine　曼恩

Maistre, de　德 · 梅斯特

Markoff, John　约翰 · 马尔科夫

Mayenne　马耶讷

Mazarin　马扎然

Meckenburg　麦肯伯格

Michaud　米肖

Mirabeau　米拉波

Mme Duchâtelet　夏特莱夫人

Molière　莫里哀

Mollien　莫里恩

Montauban　蒙托邦

Montbazon　蒙特巴宗

Montesquieu　孟德斯鸠

Morellet　莫尔莱

Morelly　摩莱里

Mottley, Marie　玛丽 · 莫特莱

N

Napoleon　拿破仑

Napoleon, Louis　路易 · 拿破仑

Necker　内克尔

Neuvilleau-Plein　纽维勒-普雷因

Nivernais　纳韦尔

Noirmoutier　努瓦尔穆蒂耶

Noisai　诺伊萨

Normandy　诺曼底

Norman islands　诺曼群岛

O

Oldenburg　奥尔登堡

Orry　奥里

P

Péréfixe　佩雷菲克斯

Picardy　皮卡地

Pillnitz　皮尔尼茨

Pitt, William　威廉·皮特

Poitou　普瓦图

Pomerania　波美拉尼亚

Q

Quercy　凯尔西

Quesnay　魁奈

R

Radnor　拉德诺

Rambaud　兰博

Renauldon　雷诺东

Rhône　罗讷河

Richelieu　黎塞留

Rivière, de La　德·拉·里维埃

Rochechouart, Mme la duchesse de　德·罗切夏特公爵夫人

Rochefort　罗歇福尔

Rodez　罗德兹

Rohan, de　德·罗昂

Rouen　鲁昂

Rousseau　卢梭

Rueil　吕埃

S

Saint-Antoine　圣安托万

Saint Dominic　圣多米尼克

Sainte-Geneviève　圣吉内维

Saint-Julien　圣朱利安

Saint Louis　圣路易

Saint-Martin　圣马丁

Salentum　萨朗特

Salvianus　萨尔维

Sans-Souci　桑苏西宫

Saumur　索米尔

Saxony　萨克森

Schiller　席勒

Schleswig　石勒苏益格

Schomburg-Lippe　绍姆堡-利珀

Shaftesbury　沙夫茨伯里

Shapiro, Gilbert　吉尔伯特·夏皮罗

Silesia　西里西亚

Sorbonne　索邦

Stone, Lawrence　劳伦斯·斯通

Suard　絮亚尔

Sufflok　萨福克郡

Sully　萨利

T

Tartuffe　答尔丢夫

Temple　坦普尔

Teresa, Maria　玛丽亚·特蕾莎

Terray　特瑞

Toulouse　图卢兹

Touraine　都兰

Troyes　特鲁瓦

Truchet, Pierre　皮埃尔 · 特吕歇
Trudaine　吕代纳
Turgot　杜尔哥
Tyrol　迪罗尔

V

Vauban　沃邦
Vendée　旺代
Veyne, Paul　保罗 · 维尼
Vienne　维纳
Villefranche　维尔弗朗舍
Vizille　维济耶
Voltaire　伏尔泰

W

Weber, Max　马克斯 · 韦伯
Würtemberg　符腾堡

Y

Young, Arthur　阿瑟 · 扬

《国民阅读经典》已出书目

论语译注　杨伯峻译注　定价：29元

孟子译注　杨伯峻译注　定价：36元

谈美书简　朱光潜著　定价：13元

新月集　飞鸟集　[印度]泰戈尔著　郑振铎译　定价：18元

爱的教育　[意大利]德·亚米契斯著　夏丏尊译　定价：25元

人间词话（附手稿）　王国维著　徐调孚校注　定价：19元

百喻经译注　王孺童译注　定价：33元

中国史纲　张荫麟著　定价：26元

物种起源　[英]达尔文著　谢蕴贞译　定价：39元

宽容　[美]房龙著　刘成勇译　定价：29元

周易译注　周振甫译注　定价：29元

谈修养　朱光潜著　定价：19元

诗词格律　王力著　定价：23元

拿破仑传　[德]埃米尔·路德维希著　梁锡江、石见穿、龚艳译　定价：32元

国富论　[英国]亚当·斯密著　谢祖钧译　定价：58元

朝花夕拾（典藏对照本）鲁迅原著　周作人解说　止庵编订　定价：16元

金刚经·心经释义　王孺童译注　定价：38元

中国哲学史大纲　胡适著　定价：34元

大学中庸译注　王文锦译注　定价：24元

圣经的故事　[美]房龙著　张稷译　定价：35元

乡土中国（插图本）费孝通著　定价：19元

道德经讲义　王孺童讲解　定价：20元

毛泽东诗词欣赏（插图典藏本）周振甫著　定价：26元

歌德谈话录　[德]爱克曼辑录　朱光潜译　定价：26元

梦的解析　[奥]弗洛伊德著　高申春译　车文博审订　定价：36元

东西文化及其哲学　梁漱溟著　定价：27元

坛经释义　王孺童译注　定价：29元

诗经译注　周振甫译注　定价：42元

老人与海　[美]海明威著　刘国伟译　定价：19元

常识　[美]托马斯·潘恩著　余瑾译　定价：18元

呐喊（典藏对照本）鲁迅原著　周作人解说　止庵编订　定价：28元

彷徨（典藏对照本）鲁迅原著　周作人解说　止庵编订　定

价：21 元

给青年的十二封信　朱光潜著　定价：16 元

名人传（新译新注彩插本）[法] 罗曼 · 罗兰著　孙凯译　定价：22 元

查拉图斯特拉如是说　[德] 尼采著　黄敬甫、李柳明译　定价：36 元

经典常谈　朱自清著　定价：20 元

中国历史研究法　中国历史研究法补编　梁启超著　定价：32 元

采果集　流萤集（插图本）[印度] 泰戈尔著　李家真译　定价：19 元

一九八四　[英] 乔治 · 奥威尔著　余瑾译　定价：27 元

动物农场　[英] 乔治 · 奥威尔著　余瑾译　定价：22 元

庄子浅注　曹础基著　定价：48 元

三国史话　吕思勉著　定价：23 元

菊与刀　[美] 鲁思 · 本尼迪克特著　胡新梅译　定价：28 元

君主论　[意] 马基雅维利著　吕健中译　定价：28 元

法国大革命讲稿　[英] 阿克顿著　高望译　定价：34 元